LA MANO NEGRA

DU MÊME AUTEUR :

Galère Football Club (Hugo Sport, 2015)
Generation Parker (avec George Eddy et Benjamin Henry, Hugo Sport, 2016)
Unai Emery. El Maestro (Hugo Sport, 2017)
Cavani. El Matador (Hugo Sport, 2017 ; nouvelle édition actualisée : Hugo Poche, 2019)

34-36, rue La Pérouse
75116 Paris

Collection dirigée par Franck Spengler
Ouvrage dirigé par Bertrand Pirel
www.hugoetcie.fr

ISBN : 9782755641912
Dépôt légal : mai 2019
Imprimé en Espagne

ROMAIN MOLINA

PRÉFACE DE **DENIS ROBERT**

LA MANO NEGRA

Hugo Poche

SOMMAIRE

PRÉFACE

Train fantôme

En ouvrant le livre de Romain Molina, je me suis mis dans la peau d'un footeux qui, après avoir manqué Liverpool-PSG en raison du plantage total de l'offre numérique RMC, avait préparé sa future soirée de Ligue des champions bien en avance. Il avait pris son abonnement à 19 euros, avait regardé l'heure du match contre l'Étoile Rouge de Belgrade, s'était dit qu'il pourrait sans doute se taper Tottenham-Barça juste après, ou peut-être Naples-Liverpool, il n'avait pas encore décidé, à moins finalement que Monaco ne résiste mieux que prévu à Dortmund… Il avait même prévu de zapper, pendant les temps morts ou si le match était chiant, sur Lokomotiv Moscou-Schalke 04. Il avait conseillé à sa femme de se brancher sur le doc d'Arte (une enquête sur le cholestérol), avait proposé à son fils de regarder la première mi-temps avec lui (mais l'enfant avait préféré jouer à FIFA). Il avait regardé sa montre. Il était 18 h 52. Il avait sorti un saucisson (du cochon noir élevé dans une ferme bio où on prenait le soin de masser les porcs avant de les zigouiller). Il l'avait patiemment découpé en tranches fines, avait ouvert sa bière, avait hésité sur les cacahuètes mais les avait finalement remisées au placard. Il avait enlevé ses pompes, coupé son portable, s'était enfoncé dans son fauteuil en cuir de vachette bleu (le même modèle que celui du PSG version avant les Qataris). Il se sentait bien, décontracté du gland et du bulbe, prêt à se vider la tête après sa journée de merde au bureau. Il avait finalement rallumé son portable qu'il avait mis en mode silencieux pour échanger des sms avec deux potes. Depuis qu'il était petit, le football égayait sa vie, le rendait moins stressé, plus humain. C'est du moins ce qu'il pensait.

Il avait calculé avec son matheux de frère que sur une semaine, il passait environ dix-huit heures à vivre pour et avec le foot. Il regardait en moyenne quatre matchs par semaine, passait trois heures sur L'Équipe TV (de loin les meilleurs en matière de commentaires) et une heure le dimanche sur le Canal Football Club (il kiffait Pierre Ménès). Il se perdait parfois sur BFM ou C8 (disons une heure pour choper Courbis). En voiture, il écoutait le foot sur RTL. Il lisait *L'Équipe* un jour sur deux et matait Didier Roustan sur l'iPad de sa femme quand il l'attendait sur le parking d'Auchan. Et puis il pariait tous les week-ends. Avec deux ou trois potes, il parlait de foot environ deux heures par semaine. Compte tenu de cet emploi du temps et du fric lâché, il n'avait plus vraiment le temps et les moyens d'aller au stade. Il avait fini par préférer la télé.

À 18 h 54, juste avant de boire sa première gorgée de bière, son frère avait calculé qu'il passait 72 heures par mois et 864 heures par an à vivre avec et pour le foot. Il avait 53 ans et cela faisait plus de trente années qu'il carburait à ce régime. Le temps d'une rondelle de saucisson, un chiffre était passé devant ses yeux. 30 000 heures. C'était à peu près le temps qu'il avait passé dans sa vie à vivre dans et pour le football. Il était 18 h 55, les caméras de RMC Sport 1 avaient fait un gros plan sur Rabiot, celles de RMC Sport 2 un autre sur Krychowiak, le milieu de terrain du Lokomotiv Moscou. « Tiens, je l'avais oublié celui-là », s'était dit notre homme en attaquant une seconde rondelle. À cet instant précis, comme dans un film de Michel Gondry, l'écran était devenu noir, une ceinture de sécurité s'était bouclée autour de sa taille et un jeune type masqué en mode Anonymous occupait l'écran. Le footeux s'était demandé ce qu'on avait mis dans sa bière. « Ne t'inquiète pas mon ami, je te laisserai regarder ton match. Tu ne louperas rien, mais avant, plutôt que de te taper les pubs, regarde-moi, suis-moi, je t'emmène dans le train fantôme de la Mano Negra… Accroche-toi, camarade… »

L'effet était hypnotique. Impossible de résister à cette invitation et au toboggan. Le footeux avait bien essayé de se lever et de prendre sa télécommande, mais aussitôt une voix au léger accent russe lui avait asséné l'ordre de « poser son cul et de ne pas bouger » : « Écoute-moi connard, ça fait trente piges que tu te fais bouffer le cerveau, que tu regardes bêtement des branleurs taper dans un ballon, que tu y dépenses ton blé et ton énergie. Cinq minutes… Pas plus… Là tu vas m'écouter. » Le footeux était pétrifié.

Bienvenue dans le train fantôme du football moderne. Zapping. Derrière les 222 millions lâchés pour Neymar, la plainte pour viol contre Ronaldo, derrière la mainmise des oligarques sur le foot anglais, derrière les transferts de l'OL, du Lokomotiv Moscou, de la Juve, de Limassol, derrière la Champions League, la chute de Platini, l'arrivée massive des Brésiliens en Europe et en Chine, la guerre Real-Barça, l'arrivée de Poutine à la tête de la Russie, la mort de Litvinenko, derrière l'avènement des télés payantes, derrière les commissions des agents, derrière le commerce international des joueurs africains, derrière l'assurance tranquille de Nasser et des Qataris… en coulisse… des hommes de l'ombre décident des équilibres et déplacent leurs pions… Ces hommes ont tout compris… Ces hommes ont une histoire… Ces hommes ont des liens entre eux… Ces hommes tiennent la boutique et s'en mettent plein les fouilles…

Mad Men, la série d'HBO, en racontant les débuts de la publicité sur Madison Avenue, donnait à voir une histoire de l'Amérique et l'avènement du capitalisme financier… *La Mano Negra*, le livre de Romain Molina, donne à voir une histoire du football moderne et la dégénérescence de ce même capitalisme financier… Rien que ça ? Rien que ça… Jamais un petit livre n'a mieux décrit – en suivant le parcours de ses marionnettistes – la raison d'être du football moderne et spectaculaire. Son business, ses prédateurs, ses fables, ses légendes, sa déshumanisation, son storytelling permanent.

Dès le prologue, l'auteur annonce la couleur. « Qui dirige la toile d'araignée ? » interroge Molina. En s'appuyant sur des documents et rapports collectés sur une dizaine d'années, il fait de troublantes connections entre football, politique et organisations criminelles. « On rencontre bien des noms glissés ici et là, mais il s'agit la plupart du temps d'hommes de paille touchant une poignée de dollars. » Le jeune journaliste, qui a traîné ses crampons dans tous les championnats européens, a rencontré des dizaines d'agents, de footballeurs à la retraite, de présidents plus ou moins déglingués. Il nous promet de mettre en lumière une histoire « d'hommes sans nom ». « Les criminels utilisent de plus en plus le football pour l'évasion fiscale et le blanchiment d'argent », dénonçait à sa une en 2009 le journal *The Guardian.* « Il est fini le temps des petits arrangements entre amis, des billets glissés sous les chaussures des joueurs après les matchs au tournant du XIXe siècle par exemple, quand le professionnalisme n'était pas encore autorisé. Aujourd'hui, il s'agit d'un règlement de millions de comptes à O.K. Corral, avec des agents, super-agents, diamantaires, industriels, banquiers, vendeurs d'armes ou usuriers dans le rôle des propriétaires de clubs ou de joueurs », écrit Molina.

Le livre est un livre de complot. Il décrit des manœuvres et des hommes aux manœuvres. Il n'est jamais frimeur ou diffamatoire. Il est pourtant violent. Il décrit un monde derrière le monde. Un espace interlope où on croise des visages connus et inconnus. Des boss et des petites frappes. On est dans un univers gonzo qui ouvre une porte béante sur la Mano Negra, une organisation criminelle qui dirigerait le football mondial.

En seize chapitres ciselés, l'auteur nous fait découvrir les tireurs de ficelle. Ceux dont les médias ne parlent jamais. Outre le style et l'écriture, l'information prime ici. Qui connaît l'Uruguayen Juan Figer Svirski alias « El Presidente » ? Figer le doyen des agents, l'homme qui a orchestré les transferts de Maradona, Socrates ou Neymar ?

Et de tant d'autres… L'homme qui a formé, coopté des dizaines d'agents ? « Il n'intervient pas sur le marché. Il crée le marché », dit de lui l'auteur qui, à partir du vieux Figer – il a près de 90 ans aujourd'hui mais a commencé tout petit – révèle une inédite topographie du marché du football, mais surtout du « hors football ». On oublie trop souvent qu'au-delà des contrats entre clubs se jouent les contrats d'image, de publicité, de partage des droits économiques d'un joueur, de deals divers et très variés. Du fric, des putes, des morts, des politiques, des cigares écrasés et à peine fumés.

Molina nous accroche avec de grandes et de petites histoires. Il déniche par exemple le premier contrat qu'un joueur anglais signe à la fin des années 40 pour une crème capillaire, puis s'aventure en terrain marécageux, expliquant la prise de pouvoir de Poutine à travers le parcours sanglant des oligarques russes dans le football anglais. Qui connaît Jorge Cyterszpiler, « El Ruso », le premier agent boiteux et dépressif de Maradona qui s'est suicidé l'an passé en se jetant de la fenêtre de son hôtel de Buenos Aires ? Pas moi en tout cas. Qui connaît Kia Joorabchian, le play-boy de Téhéran, ou Roy Azim le businessman du Kirghizstan qui a ouvert le chemin de Kia auprès des oligarques ? « Il s'approche de votre famille, joue avec vos enfants et pendant que vous dormez, il vérifie tous vos numéros de compte, qui est qui, qui fait quoi, qui est votre sœur, votre frère… C'est ce genre de gars », dit Roy de Kia… Qui connaissait l'agent israélien Pini alias Pinhas Zahavi, le conseiller des présidents, avant le transfert de Neymar au PSG ? « Je ne suis pas un agent, je suis propriétaire des joueurs. En réalité ils sont à moi », confie Pini au directeur général de la Premier League anglaise.

On dévale la pente de la face cachée du foot les yeux grand ouverts. Morceau de bravoure, Molina finira par interroger Pini qui répond par WhatsApp, mi-flatteur, mi-menaçant. « Comment avez-vous fait pour devenir le number one ? » demande Molina. « Je vais te le dire, Romain, peut-être que c'est la chance, peut-être que c'est la sagesse, et plus sûrement beaucoup, beaucoup de boulot. Mais selon mon opinion, la réponse est simple : je n'ai jamais manqué à ma parole. Et je suis si fier d'être différent de la plupart des gens qui sont dans le business du football. »

Le livre n'est pas un réquisitoire, ni un pamphlet moraliste. Si c'était le cas, ce serait insupportable. Non, Molina a toujours le ton juste. On sent même parfois de l'admiration pour ces cow-boys cyniques et modernes. On sent aussi du dégoût quand par exemple et sur la fin il aborde le transfert de Neymar au PSG. Une sorte de quintessence dans le mensonge, la manipulation et la désinformation. « Si beaucoup d'intermédiaires sont des parasites, que dire des joueurs qui se lient avec un agent puis cassent leur engagement sans prévenir afin de signer avec un autre entremetteur leur apportant une soi-disant meilleure offre ? » interroge Molina qui cite aussitôt un agent qu'on devine proche du PSG : « Les joueurs, ce sont les plus grosses prostituées qu'il puisse exister… Ils se vendent, te trahissent, veulent faire croquer leurs frères, leurs cousins ou je ne sais qui. Ils ne sont pas tous comme ça, et il y a des agents qui font pareil, mais c'est la jungle. Un jour, ça va se tirer dessus pour un transfert. Ça va se finir en règlement de compte avec tout l'argent en jeu. »

Molina, en bon journaliste, donne aussi des clés, des chiffres. En 2017, le marché des transferts a dépassé les cinq milliards. Trente pour cent d'augmentation. Ça c'est pour la face visible. Le reste, c'est pour les paradis fiscaux. « Le football d'élite n'a jamais été aussi riche pendant que le bas de l'échelle du monde professionnel n'a jamais été aussi précaire », note-t-il. Le foot pousse ici à l'extrême la logique capitaliste, sa course folle vers les abîmes. Le système tient encore, tant que les footeux resteront accros et lâcheront le prix de leurs abonnements. Mais le système montre des signes d'essoufflement, de petites secousses négatives. *In fine*, ce livre en est une.

Il est pile 19 h, notre footeux a comme un relent, l'arbitre siffle le début du match. Rabiot s'empare du ballon et file vers le but serbe. Il regarde sa bière. Elle est encore pleine. Rien n'a bougé dans l'appartement. Son fils joue dans sa chambre. Il se demande s'il a rêvé. Il a mal au crâne et envie de dégueuler. Il se demande ce qu'il a pu manger. Sans doute le saucisson. Sur l'étiquette, il est écrit Mano Negra.

Denis Robert

Denis Robert est journaliste, réalisateur et écrivain. Il a publié de nombreux essais et romans dont : Pendant les affaires, les affaires continuent *(Stock, 1996),* Le bonheur *(Les Arènes, 2000),* Le milieu du terrain *(Les Arènes, 2005),* Tout Clearstream *(Les Arènes, 2011),* J'ai tué le fils du chef *(Hugo, 2018),* Les prédateurs *(avec Catherine Le Gall, Le Cherche midi, 2018).*

PROLOGUE
Le chasseur de primes

Rue Casimir Périer, Lyon, 21h30. La nuit a enveloppé de ses froides volutes les quais de Perrache donnant sur le Rhône. Ici, pas de bar lounge ou de discothèque à ciel ouvert. Le quartier a mauvaise réputation, bien que les pouvoirs publics aient instauré de grands projets depuis la fin des années 1990 pour le moderniser : rénovation de bâtiments industriels, constructions écologiques produisant plus d'énergie qu'elles n'en consomment, création d'emplois, et même un musée en « nuage de cristal ». Personne ne lésine sur les moyens à Lyon, surtout le contribuable, condamné à payer ce Musée des Confluences livré avec six ans de retard et une note générale gonflée de 246 millions d'euros par rapport au budget prévu. Qu'importe, les promesses électorales n'ont pas été vaines, le nuage en question est vraiment de cristal ; il coûte aussi cher et s'effrite à la moindre secousse. « Si les Lyonnais avaient vraiment connaissance de ce qui dirige la ville, ça ferait jaser », souffle un joueur de football travaillant aussi dans l'économie souterraine.

Il a fixé rendez-vous au cœur de Perrache, devant le Marché Gare, l'ancien marché de gros. « Si tu voulais savoir quelque chose à Lyon, il n'y avait pas meilleur endroit », poursuit-il en reboutonnant sa fermeture éclair. Rien n'échappait effectivement au Marché Gare, surtout pas les quatre vents et les rumeurs. Elles bruissaient autour de la pétanque, des courses hippiques, des changements de propriétaires de restaurants, et de l'Olympique Lyonnais. « C'est à cause de Mighirian », assure Jean Francesch, l'un des primeurs historiques de la région.

Prédécesseur de Jean-Michel Aulas à la présidence du club, Charles Mighirian était le patron d'une affaire de fruits et légumes très réputée dans toute la France. « Son frère s'occupait de Rungis, lui de Lyon. C'était le roi du pamplemousse ! Il vendait ceux de Californie et d'Israël avec la marque Jaffa, qui n'était pas très répandue à l'époque. Pareil pour les produits espagnols, de la province de Valencia surtout : oranges, clémentines, citrons… Il me disait toujours : "Jean, viens boire un café avec moi !" On parlait achats, pétanque mais surtout ballon. » Des journalistes du journal local, *Le Progrès*, affluaient également pour casser la croûte et échanger sur les nouvelles recrues : « Il s'y connaissait, il avait une mémoire incroyable. » Bernard Lacombe, conseiller d'Aulas, était aussi un visiteur du carreau des frères Mighirian, d'où il repartait toujours avec une corbeille de fruits qu'il partageait ensuite avec les employés du club. « Ça faisait de l'animation », se rappelle Jean Francesch, désormais retraité. « On avait les boulistes, le football, tout le monde circulait au Marché Gare. C'était le bon vieux temps… »

En 2009, le site a été démantelé. Trop vieux, trop étroit, trop sale, trop bruyant. Il était beaucoup trop de choses en fait. Une salle de concert le remplace désormais, en attendant d'autres projets. « Il n'y a personne dans le coin, mais au moins on se gare facilement », pointe le joueur, qui maugrée contre les quelques silhouettes tentant de se cacher en sollicitant les prostituées dont les camionnettes bordent Perrache. « C'est toute l'histoire de Lyon, ça : les putes, la drogue, les *fights*... Tous les bars à champagne et les trucs branchés, c'est tenu avec l'argent du tamien[1]. Sans drogue, Lyon s'effondre. Personne ne le dira, mais c'est la pure vérité. »

Quelques minutes plus tard, attablés autour d'une escalope milanaise et d'une *calzone* au restaurant Ti Amo Maria, la discussion s'éternise. « Tu ne veux pas un autre dessert, c'est certain ? » Deux boules pistache, et c'est reparti. « Le foot, c'est le monde du piston. Honnêtement, tu as des gars, je ne sais pas comment ils peuvent réussir. Bon, ils ont le mec capable de les placer, de corrompre. J'ai vu de ces trucs… Parfois, c'est plus fort que

1. Une des appellations du cannabis.

Hollywood ! Pour donner un exemple, quand je vivais encore au quartier, c'était l'époque du grand OL. Le frère d'un joueur venait presque chaque semaine acheter un kilo de tamien ! Une fois, le joueur l'a accompagné avec sa Lambo. Sérieux mec, qu'est-ce que tu viens faire le gangster ? Tu gagnes des millions et tu viens acheter du shit ? Mon pote qui lui vendait ça l'arnaquait, et il avait bien raison. Tu as une vie de rêve, mais tu veux faire le gangster, il faut être con. » En payant la note, il laisse un numéro. « De ma part, il te dira tout ce que tu as besoin de savoir. »

Contact pris, l'individu répond par texto quelques jours plus tard. « Cabana Café, samedi, 23 heures. » Ni bonjour, ni bonsoir, ni merde. « C'est un mec qui prend des précautions », avait-on prévenu. Soit, mais pourquoi donner rendez-vous dans un bar latino alors ? « Ça n'a rien à voir avec le boulot ça, c'est juste qu'il aime trop les gros culs », conclut le joueur, qui se prépare à quitter la France pour un essai dans un pays de l'Est. « S'il faut jouer en D3 arménienne, j'y vais ! Si on me paye, je n'en ai rien à battre. Tant que je peux jouer au football, faire ce que j'aime, je m'en fous, même s'il y a un tank devant chez moi, je fermerai juste les volets au pire *(sic)* [...] En tout cas, salue mon pote quand tu le verras ! »

Le message est passé, mais encore faut-il trouver le « pote » en question au Cabana Café le samedi soir venu. Des couples d'une trentaine d'années dansent lascivement, tandis que deux frères dominicains embrasent la piste et les regards. Tout est normal, sauf pour celui qui doit trouver un homme dont il ignore tout : prénom, nom, âge et apparence. À force de scruter chaque recoin du bar, l'imagination s'emballe : ne serait-pas ce moustachu à la veste blanche à moitié ouverte ? À moins que ce ne soit cet homme au sombrero et aux lunettes orangées, lui donnant un air de Raymond Reddington dans la série *The Blacklist*. La paranoïa aidant, les yeux fixent sa ceinture, histoire de voir s'il n'a pas une arme. « Je vous dérange, peut-être ? » lance soudainement une voix grave. Putain. « Allons dehors, j'ai besoin de fumer. »

L'individu s'allume instantanément une Gitane. « J'ai arrêté il y a des années, mais le football m'a remis dedans. Les réunions, les cafés, tout ça quoi, la clope va avec. » En remontant les pentes de la Croix-Rousse, il s'arrête à un banc donnant sur l'un des plus beaux panoramas de Lyon. « C'est comme ça que j'ai chopé ma première meuf », rigole-t-il. Le cadre est effectivement idyllique pour un premier rendez-vous, quoiqu'un peu intimidant en la présente occasion. « Je représente les intérêts de plusieurs agents et joueurs directement. Je les mets en relation avec des diamantaires, des escorts, des concessions automobiles, des mecs qui cherchent à investir… Le football fait manger des milliers de personnes. Derrière les clubs et les transferts, il y a encore une autre industrie. »

Une heure plus tard, l'homme mystère rentre au Cabana Café : « L'argent m'appelle, il me sent. Ce n'est pas moi qui vais à lui », termine-t-il en plaçant une cigarette derrière son oreille droite, « car ça fait stylé ». Il n'y avait finalement rien de si mystérieux à propos de cet homme disant s'appeler Fred, hormis sa technique de drague et sa vanité. Et c'est bien le souci avec les ombres régissant les dessous du football : personne ne sait ce qu'elles sont censées faire, et encore moins qui elles sont réellement. Elles promettent de tout révéler, puis se taisent, et enfin disparaissent dans la nuit, parfois à tout jamais, happées par leurs mensonges ou la dure réalité de la Mano Negra. « Il y a beaucoup d'imposteurs dans ce milieu », coupe immédiatement Paulo Teixeira, agent licencié à la fédération brésilienne de football. « Tout le monde veut venir dans le ballon à cause de l'argent que cela génère. Ils pensent faire de l'argent facile en étant dans la lumière, donc ça attire de drôles de cas… »

Ancien journaliste et photographe, notamment pour *France Football*, Teixeira est devenu agent après la Coupe du monde 1994. « Je côtoyais les plus grands joueurs, donc à un moment je me suis lancé. J'ai toujours bossé en m'appuyant sur ce que ma carrière journalistique m'a appris, c'est-à-dire l'investigation. Dans les compétitions internationales que je couvrais, je prenais soin de connaître tout le personnel des hôtels. Les femmes de ménage, les portiers, les cuisiniers… C'est comme ça que je savais tout ce qu'il se passait. » Pierre Womé, Raymond Kalla, David Embé ou Roberto Carlos ont compté parmi ses prestigieux clients au cours des vingt dernières années. « J'ai représenté beaucoup de joueurs africains, notamment camerounais. Aujourd'hui, j'ai plus de 60 ans, donc je ne bosse plus comme avant. Je profite de la vie, mais s'il y a une affaire… » Dans ce cas, Paulo Teixeira fonce, sans se préoccuper de la manière employée. « J'ai compris que l'image effrayait les dirigeants des grands clubs, des grandes institutions, donc je l'utilise à mon avantage. Je représente aujourd'hui plusieurs clubs africains ou sud-américains faisant valoir leurs droits pour récupérer les indemnités de formation et mécanismes de solidarité prévus par le règlement FIFA. Souvent, les clubs européens ne règlent pas la note, donc j'entre en scène. » Le deal est simple : l'agent avance les frais de justice et partage ensuite la somme reçue avec le club. « Je suis comme un chasseur de primes », rigole-t-il. « J'ai créé une page Facebook, *Training Compensation*[2], et je poste des articles sur ce qui se passe réellement. » Anderlecht, l'AC Milan, Benfica, personne n'est épargné s'il y a un cas suspect.

En 2012, il publie par exemple « la liste des escrocs » avec les photos des dirigeants belges et milanais, ce qui lui vaudra une suspension de deux

2. Le terme désignant les indemnités de formation dans le règlement FIFA.

mois par la FIFA pour « propos désobligeants ». Une FIFA bien moins prompte à réagir au dossier du CS Aigles Verts, un petit club de Kinshasa, qui a instruit il y a plus de sept ans une plainte pour l'un de ses anciens joueurs, Junior Kabananga, passé ensuite professionnel à Anderlecht.

Alors que le club congolais est en droit d'obtenir des indemnités de formation, l'affaire semble sans fin et c'est finalement le TAS, le Tribunal arbitral du sport, qui décidera si les Mauves doivent régler les 100 000 euros réclamés par les Kinois pour les années de formation de l'international congolais, passé furtivement au RSCA avant de poursuivre sa carrière à travers le monde (Kazakhstan, Turquie, Arabie saoudite). « Je ne lâche rien, je suis comme le requin », sourit le chasseur de primes, qui travaille depuis Lisbonne avec sa pile d'archives et de documents officiels. « J'ai tout classé et gardé depuis mes débuts dans le métier. Je parle car je peux tout prouver. Aujourd'hui, je vois les médias ou les agents parler avec des "et si", des suppositions. Ce n'est pas pareil que de démontrer les faits document à l'appui. »

Paulo Teixeira est l'une des rares personnes acceptant de parler sans cacher son identité. Il ne révèle pas tout, il ne peut pas de toute façon, mais il a connu tout le monde, de Pelé à Romario en passant par les directeurs sportifs de la vieille école italienne comme Luciano Moggi ou Rino Foschi et leurs successeurs, notamment Beppe Marotta, le patron de la Juventus. « C'est un monde de secrets. Le non-dit, c'est ce qui gouverne le football. Récemment, le père d'un joueur de l'Inter m'a appelé car son fils ne jouait subitement plus. Il ne comprenait pas pourquoi, mais je savais parfaitement la raison : l'agent n'avait pas réglé la rétrocommission aux gars l'ayant fait signer. Dans le passé, j'ai déjà dû le faire, sinon mon joueur allait rester sur le banc. C'était la spécialité des directeurs sportifs italiens, mais ça existe de partout. »

Discrétion, rétrocommission, non-dit, c'est le scénario d'un transfert autant que d'un thriller, avec des négociations s'échappant au bout de la nuit, à la fumée des havanes et l'arrivée surprise de filles de joie. « J'ai déjà dû finaliser un transfert au petit matin car le club m'avait payé des prostituées », confirme un agent licencié à la fédération française de football. Teixeira en rigole : « J'ai tout vu dans ma carrière, donc rien ne m'étonne. J'ai même connu un agent italien ayant vendu des joueurs qui n'existaient pas ! » Un peu plus, et Sergio Leone se réveillerait d'entre les morts afin de tourner la suite d'un de ses plus grands films : *Pour une poignée de dollars.* L'histoire d'un homme sans nom joué par Clint Eastwood arrivant dans une ville mexicaine déchirée par une guerre entre les familles Baxter et Rojo, responsables d'un important trafic d'armes et d'alcool. Cinquante ans plus tard, les trafics n'ont pas cessé et les chasseurs de primes affluent encore.

Ils déambulent de clubs mexicains en équipes thaïlandaises, en passant par d'obscures formations balkaniques ou scandinaves. Ils ne signent plus leurs exploits avec la crosse de leur pistolet, mais avec un passeport européen, puis un sud-américain le lendemain, à moins qu'il ne soit asiatique ; leur identité change selon les deals.

Ils se font parfois payer en cash, d'autres fois à travers des sociétés immatriculées dans des paradis fiscaux qui appartiennent en réalité à d'autres compagnies, elles-mêmes tenues par d'autres entreprises. Qui dirige la toile d'araignée ? On rencontre bien des noms glissés ici et là, mais il s'agit la plupart du temps d'hommes de paille touchant effectivement « une poignée de dollars ». Derrière eux, c'est une histoire d'hommes sans nom, et peut-être bien celle de ces « criminels » auxquels la FATF (Financial Action Task Force) faisait référence dans son rapport de 42 pages publié en 2009.

Cette organisation intergouvernementale luttant contre le blanchiment d'argent et le financement du terrorisme a publié une enquête mettant en évidence les liens entre football et trafic d'êtres humains, trafic de drogue et corruption généralisée. « Les criminels utilisent de plus en plus le football pour l'évasion fiscale et le blanchiment d'argent », écrit en marge de cette investigation la rédaction sportive du prestigieux journal *The Guardian*. Il est fini le temps des petits arrangements entre amis, des billets glissés sous les chaussures des joueurs après les matchs au tournant du XIXe siècle par exemple, quand le professionnalisme n'était pas encore autorisé. Aujourd'hui, il s'agit d'un règlement de millions de comptes à O.K. Corral, avec des agents, super-agents, diamantaires, industriels, banquiers, vendeurs d'armes ou usuriers dans le rôle des propriétaires de clubs ou de joueurs. Ce n'est plus l'univers de Clint Eastwood là, c'est celui de James Spader qui incarne Raymond Reddington, l'un des criminels les plus recherchés au monde. Après s'être rendu au FBI lors de l'épisode pilote, il leur soumet une liste, *The Blacklist*, qu'il cultive depuis plus de vingt ans entre les turpitudes du globe. « Politiciens, gangsters, hackers, espions », énumère-t-il, avant d'être coupé par le FBI qui répond détenir déjà sa propre liste des plus grands malfrats. « S'il vous plaît, on sait tous que votre top 10 n'est rien de plus qu'une campagne publicitaire. Au mieux, c'est un concours de popularité. Je parle des criminels qui importent, des criminels que vous ne pouvez pas trouver car vous ne savez pas qu'ils existent. » Remplacez le mot « criminel » par « personne dirigeant le football mondial », et vous obtenez la Mano Negra, à une petite nuance près : ce spectacle n'est pas disponible à la demande sur Netflix, mais réservé à la poignée d'individus montrant patte blanche dans les salles de réunion des cinq étoiles londoniens, parisiens ou moscovites.

CHAPITRE 1

Une ombre derrière des vitres blindées

Starring : Juan Figer Svirski, alias « El Presidente », « Le fantôme », « Le doyen », « El Gordo » ou « The Chess Master »
Considéré comme le doyen des agents, Figer est l'homme ayant accompli le plus de transactions dans l'histoire du football. Maradona, Pelé, Romario, Sócrates ou Neymar, tous ont rejoint à un moment de leur carrière l'écurie de l'Uruguayen. Et pourtant, c'est comme si le grand public ignorait tout de Juan Figer Svirski : son parcours, ses relations, ses affaires et même son âge restent des énigmes aujourd'hui.

**« Je préfère mes chevaux aux joueurs.
Ils ne signent pas de contrat et ils ne disent
pas de la merde. »**
Juan Figer dans le magazine brésilien Placar *en 1985*

« Comme tous les Uruguayens, j'ai voulu être footballeur. Je jouais très bien, j'étais une vraie merveille, mais seulement la nuit, quand je dormais ;

pendant la journée, j'étais la pire jambe de bois qu'on ait vue sur les terrains de mon pays. » Les *campitos* d'Uruguay, Eduardo Galeano les a tous parcourus. Ceux de Montevideo, sa « terre », mais aussi les autres, situés à mille lieues de la capitale et des fastes de la première division. Artigas, Durazno, Paysandú ou Salto, autant de modestes villes de province, de l'*interior* comme disent les Uruguayens, où la plupart des futurs internationaux ont répété leurs gammes sur des pelouses plus bosselées les unes que les autres ; un comble pour un pays sans montagne.

Galeano aussi s'exerçait avec le ballon, mais rien à faire : il jonglera seulement avec une machine à écrire et les maux de la société. « Il y a de grands médias de communication qui confondent la liberté d'expression avec la liberté de pression, et qui ont été définis de main de maître par un certain anonyme qui écrivit sur un mur : "Ils nous pissent dessus, et les journaux disent qu'il pleut." »

L'auteur du célèbre *Veines ouvertes de l'Amérique latine*, vendu à plus d'un million d'exemplaires, a laissé un héritage incalculable : livres, poèmes, contes, articles, citations, travaux historiques ou réflexions philosophiques. « Les scientifiques disent que nous sommes faits d'atomes mais, à moi, un petit oiseau m'a raconté que nous sommes faits d'histoires », écrit-il dans *Los hijos de los días*, son dernier ouvrage avant sa mort, en 2015. Et des histoires, l'Uruguay en regorge ; certains diront même qu'elle en déborde.

Dans le département de Tacuarembó, au nord du pays, un musée dédié à Carlos Gardel, le légendaire roi du tango et icône culturelle argentine, expose des documents prouvant que l'artiste serait bien… uruguayen. Or, depuis plus d'un siècle, les deux pays réclament férocement sa paternité, n'hésitant pas à diligenter enquêtes, fouilles et demandes de test ADN. Qui a raison, alors ? Personne ne peut le savoir, hormis Gardel et ses aïeux, mais les fantômes sud-américains sont réputés taciturnes. Tout juste consentent-ils à sortir de leur cachette de temps à autre si le danger rôde.

Au Palacio Salvo de Montevideo, magnifique édifice du centre-ville construit dans les années 1920, c'est l'esprit du regretté José Salvo, alias Don Pedro, qui serait ainsi intervenu pour sauver un homme d'un lâche voleur. Un autre jour, un jour dont personne ne se souvient la date exacte mais où tout le monde était présent, il a également aidé une petite fille venant de tomber dans les escaliers. Exagération toute uruguayenne ? Apparition surnaturelle ? Allons donc, l'explication est simple : Don Pedro a l'habitude de déambuler dans les escaliers, de service ou non, avec son fidèle parapluie et sa chemise soigneusement boutonnée ; il n'y a rien d'anormal à ça, il habite au septième étage. Et pour les téméraires désirant lui rendre visite, aucun risque : à Montevideo, les mauvais esprits sont bons, et les brillants esprits sont mauvais.

Si la présence du sémillant Don Pedro peut être ressentie, les autres spectres *montevideanos* semblent introuvables ou très loin de la capitale. Certains se sont retirés dans la célèbre station balnéaire de Punta del Este, tandis que d'autres ont émigré en Argentine et au Brésil. Parmi eux, un certain Juan Figer Svirski, une ombre un peu spéciale puisque faite de chair et d'os.

Depuis les années 1960, ce petit homme bedonnant (1,57 m) hante les coursives du football en conseillant les meilleurs joueurs de leur génération. Pelé, Maradona, Sócrates, Klinsmann ou Neymar, tous ont eu à un moment donné de leur carrière Juan Figer comme agent. Pourtant, ses apparitions publiques sont rarissimes. À peine peut-on espérer capturer l'instant avec une photo à la sauvette dans un parking souterrain, dans le coin d'un restaurant, ou à la sortie des bureaux d'un des plus grands clubs du monde. « C'est un homme qui fuit l'attention médiatique et les mondanités », détaille Paulo Teixeira. « On était les pionniers au Brésil, au début des années 1990. La presse nous a surnommés "les sept agents d'or", en hommage aux sept flics d'or qui sévissaient contre le crime à Rio. Figer était le doyen de tous. On voulait qu'il soit le président de l'association des agents brésiliens, mais il a refusé.

Il ne voulait pas d'honneur, pas de lumière. Il a toujours été comme ça. »

L'extrême discrétion de Figer l'honore autant qu'elle confine au mystère. Il est l'homme ayant réalisé plus de mille transferts, un chiffre inégalé et probablement inégalable, mais c'est comme si personne ne le connaissait : ses business, ses relations, ses voyages et même son âge sont inconnus.

Selon sa déclaration d'impôts, il serait né un 3 octobre 1934. Problème, l'enquête de Hauke Goos pour l'hebdomadaire allemand *Der Spiegel* en 2006 révèle que Figer lui-même a évoqué dans certains contrats la date du 1er janvier 1930. Laquelle est la bonne ? L'intéressé ne donne aucune explication, pas plus qu'il ne répond à une seule question sur sa vie ou son métier. Seul son lieu de naissance, Montevideo, est certain. Le reste, c'est-à-dire les quatre-vingts dernières années de sa vie, est intraçable.

Une énigme qui a intéressé de nombreuses personnes cherchant à démêler le vrai du faux parmi tout ce que l'on prête à l'entreprise de Figer. Présidents de clubs, directeurs sportifs, journalistes, policiers, procureurs fiscaux et Dieu sait qui d'autre ont investigué des années durant. Quelques réponses sont tombées, mais elles n'ont rien apporté, si ce n'est de renforcer le mythe. « J'étais en voyage de scouting au Brésil. On a organisé une réunion avec quelques personnes dans un bon restaurant de São Paulo », se remémore Antonio Salamanca, ancien recruteur de Tottenham, Liverpool, Villarreal ou Valencia. « Je vois Figer attablé dans un coin. Il mangeait avec Roberto Carlos. Il n'y a pas eu de paroles échangées, rien, mais il a reconnu deux ou trois mecs déjeunant avec moi. Quand on termine, je vais voir le patron du resto pour payer. Il rigole et me dit : "Ça a déjà été réglé !" C'était Figer qui avait payé la note, sans rien dire. »

D'autres recruteurs racontent des scènes où Figer accueille des dirigeants et joueurs dans un restaurant privatisé pour l'occasion, avec un personnel réduit au minimum : le chef-cuisinier et le patron, quand ce n'est pas la seule et même personne, alors aidée d'un serveur.

Attablé devant une entrecôte et une bouteille de vin rouge, puis un dessert parfumé d'un cigare, un Alhambra ou un Hofnar de préférence, *el Gordo* dirige les hostilités. « Il fait asseoir tout le monde et écoute les arguments de chacun », commente un scout espagnol ne voulant pas être cité. « Il parle peu, mais jamais pour ne rien dire. On peut évoquer des millions, des deals qui vont échouer, mais il reste toujours calme. Je me souviens d'une fois en particulier… Il y avait beaucoup de tension, tout le monde s'énervait. Lui, non. Il ne disait rien et mangeait tranquillement. » Figer est imperturbable. Il déroule patiemment ses arguments jusqu'à obtenir une solution satisfaisant toutes les parties, surtout la sienne. Il remercie ensuite le personnel, puis regagne son automobile. « Il roule dans une Opel Omega blindée, probablement la seule à São Paulo », relate l'enquête du *Spiegel*. « Cette voiture a des fenêtres pare-balles, des portes blindées, un réservoir blindé, des pneus spéciaux. Le camouflage parfait. Personne n'attaque une Omega. » La remarque s'applique aussi à son prestigieux passager, un agent de joueurs autant qu'un personnage sorti de l'imagination de Francis Ford Coppola, qui apparaît et disparaît quand bon lui semble.

Cela dit, derrière les apparences, derrière ce blindage utilisé par les cortèges de plusieurs chefs d'État sud-américains, il y a forcément une histoire ; et quelle histoire. Au tournant du XXe siècle, une partie de ses aïeux maternels quittent la Pologne pour s'installer en Amérique du Sud, une terre d'émigration générant de nombreux investissements et la promesse d'un nouveau départ pour les déshérités du Vieux Continent. C'est ainsi que des milliers de familles juives originaires d'Europe orientale et de Russie s'établissent en Argentine et au Brésil. Beaucoup moins en Uruguay. « En 1909, cent cinquante juifs vivent à Montevideo », écrit l'historien Avi Hein, dont les travaux font office de référence dans les ouvrages traitant de la diaspora juive uruguayenne. « Pour beaucoup, l'Uruguay n'était qu'une étape dans leur route pour l'Argentine ou le Brésil. »

À partir des années 1920, la tendance s'inverse. La capitale uruguayenne se suffit à elle-même et offre davantage de stabilité économique et politique que Buenos Aires, son exubérante voisine. Architectes, artistes, peintres, commerçants ou banquiers se donnent rendez-vous à Montevideo, qui jouit d'un rayonnement international en accueillant la première Coupe du monde de l'histoire en 1930, une des dates de naissance supposées de Figer.

Déjà vainqueur des jeux Olympiques de 1924 et 1928, la *Celeste* ne déçoit pas et remporte le trophée contre l'Argentine – qui d'autre – dans un Estadio Centenario surchauffé. Boycottant les éditions 1934 et 1938, l'Uruguay reviendra en 1950 pour le Mondial brésilien, qu'elle s'adjugera dans un match de légende au Maracanã, alors la plus grande enceinte du monde.

Comme les jeunes de son âge, qu'ils aient 16 ou 20 ans, Figer est passionné de football. Contrairement à eux toutefois, il ne sait pas bien courir ou même taper dans un ballon, hormis la nuit, très tard, quand il n'y a plus personne et qu'il rejoint le « pays des rêves » cher à Eduardo Galeano. Comme l'écrivain *montevideano*, il partage le même goût pour l'apprentissage et la réflexion. Étudiant discret et sérieux, Figer travaille également comme vendeur ambulant de maillots. Pas de quoi vivre, mais assez pour acheter une place à l'Estadio Centenario afin de soutenir son équipe, Peñarol, et se payer un joli jeu d'échecs, son autre passion.

En 1953, Juan est sacré champion d'échecs d'Uruguay, ce qui lui permet de participer l'année suivante au championnat sud-américain, où il termine troisième. Désormais adulte, il stoppe la vente dans les rues de Montevideo pour ouvrir sa (petite) boutique d'import-export de textile. Mais l'ancienne « Suisse de l'Amérique latine » traverse une détérioration économique et politique au milieu des années 1950 : commerce extérieur en chute, inflation en hausse, rumeurs de coup d'État et manigances de la CIA pour obtenir la rupture des relations diplomatiques avec Cuba… La si tranquille Uruguay vacille, et de nombreux intellectuels ou industriels quittent le pays. Même un modeste entrepreneur comme Figer part en 1961 pour trouver meilleure fortune. « J'ai eu un déclic », raconte-t-il à *Placar*, magazine de référence en Amérique du Sud avec la légendaire revue argentine *El Grafico*[3]. Le déclic ? Un article mentionnant la présence des Folies Bergère à Buenos Aires. La célèbre troupe française est en tournée, et Figer les rejoint en Argentine. Il revient rapidement à Montevideo accompagné d'une soixantaine de danseuses pour une semaine de spectacle au Palacio, un gymnase détenu par Peñarol. Un événement qui marque le début de sa carrière d'agent. « J'ai organisé ensuite des matchs de boxe avec des champions du monde comme Ruben Acaballo, Kid Gavilán, Archie Moore », poursuit-il dans *Placar*, qui mentionne deux

3. Ironie, le créateur d'*El Grafico* est en réalité un Uruguayen, Constancio Cecilio Vigil.

cents événements pour cette seule année 1961 avec matchs de basket, bals et représentations de Peñarol, son fameux club où il officiera comme directeur du football amateur, puis responsable commercial. Une époque bénie pour les *Carboneros*, triples lauréats de la toute nouvelle Copa Libertadores[4] dans les années 1960 (1960, 1961 et 1966) et doubles vainqueurs de la Coupe Intercontinentale opposant le vainqueur de la Libertadores à celui de la Ligue des Champions, en l'occurrence le Benfica en 1961 et le Real Madrid en 1966. « Peñarol naquit pour être le meilleur », commentait le secrétaire de l'époque, Julio Maria Sanguinetti, nommé plus tard vice-président.

Ce dernier est l'un des nombreux hommes politiques passés par les coursives des jaune et noir, comme Julio María Sosa au tournant du XXe siècle, ancien candidat à la présidence de la *República Oriental del Uruguay*. Une tentative avortée, contrairement à Sanguinetti, élu en 1980 pour un quinquennat. « Peñarol et le Nacional sont des clubs intimement liés aux sphères d'influence uruguayennes », remarque Carlos Canzani. Chanteur, compositeur et producteur, *el Pajaro* (l'oiseau) a toujours inséré le football dans ses mélodies, composant même l'hymne de la Copa América en 1995. « Le football est une partie de notre identité

---

4. L'équivalent de la Ligue des Champions en Amérique du Sud.

nationale, donc il est de fait connecté à la politique, aux artistes, aux hommes d'affaires et même aux relations avec les femmes. Par exemple, tu dis à une femme : "Quelle belle journée ! C'est vraiment une belle journée pour prendre un café !" Et la femme te répond : "Tu es en train de me faire un centre et je vais sortir pour te mettre la tête…" Cela veut simplement dire qu'elle accepte d'aller boire un café avec toi. Si tu lui dis un truc qui ne lui plaît pas, elle va te répondre : "Ah non, mais ça ce n'est pas un péno !" C'est un phénomène très particulier. Les femmes utilisent le foot comme outil de langage quotidien. Les images, les métaphores et toute la mythologie du football sont très présentes dans la vie des gens, au point que les femmes ont le football ancré dans leur personnalité. Je crois que cela n'existe nulle part ailleurs. »

Musique, littérature, médias, commerce, séduction, politique, tout se mêle, s'entrechoque. Sur le terrain, les joueurs du Nacional ou de Peñarol sont des footballeurs autant que des syndicalistes ou des artistes ; cela dépend de l'avancement de la nuit. Au stade, des dizaines de milliers d'Uruguayens lambda côtoient la haute société *montevideana*, chose impensable le reste de la semaine. Tout semble possible en Uruguay, et c'est bien ça le problème ; le pays est si petit que tout se sait, mais plus personne ne sait qui croire. Ces hommes de l'ombre des années 1960 à Peñarol sont-ils réellement les dirigeants d'un club de football ou ceux du pays ? Un peu des deux : tandis que le secrétaire Sanguinetti deviendra, on l'a dit, président de la République, le directeur administratif, José Pedro Damiani, siégera au comité de direction de la banque la plus importante du pays, El Banco República, dont il finira vice-président.

Les amis de Figer gouvernent l'Uruguay, du moins la journée. Le soir, c'est Juan qui orchestre le programme et convainc champions de boxe, troupes de théâtre et groupes de musique de se produire au Palacio. Le gratin uruguayen afflue, mais le roi de la nuit ne se montre pas, il reste en coulisses avec son cigare et comptabilise chaque peso du cachet donné aux stars comme Frank Sinatra, dont il est devenu proche. Sur scène, la foule en redemande et prolonge la fête dans les bars et *boliches*[5] de la capitale ou de la station balnéaire de Punta del Este. Figer est introuvable, mais il n'a pas disparu cette fois, il est simplement rentré chez lui, en famille ; il n'y a qu'en Uruguay où le roi de la nuit n'a pas la permission de minuit.

Malheureusement, les folles années du Palacio ne durent qu'un temps. Montevideo s'emmitoufle dans une crise dont elle ne sort pas. La seconde moitié des années 1960 est une lente pente vers le coup d'État et la dictature militaire de 1973. En 1967, l'inflation terrasse la population (135,9 %) et une

5. Terme utilisé en Argentine et en Uruguay pour désigner un endroit festif et dansant comme un bal ou une discothèque.

crise cardiaque emporte le président Oscar Diego Gestido, dont le frère Alvaro était d'ailleurs l'un des joueurs de la *Celeste* lauréate des J.O. de 1928 et du Mondial de 1930.

Le vice-président, Jorge Pacheco Areco, prend le pouvoir et décrète des « mesures d'exception », un terme habile pour ne pas dire « État totalitaire ». Des centaines de militants syndicaux sont internés, des manifestants un peu trop véhéments sont abattus, et les escadrons de la mort commanditent assassinats et enlèvements avec le consentement du gouvernement. Pacheco applique également une censure répressive envers les artistes et écrivains, notamment Eduardo Galeano et Prensa Latina, agence de presse cubaine. Forcément, de nombreux chanteurs, journalistes ou producteurs quittent le pays, comme Juan Figer, qui s'exile en 1968 à São Paulo[6].

Son activité professionnelle reste inconnue jusqu'au début de l'année 1970 et une réunion à Rio de Janeiro avec les dirigeants de Flamengo, l'un des plus grands clubs brésiliens. Il propose d'organiser une rencontre amicale au Maracaña contre son cher Peñarol. Selon lui, le prestige des Uruguayens sera suffisant pour drainer des dizaines de milliers de spectateurs et permettre aux deux équipes et à l'organisateur de toucher un joli chèque.

---

6. 1968 selon plusieurs articles et l'enquête du *Spiegel*, mais le Grupo Figer avance qu'il a « commencé ses activités au Brésil en 1969 ».

Problème, Flamengo veut une (grosse) avance, pas une hypothétique rémunération. Les négociations stoppent. « Quand les situations sont bloquées, il sait comment les régler car il pense avec sa tête, pas avec son égo », loue Paulo Teixeira, qui ajoute : « Il a toujours un coup d'avance. »

Figer accepte donc la requête. Il collecte ses économies et utilise ses contacts dans diverses banques afin d'obtenir le meilleur prêt. La somme requise par Flamengo payée cash, le match peut se jouer, sans toutefois savoir si le public répondra présent pour un simple amical. Or, pour Figer, c'est une question vitale ; il a sacrifié ses meilleurs atouts.

Parallèlement, il invite des émissaires d'autres équipes brésiliennes à assister à la rencontre. Ils font partie d'une foule d'environ 100 000 spectateurs, une assistance dépassant toutes les espérances. Pendant que Flamengo et Peñarol comptent leur butin après un triste 0-0, Figer est ailleurs, poursuivant les discussions avec ses convives. Quelques mois plus tard, cinq joueurs de Peñarol accostent dans les meilleures formations du Brésil (São Paulo, Porto Alegre, Palmeiras, Atlético Mineiro) : Pablo Forlan – futur papa de Diego –, Héctor Silva, Pedro Rocha, Elias Figueroa et Ladislao Mazurkiewicz, sans doute le meilleur gardien de l'histoire uruguayenne et dont les ancêtres sont polonais. Une jolie coïncidence pour Figer, mais il n'y a aucun hasard, chaque coup a été soigneusement calculé ; n'est pas champion d'échecs qui veut.

CHAPITRE 2

La loi du silence

Starring : Central Español et Rentistas, alias « Les entrepôts », « The Ghost Club » ou « The Bridge Club »
Situés à Montevideo, ces deux humbles clubs de deuxième division uruguayenne ont servi pendant plus de vingt ans de passerelles à Juan Figer Svirski. Ils faisaient transiter des dizaines de joueurs brésiliens à Central ou Rentistas avant de les revendre le même jour en Europe. En échange d'une pension mensuelle, personne ne disait rien. Ce modèle a depuis été utilisé par de nombreux agents et hommes d'affaires se servant d'équipes uruguayennes comme le Deportivo Maldonado ou de clubs d'autres pays à la fiscalité avantageuse.

« Quand un club ne nous paye pas, au lieu de protester, nous lui faisons de la promotion et inventons des manières de générer des revenus. »
Juan Figer Svirski au Jornal do Brasil *en 1988*

Juan Figer est un homme pressé. Ses cinq premiers transferts officialisés, il embarque les meilleurs talents argentins, brésiliens, chiliens ou uruguayens à travers le monde. Dès 1975, il participe à l'une des premières ventes de joueurs dépassant le million de dollars, pour Leivinha, attaquant de Palmeiras envoyé à l'Atlético Madrid. « Il y avait quelques personnes habilitées pour ce genre d'opération dans les années 1970, mais elles étaient rares », détaille Daniel Bolotnicoff, avocat de formation devenu agent.

Il est neuf heures du matin à Buenos Aires. Bolotnicoff est en route pour son bureau. « J'aime organiser mes réunions tôt dans la journée », sourit-il. Connu pour s'être occupé un temps des intérêts de Diego Maradona et avoir accompagné la carrière de Juan Román Riquelme, l'Argentin ne souhaite pas aborder les cas particuliers comme Figer – bien que les deux hommes se connaissent. « Mais pour parler de mon métier ou de football, c'est avec plaisir. » Quarante-cinq minutes et plusieurs appels en absence plus tard, il a fait le tour de la profession d'agent, un travail suscitant tour à tour clichés, fantasmes et mépris. « On croit qu'on fait tous énormément d'argent, que c'est facile… Je l'entends très souvent », maugrée-t-il d'un ton sec.

– C'est quoi ton prénom ?

– Romain.

– Comme Riquelme ?

– *(Rires)* Oui, oui.

– Ah, *muy bien* ! Romain, écoute. De mon point de vue, il y a trois fonctions différentes dans ce qu'on appelle le métier d'agent. La première, c'est celle de représentant. Il s'occupe du joueur au niveau humain, commercial, familial, carrière, etc. La deuxième, c'est celle d'intermédiaire : il apparaît lors d'une opération, soit en mettant des gens en contact, soit en facilitant un transfert, puis s'en va. La troisième, c'est l'assesseur, en général un avocat gérant les contrats. En Europe, j'ai remarqué que les agents sont le plus souvent des intermédiaires ou des assesseurs. Il y a très peu de ce que je nomme *representante*, celui qui s'occupe d'ouvrir un compte bancaire, de gérer le voyage de la fiancée du joueur, d'aider à acheter ou vendre une voiture sans se faire avoir… Le tout premier *representante* à ma connaissance, c'est un Argentin : Felix. Il a permis à Omar Sivori de rejoindre l'Italie (la Juventus) dans les années 1950. Je me suis beaucoup inspiré de lui. C'était un monsieur, malheureusement décédé. »

Felix est effectivement l'un des pionniers d'une profession apparue après la Seconde Guerre mondiale. Auparavant, elle existait sans vraiment exister, au coup par coup, souvent sous le manteau. Des clubs contactaient un facilitateur ou envoyaient un télégramme au contact d'un contact, comme plusieurs équipes nord-américaines désireuses de faire venir des joueurs anglais ou écossais dans les années 1920. Quelques affaires se sont conclues ainsi, mais pas de quoi susciter un réel marché et encore moins un besoin ; le jeu se suffisait encore à lui-même.

Ce n'est qu'au tournant des années 1960 que le besoin apparaît. L'économie croît progressivement, et avec elle l'intérêt de divers hommes d'affaires ou politiques qui commencent à comprendre les bienfaits pour leur propre image des victoires de leur club ou de leur sélection nationale. Avec la démocratisation de la télévision et sa poignée de matchs diffusés annuellement, les meilleurs joueurs sont désormais accessibles à travers le Vieux Continent à l'occasion des finales de Coupe d'Angleterre ou des diverses coupes européennes. À l'image des acteurs, les footballeurs sont de plus en plus starifiés, notamment au Royaume-Uni avec le serial buteur Jimmy Greaves, le *King* John Charles, le *Wizard* Stanley Matthews et le Cinquième Beatles, George Best.

Ces hommes ne sont plus des footballeurs, mais des personnes présentes au quotidien dans la vie des Britanniques. Dans les journaux, chacun y va de sa chronique exclusive écrite avec l'aide d'un nègre, tandis que les annonces publicitaires radiophoniques et télévisuelles drainent de plus en plus de sportifs, surtout Best.

Au milieu de ce riche tohu-bohu émergent une poignée d'agents, dont le rôle consiste dans un premier temps à s'occuper des contrats hors football. Ces négociateurs proviennent de divers milieux : journalisme sportif (Stan Thomlin), télévision (Teddy Sommerfield) ou édition (Bagenal Harvey). Ce dernier, décrit comme « un gentleman aux manières impeccables » dans l'autobiographie de Jimmy Greaves, a été le premier homme à faire le lien entre footballeurs et grandes marques. À la fin des années 1940, il a ainsi convaincu Brylcreem, une crème capillaire pour homme, de signer un contrat de 1000 *pounds* par an avec Denis Compton, joueur d'Arsenal et cricketeur de génie.

Jugé « nocif pour le jeu » par la fédération anglaise, Harvey a défendu ardemment ses clients, qu'importe leur domaine : athlète, présentateur radio ou télé, joueur de cricket, football, tennis, etc. La liste est colossale et brosse les prémices du « super-agent », un concept développé par le sociologue italien Pippo Russo, auteur de l'excellent *Gol di Rapina*, un ouvrage détaillant la face cachée du *beautiful game*. « Le super-agent est un homme cumulant différents leviers et outils pour gouverner l'économie du football. Il commence comme agent de joueur, disons avec une fonction d'intermédiaire. Puis, son rôle s'élargit et il devient agent d'entraîneur ; là, il pousse pour la signature d'un responsable des transferts dans ce club, et il devient ensuite consultant du club en question. Dans une même négociation, il peut ainsi être le consultant de l'acheteur et du vendeur, tout en étant l'agent du joueur ! L'étape suivante, c'est quand il représente des investisseurs externes qui achètent des droits d'image de joueurs ou des actions d'un club ; il peut également être un de ces investisseurs. La dernière étape, c'est quand il dispose d'autres leviers et financements issus d'activités collatérales liées au football : droits TV, sponsoring, organisation de matchs amicaux ou de tournois, relations politiques et diplomatiques. Tout ça donne le profil d'un super-agent, un homme qui n'est plus un intermédiaire mais le moteur de l'économie footballistique. Il n'intervient pas sur le marché ; il crée le marché. Et cette activité est consacrée à satisfaire des intérêts financiers, mais aussi des intérêts hors football. » Une définition parfaite de Juan Figer, qui gère l'offre, la demande, les offrants et les demandeurs.

Comme le Portugais Manuel Barbosa, premier agent officiellement agréé FIFA, le *chess master* tire la majeure partie de ses bénéfices dans les années 1970 ou 1980 en organisant des rencontres amicales ou des tournois internationaux. Dans l'interview accordée au magazine brésilien *Placar* en 1985, Figer avance le chiffre de cent cinquante matchs sur une année, incluant des coupes en Italie, aux États-Unis, à Curaçao (une de ses destinations favorites) ou au Japon avec la fameuse Kirin Cup, toujours active quarante ans après sa création.

Non content de faire venir les équipes ou les sélections en fixant le prix de chacune, il s'occupe aussi des télévisions. Pour le Mondial 1986, il négocie avec la puissante chaîne mexicaine Televisa des cachets supplémentaires à la demande de quelques joueurs : Diego Maradona, Zico, Michel Platini, Karl-Heinz Rummenigge, Rinus Michels, Johan Cruijff ou Carlos Alberto Torres. Lors de cette réunion, tenue le mercredi 18 septembre 1985, Figer n'obtient pas tout ce qu'il souhaite. Qu'importe, un nouveau meeting l'attend à Los Angeles, puis d'autres à New York, Curaçao, Lima, un bref retour à São Paulo, puis Buenos Aires et Milan ; le tout en une semaine !

Mais Figer ne peut pas tout prévoir : ce jeudi matin, à Mexico, la terre tremble. Un séisme de magnitude 8.2 sur l'échelle de Richter entraîne la mort de plus de 10 000 personnes, sans compter les blessés (entre 30 et 50 000), la destruction d'immeubles (50 000), dont de nombreuses écoles ; 500 000 étudiants se retrouvent sans lieu pour étudier.

La nouvelle gagne le monde en quelques heures. La famille Figer tente de joindre Juan toute la journée, sans succès. Vingt-quatre heures passent. Vendredi matin, le fils, Marcel, parvient à rentrer en contact par telex avec le luxueux hôtel du nord-ouest de la capitale où réside en théorie son père :

« Hôtel Presidente Chapultepec ?

– Oui.

– Des nouvelles de l'hôte Juan Figer ?

– Oui. Chambre 2317.

– Comment va-t-il ?

– D'où appelez-vous ?

– Brésil. Son fils, Marcel Figer.

– L'hôte va bien, vous pouvez aviser l'Italie et l'Argentine. »

Juan Figer n'a pas de temps à perdre. Pendant que Mexico est un chaos et que sa famille ne savait pas s'il était en vie, *el Presidente* a demandé au réceptionniste de transmettre un message pour confirmer ses prochains meetings, pas pour rassurer sa femme Elizabeth ou ses enfants ! Après tout, un rendez-vous est un rendez-vous, et un rendez-vous, c'est de l'argent ; les fantômes sont peut-être immortels et insensibles aux tremblements de terre[7], mais ils ont besoin de gagner leur vie comme tout un chacun.

En 1985, quinze ans après ses débuts officiels, *Placar* estime que les transferts générés par l'Uruguayen ont dépassé 26 millions de dollars, un chiffre colossal pour l'époque et ne prenant pas en compte les autres contrats (publicitaires, médiatiques, télévisuels). « Figer s'est rendu indispensable à l'équilibre des transferts entre Amérique du Sud et Europe », note le recruteur français Antonio Salamanca. « Dans les années 2000 par exemple, si un club espagnol voulait un Brésilien, il passait par Figer. C'était comme ça, personne ne discutait. Il était la meilleure solution. J'ai rencontré des agents avec lesquels ta première impression, c'est :

---

7. À moins qu'ils n'aient été avisés en choisissant l'hôtel Presidente Chapultepec, dont la structure hydraulique a été spécialement conçue pour résister aux secousses.

“Lui, il va voler ma carte bleue et faire exploser le chéquier.” Avec Figer, tu n’as pas cette impression. Il est gentil, souriant, poli, respectueux. Il sait ce qu’il peut demander, il ne va pas te braquer. »

Avec son visage rondouillard, ses petites lunettes carrées, sa chemise blanche ou à rayures bleuâtres et sa cravate savamment nouée, le *chess master* n’a pas le profil d’un gangster ou d’un agent tape-à-l’œil. Il roule peut-être en voiture blindée et privatise des restaurants comme Al Pacino, mais il ne faut pas se fier aux apparences : Figer est un personnage si complexe qu’il ne rentre dans aucune case. « Parfois, je me réveille et c’est en prenant le téléphone que je sais dans quel pays je me trouve », lâche-t-il, malicieux. « Toutes les chambres d’hôtel se ressemblent… »

En moyenne, sur une année, il réside seulement un petit mois chez lui, à Campinas, une ville située à une petite heure de São Paulo où il jouit d’une immense propriété avec ses chevaux – son autre passion –, deux piscines et « un rez-de-chaussée mesurant la moitié d’un terrain de football » selon *Der Spiegel*. Figer visite une quarantaine de pays annuellement et monte dès les années 1980 un réseau de vingt-six collaborateurs travaillant pour lui dans vingt pays différents, incluant les États-Unis, l’URSS, Hong Kong, le Cameroun, Israël ou la France.

Un jour, il est mandaté par le gouvernement sud-coréen afin de structurer une coupe nationale puis, le lendemain, il dîne à Madrid avec l'ambassadeur uruguayen, l'ancien président Jorge Pacheco Areco, pour organiser une rencontre Real Madrid – Corinthians à la demande du roi Juan Carlos, dont il deviendra aussi un intime. Rien ni personne n'arrête Juan Figer : l'âge, la concurrence des autres agents et même les tremblements de terre n'ont aucun effet sur lui. « Il a toujours anticipé les tendances de l'économie parallèle du football », juge le sociologue Pippo Russo, qui a longuement investigué les affaires des super-agents. « Figer a compris que le secret serait sa meilleure arme dans ce milieu. »

Toujours dans les années 1980, il est discrètement devenu actionnaire de l'Inter « avec une participation suffisante pour garantir des facilités lors des négociations ». Il collabore aux achats et ventes de joueurs, comme le jeune attaquant brésilien Juary. En guise de commission, Figer réclame une partie de la recette d'un futur match amical, une rencontre qu'il organisera avec l'équipe de son choix puisqu'ayant signé un contrat d'exclusivité avec plusieurs clubs : l'Inter forcément, mais aussi Naples, Barcelone ou Peñarol. En somme : il détient les joueurs, les clubs, les rencontres et les droits d'image des grandes stars, le rendant seul interlocuteur possible des négociations avec sponsors et télévisions. C'est à se demander ce qui n'appartient pas à Juan Figer, dont les activités s'élargissent aux courses hippiques et automobiles ; en 1985, il est un des hommes derrière le Grand Prix de F3000 à Curaçao, cette île de la mer des Caraïbes qui fut en son temps le centre mondial du cacao. « Il a su constamment se renouveler », abonde Paulo Teixeira. « Puis, il a inventé la triangulation et la TPO vingt ans avant qu'elle ne se répande dans toute l'Amérique du Sud, le Portugal et d'autres pays. Il a érigé le modèle des années 2000 dès 1980. »

La TPO, alias la *third-party ownership*, est littéralement la tierce propriété des droits économiques d'un joueur. Pour schématiser, un club accepte de céder une part des droits économiques d'un joueur à un tiers (agent, investisseur, société). Lors du futur transfert du joueur, le club ne touchera plus l'intégralité de la somme, mais seulement le pourcentage équivalent aux droits économiques qu'il possède, comme le ou les tiers disposant également d'un pourcentage.

Cynique, la méthode a permis à de nombreuses formations de survivre car le tiers, en théorie l'agent, paye une partie ou la totalité du salaire du joueur, tout en lui trouvant un logement s'il n'habite plus chez ses parents ; les deals de TPO sont normalement signés avec des jeunes, avant ou peu après leur premier contrat pro. « Les ventes de droits économiques, c'est ce qui a financé les clubs sud-américains », pointe l'agent argentin Daniel Bolotnicoff. Cependant, le procédé pose des questions de conflits d'intérêts et d'éthique ;

des syndicats parlent d'esclavagisme moderne et les véritables propriétaires des droits économiques restent parfois inconnus car dissimulés derrière des sociétés écrans, elles-mêmes à l'abri dans des paradis fiscaux. « Pour moi, je ne vois aucun problème moral et éthique à ce qu'un tiers puisse détenir les droits économiques d'un joueur », balaye Bolotnicoff. « C'est le problème du club ! En quoi cela va affecter quelque chose ? Qu'est-ce que ça va limiter ? Ça ne limite rien du tout. Beaucoup d'agents payent les joueurs, investissent de l'argent, et ensuite il y a une vente de plusieurs millions de dollars, partagés entre les détenteurs. C'est une activité commerciale licite qui ne préjudicie en rien au joueur. Selon mon opinion, hein. » Économiquement, la logique se comprend, mais qu'est-ce qui empêcherait un oligarque en cavale, un baron du crime ou un dirigeant de club véreux mais suffisamment adroit pour dissimuler son identité d'être à la tête de la société détenant les droits économiques du joueur ? « Il ne faut pas confondre les professionnels du football ou les entrepreneurs du secteur avec des criminels ou des amateurs pensant faire fortune sans savoir se comporter », poursuit l'agent. « Je suis pour la TPO car elle permet aussi à des équipes de construire de meilleurs effectifs vu que les risques sont partagés avec le tiers. » Exemple : si X vaut 10 millions, le club débourse seulement 5 millions pour obtenir 50 % des droits économiques, et le tiers autant. De quoi s'offrir des éléments théoriquement inaccessibles financièrement. Mais surtout, en misant sur une réussite sportive, X pourra être revendu quelques saisons plus tard pour trois ou quatre fois son montant d'origine, parfois même beaucoup plus, et chaque partie récoltera les bénéfices. Cette méthode a été abondamment utilisée au Portugal, notamment par Porto lors de son sacre en Ligue des Champions en 2004.

Depuis avril 2015, la TPO a été bannie par la FIFA, du moins officiellement. Pas grave pour Juan Figer, qui compte toujours sur la triangulation, son autre grande invention. « Prenez un club A qui possède un joueur à transférer. Celui-ci va le vendre brièvement à un club B, qui va alors en faire de même dans le club C. Au centre du triangle se trouve le joueur. Avec ces quatre acteurs, vous venez de dessiner ce qu'on appelle la triangulation, mécanisme clé de l'évasion fiscale », détaille Nicolas Cougot, fondateur du site Lucarne Opposée et grand connaisseur des affaires sud-américaines. « Prenons un exemple. Imaginons que le club A soit argentin et le club C européen. Lorsque A transfère son joueur, il doit s'acquitter de taxes sur le transfert à hauteur de 24,5 %, qui se décomposent en 15 % pour le joueur, 2 % pour l'AFA (la fédération argentine), 0,5 % pour l'Union des Footballeurs et 7 % pour l'AFIP (Administración Federal de Ingresos Públicos, la direction des finances publiques argentine). Le joueur touche donc 15 % du montant du transfert, sur lesquels il va bien évidemment être taxé aux taux ayant cours en Argentine. Mais si maintenant le club B est, exemple loin d'être pris au hasard, uruguayen, tout change. Il suffit alors de faire transiter le joueur de A vers B pour *peanuts*, puis d'appliquer le plus gros du transfert en faisant passer le joueur de B vers C. C'est ce montant qui sera alors soumis aux taxes du pays du club B, donc uruguayennes. En Uruguay, les taxes sur les transferts sont de 2 %, et le joueur n'est pas imposable sur les pourcentages qu'il touche à l'occasion de son transfert. »

L'Uruguay, toujours l'Uruguay… Ce petit pays est au centre de tout. Il accueille les sociétés des artistes, businessmen, criminels et politiciens du monde entier en promettant anonymat et discrétion. Chacun peut venir cacher ses économies et enterrer ses secrets ; seule la mort les déterrera, en témoigne une partie du patrimoine de Johnny Hallyday.

C'est un paradis fiscal, mais il a été retiré en une journée de la liste noire de l'OCDE, l'Organisation de coopération et de développement économiques, suite à une lettre de son ministre des Finances stipulant que « les étrangers payent des impôts » et que le gouvernement « désire coopérer pour combattre l'évasion fiscale ». Tout est donc possible dans la Suisse de l'Amérique latine, tant que sa bonne image séduit des capitaux et que personne ne pose trop de questions. « Pendant dix ans, j'ai signé des documents sans les lire », souffle Fermín Vega Torres, ancien président de Central Español, un modeste club de seconde division uruguayenne basé au sud de Montevideo. « Figer donnait 8 000 dollars mensuels, donc… » Et c'est ainsi que des joueurs brésiliens signent à Central Español sans jamais porter le maillot des *Palermitanos*, avant de s'envoler quelques heures ou quelques jours plus tard en Europe pour plusieurs millions, comme Zé Roberto en 1997.

Dans la même journée, le Brésilien a transité de Portuguesa, son club d'origine, à Central Español contre 4,6 millions de dollars. Quelques heures plus tard, Central Español revend le joueur au Real Madrid pour 9,9 millions de dollars. Montant de la commission pour Figer ? Deux millions…

La justice brésilienne a diligenté une enquête concernant les 700 millions de pesetas (5,3 millions de dollars) évaporés. En vain. Malgré plusieurs heures d'auditions, Figer n'a pas été condamné. Les retranscriptions des débats montrent un dialogue de sourds, avec un procureur quémandant en vain l'obtention des opérations bancaires des sociétés de l'Uruguayen, ainsi que ses relevés téléphoniques.

Même topo pour l'affaire des faux passeports européens au début des années 2000. *El Presidente* est déclaré innocent, bien que plusieurs de ses joueurs, dont Edu, l'ancien milieu brésilien d'Arsenal, aient mystérieusement obtenu un passeport portugais en deux semaines. Grâce à son réseau (l'agent espagnol Herminio Menéndez et son associé Miroslav Nesterovic, ancien propriétaire de Marpafut à Marbella, un complexe permettant aux équipes étrangères de s'entraîner lors des préparations estivales et hivernales), Figer est entré en contact avec un homme uniquement connu comme « Caldeira », qui opère depuis l'hôtel Atlis de Lisbonne. Contre quelques milliers de dollars, il permet au joueur extracommunautaire de jouir d'une double nationalité européenne, et donc d'être recruté plus facilement…

Des dizaines de perquisitions et des centaines d'interrogatoires ont suivi. Selon les documents d'archives, ce réseau dépasse largement le football et Figer, qui n'a rien à voir avec le reste. Des complicités policières et politiques ont créé « un fléau » selon le député brésilien Jurandil Juárez. « C'est une réalité majeure et très préoccupante concernant l'immigration illégale de Brésiliens. Cela implique des prostituées, des transsexuels, un trafic de mineurs… » Un témoin décrit ainsi des charters à destination de la province de Málaga (sous-entendu la station balnéaire de Marbella) et de plusieurs régions italiennes, à bord desquels se côtoyaient prostituées et footballeurs mineurs, munis de leurs faux passeports…

Toujours à la même période, Figer reçoit des versements réguliers du Bayer Leverkusen : 11,85 millions de dollars entre 1997 et 2003 selon l'enquête du *Spiegel*. Contactée, l'ancienne direction se terre dans le mutisme. Fait encore plus curieux, le *chess master* a accordé un prêt de 200 000 dollars à très faible taux d'intérêt via une boîte postale au Panama à un certain Reiner Calmund, ancien directeur général du Bayer et grand ami en affaires. De même, l'intéressé ne répond pas.

Calmund a pourtant bénéficié du réseau brésilien de Figer, signant en quelques saisons Paulo Sérgio, Lúcio, Juan, Emerson ou ce bon Zé Roberto, reparti après une année au Real pour Flamengo, puis revendu un an plus tard à Leverkusen où il explosera. Le dirigeant allemand a souvent été aperçu dans les bureaux de l'Uruguayen, que ce soit ceux de Madrid, Tokyo ou São Paulo. « Ne me demandez pas », a-t-il commenté il y a une dizaine d'années au journaliste Hauke Goos. « Tout ce que je sais, c'est que j'ai été récemment un matin au bureau de Figer à São Paulo. Zé Roberto, Julio Baptista et Pelé ont débarqué. Même le président de Porto Alegre a fait un saut. Tout le monde était là pour le voir. Chacun s'est assis et a attendu son tour. » Une scène surréaliste, rappelant un autre cas impliquant Calmund.

Vasco da Gama n'avait pas payé l'intégralité du transfert concernant un milieu brésilien brièvement passé par le club allemand : Ramon Menezes Hubner. Les années passent, et seul le premier versement a été effectué. Présent au Brésil, le sponsor principal de Leverkusen, la société pharmaceutique Bayer AG, est embarrassé. Soucieux d'éviter une mauvaise publicité, le Bayer ne fait pas de bruit et ne transmet même pas le dossier à la FIFA. Calmund joint alors Juan Figer. *El Presidente* organise une réunion un samedi matin. Quelques heures plus tard, il appelle Calmund : « L'argent sera versé lundi. » Comment a-t-il fait ? Mystère encore une fois, et personne ne parlera, même s'il y a prescription aujourd'hui.

Seul l'ancien président de Central Español, Fermín Vega Torres, a confessé en 2011 au magazine *Placar* s'être opposé à Figer lors de quelques transferts. En réponse, il a reçu des menaces, et a quitté son poste peu après.

De toute manière, l'agent contrôlait également une autre équipe de deuxième division uruguayenne, Rentistas. À Montevideo, le sujet est bien sûr totalement tabou, comme s'il valait mieux ne pas poser certaines questions. Une loi du silence à laquelle les procureurs brésiliens ont dû se plier, rageant contre le « laxisme » de la justice uruguayenne. Et même si tel était le cas, ils oublient peut-être une autre donnée : « Comment aurait-il pu être condamné alors que João Havelange le considérait comme un fils ? » questionne une personne liée aux opérations de Figer. L'ancien président de la FIFA comme protecteur, sans oublier Ricardo Teixeira, le président de la fédération brésilienne. Cela explique peut-être les rumeurs insistantes entendues ici et là, toujours anonymement. « Il plaçait ses entraîneurs à la tête de la sélection brésilienne : Carlos Alberto Silva, Carlos Alberto Perreira et surtout son grand ami Vanderlei Luxemburgo qu'il emmènera par la suite au Real Madrid », décrit l'un de ses contacts. « Il a ensuite poussé pour que certains joueurs moyens obtiennent une ou deux sélections, notamment dans des amicaux que Figer organisait, afin que leur valeur marchande augmente et qu'ils soient vendus ensuite en Europe. » Si ce n'est pas une situation d'échec et mat, ça y ressemble fortement.

CHAPITRE 3

Le représentant de Dieu

Starring : Jorge Cyterszpiler, alias « El Ruso », « El Rengo », « El Gordo » ou « El Cabezón »
Premier agent de Diego Maradona, Cyterszpiler est l'un des pionniers de la profession. C'est lui qui a peaufiné le concept des droits d'image d'un joueur à l'aide de Maradona Producciones. Confident, grand frère et protecteur, Jorge a souffert de plusieurs graves maladies au cours de sa vie. Rongé par la dépression, il s'est suicidé en 2017 en se jetant du septième étage de sa chambre d'hôtel à Puerto Madero, quartier portuaire de Buenos Aires.

« Tu connais l'agent de Frank Sinatra ?
Non, tu ne le connais pas parce qu'il n'apparaît nulle part pour une raison simple :
pourquoi devrait-il apparaître ? »
Jorge Cyterszpiler à Fernando Signorini, préparateur physique personnel de Diego Maradona

Parmi les pionniers de la profession d'agent, Juan Figer est sans conteste l'homme ayant exercé la plus forte influence sur le monde footballistique. Outre ses mille transferts, il a érigé un modèle permettant de dissimuler les sommes, les joueurs et les vrais décideurs des opérations. Un modèle couramment usité aujourd'hui et intégrant les droits d'image, une autre de ses spécialités, perfectionnée par un de ses proches : Jorge Cyterszpiler. « Il travaillait comme agent quand personne n'avait encore d'agent », sourit Ricardo Alfieri, journaliste et photographe de la revue argentine *El Grafico*.

Comme les ancêtres de Juan Figer Svirski, les aïeux de Jorge sont polonais. Fuyant les pogroms à la fin du XIXe siècle, ils font partie de la première vague massive de réfugiés juifs en Argentine. Ils s'établirent comme beaucoup à La Paternal, un quartier cossu du centre de Buenos Aires s'étant largement développé à cette période grâce à l'ouverture de sa station ferroviaire.

Socialement, les Cyterszpiler connaissent meilleure fortune qu'en Europe. Ils acquièrent rapidement une position confortable et remarquée dans la communauté, notamment au Club Sholem Aleijem Buenos Aires, un centre multifonctionnel liant culture et sport. Ils amènent régulièrement leurs trois enfants : Juan Eduardo, Jorge Hortacio et Silvio. Les prouesses balle au pied de l'aîné, Juan Eduardo, lui permettent même de rejoindre Argentina Juniors, le club professionnel de La Paternal. Tout semble aller pour le mieux dans le meilleur des mondes, mais ce n'est qu'une illusion : les Cyterszpiler courent de malheur en malheur. La misère et les persécutions en Pologne, la maladie et la mort en Argentine ; c'était bien la peine de partir à l'autre bout du monde.

Enfant, Jorge est frappé par la polio. Personne ne sait s'il va s'en sortir, mais le petit est un battant. Il survivra, non sans séquelle à sa jambe droite. « Il a boité toute sa vie », soupire Fernando Signorini, un de ses amis. « Il avait un appareil à son genou pour l'aider à marcher. C'était parfois douloureux pour lui, mais il ne s'est jamais plaint. » Suite à sa rémission, les dirigeants d'Argentina Juniors lui font un beau cadeau : il sera la mascotte officielle du club. Tout heureux, Jorge déambule comme il peut avec les joueurs, avant de prendre place derrière un but pour admirer son idole, Juan Eduardo Cyterszpiler.

Un jour, Juan s'élance pour récupérer le ballon dans une course dont lui seul a le secret. « Il était athlétique », écrit Jimmy Burns dans sa biographie consacrée à Maradona, *The Hand of God*. « Il faisait des allers-retours sur tout le terrain. » Fort, véloce, Juan n'a jamais peur du duel ; c'est un Argentin après tout. Il met toute sa volonté, comme son adversaire. Hélas, ce dernier loupe complètement son intervention, son coup de pied terminant dans l'entrejambe de Juan. Touché aux testicules, il s'effondre. Évacué sous les yeux de Jorge, il est victime d'une hémorragie et décède peu après d'un cancer foudroyant. Juan Eduardo avait vingt-deux ans, dix de plus que Jorge, qui sombre dans une profonde dépression ; chez les Cyterszpiler, ce ne sont pas les anciens qui partent en premier, ce sont les plus jeunes.

Les mois passent. Jorge ne sort pas de sa chambre. Les parents ne savent que faire. Ils demandent conseil à leur rabbin, à leurs proches amis, puis à n'importe quelle personne susceptible de leur apporter une solution. Des diseuses de bonne aventure de Buenos Aires leur préconisent de se faire exorciser, prétextant que si ce n'est pas une malédiction, alors ça y ressemble drôlement. La famille refuse, préférant s'en remettre au divin. Bonne intuition : six mois après la mort de Juan Eduardo, Diego Armando Maradona Franco entre dans la vie de Jorge. « Un de ses amis lui a parlé d'un gamin jouant pour les *Cebollitas* qui faisait de la magie avec un ballon », relate Jimmy Burns. « Ses chevauchées, son contrôle de la balle et ses petites touches inattendues pour créer un mouvement ont ravivé tout l'enthousiasme et la joie qu'a connus Jorge Cyterszpiler lorsqu'il regardait son frère. »

Le football est une thérapie efficace pour *el Ruso*[8], le surnom que Diego et ses collègues lui attribuent affectueusement. « Ils ont construit une véritable amitié depuis ce temps », confirme Fernando Signorini, l'un des témoins privilégiés de la relation Cyterszpiler-Maradona. « J'ai été le

8. « Le Russe ».

préparateur physique personnel de Diego depuis son passage à Barcelone. J'ai donc connu Jorge des années, et c'est devenu un ami [...] Souvent, Diego se confiait à moi ; on parlait à cœur ouvert. Il me parlait de son enfance, du nombre de fois où Jorge l'invitait chez lui pour manger, à quel point il l'accompagnait de partout. »

Issus de milieux culturels et sociaux différents, *el Ruso* et *el Pelusa*[9] sont inséparables. Forcément, cela crée des jalousies dans l'entourage des deux *pibes*[10], certains voyant cette soudaine amitié comme un opportunisme à peine voilé ; Jorge miserait sur le fait que Diego devienne un jour Maradona, et Diego profiterait de l'agent des Cyterszpiler, qui régalent les soirées au cinéma, à la pizzeria ou à la salle de concert Luna Park où le père a ses entrées. « Quelle connerie », coupe Signorini. « Il y a beaucoup de jaloux, beaucoup de personnes parlant sur Diego et Jorge car ça fait vendre.... Alors qu'ils oublient une chose : Jorge a connu Diego quand il était Diego, pas Maradona. Au mieux, il soupçonnait qu'il puisse un jour avoir le niveau, mais ça n'avait rien à voir avec leur amitié. Je peux le témoigner de première main, non ? Ils avaient une relation profonde, pure et sincère. »

---

9. « La peluche », en raison de la tignasse de cheveux qu'arborait Diego enfant.

10. Expression très utilisée en Argentine pour décrire un jeune, un gamin.

De deux ans son aîné, Jorge suit chaque prestation des *Cebollitas*, littéralement les petits oignons, le surnom de cette fameuse équipe de jeunes d'Argentina Juniors où évolue *Dieguito*. La suite, l'histoire de Maradona, tout le monde la connaît – moins celle de son ami. « Dans ses premières années, Jorge a eu une grande influence sur Diego », juge Miguel Ángel Brindisi, sublime milieu de terrain argentin et futur compagnon en sélection du *Pibe de Oro*. « C'est un homme cultivé, intelligent, avec beaucoup d'humour. Il n'était pas l'ami te glorifiant et te poussant au bout de la nuit… » Pour reprendre l'expression de Signorini : « Jorge n'a jamais été un homme de la *farandula*, c'est-à-dire la personne sortant toujours en discothèque pour se montrer. Ce n'était pas son truc. Il s'en foutait de l'image qu'il pouvait dégager, il avait d'autres intérêts : la famille, le football, les études. Il n'était pas attiré par la superficialité, il était très loin de tout ça. »

Brillant étudiant, Cyterszpiler est accepté à l'université de Buenos Aires où il suit des cours d'économie. Parallèlement, il travaille à mi-temps dans les bureaux d'Argentina Juniors où débute en équipe première Diego, dix jours avant son seizième anniversaire. Un petit mois plus tard, il marque son premier but, suscitant de nombreux articles de journaux et de magazines, comme *El Grafico*. « Tout le monde parlait de lui », se remémore Ricardo Alfieri, qui sera au fil des années le photographe de confiance de Diego, en même temps qu'un confident. « C'était une véritable folie et les parents ont été confrontés très tôt à des intérêts les dépassant. » Le père, Don Diego, et la mère, Doña Tota, saisissent l'importance de la situation : il leur faut quelqu'un de confiance pour veiller sur la carrière et les contrats de leur fils, et qui de mieux que son meilleur ami ? « Le concept d'agent n'existait pas encore dans le football argentin alors qu'il était reconnu dans d'autres pays », explique Jorge dans le livre de Jimmy Burns. « Diego et moi étions sensibles au fait que certaines personnes n'aimaient pas cette idée, qu'ils étaient suspicieux quant à la manière dont on pourrait gagner de l'argent. » Vint alors une idée, son idée, qui devient le but de sa jeune vie : « créer la première société totalement dédiée à la promotion de l'image d'un footballeur ». Cyterszpiler a alors à peine 20 ans. Il abandonne sa deuxième année d'études en sciences économiques, fonde Maradona Producciones et devient le premier agent argentin ; certains le qualifiant même de manager personnel. « Ce n'était pas encore un homme, surtout qu'il avait une tête de poupon et sa grande tignasse de cheveux sur la tête », se souvient Alfieri. « Il avait des soucis de poids, il boitait… Personne ne pouvait s'imaginer que ce *pibe* venait négocier avec les dirigeants des plus grands clubs et des marques internationales. Je veux dire : comment un garçon de 20 ans a pu gérer ça et avoir le courage de faire face malgré ses handicaps ? »

Lecteur averti, Cyterszpiler s'inspire des pensées de Mark McCormack, un avocat américain ayant fondé en 1960 IMG (International Management Group), une société gérant les intérêts des meilleurs golfeurs et tennismen. Il parvient également à joindre Juan Figer, qui l'épaulera lors du transfert de Diego à Naples, obtenant aussi l'exploitation de ses droits à l'image hors d'Italie. Mais surtout, Jorge s'inspire des pratiques européennes, particulièrement au Royaume-Uni où évolue un autre astre : George Best.

Comme Diego, son statut a dépassé celui de simple footballeur. Mythifiés, sanctifiés, les deux hommes partagent le même génie, prompt à tous les excès. Ils ont mené le jeu et la grande vie, puis ont connu la déchéance, la résurrection, et de nouveau le trépas. Une fois, deux fois, trois fois, sans doute des dizaines de fois, mais cela n'a aucune importance : George restera le Cinquième Beatles, et Diego le cerf-volant cosmique[11], ils sont irrattrapables ; même la mort a arrêté de leur courir après.

Durant leur carrière, ils ont été les précurseurs des stars d'aujourd'hui : des marques autant que des joueurs, qui ne s'appartiennent plus tout à fait. « C'était encore une époque où les footballeurs

11. Le célèbre commentateur uruguayen Victor Hugo Morales a qualifié Diego de « *barrilete cosmico* », littéralement cerf-volant cosmique, après son but en soliste contre l'Angleterre au Mondial 86. « De quelle planète viens-tu ? » crie-t-il juste après.

étaient accessibles », relativise le journaliste Didier Roustan avec sa sagesse habituelle. « J'ai réalisé plusieurs interviews de Diego, et c'est vrai qu'il était très demandé, mais il n'y avait pas les barrières d'aujourd'hui. Je me souviens notamment d'un entretien pour le magazine *Onze Mondial*, qui était à son apogée dans les années 1980. Je me suis rendu en Amérique du Sud et j'ai fait la connaissance de Cyterszpiler. Un mec très aimable, gentil, poli. Il n'y avait pas internet en ce temps, donc c'était important pour un joueur de faire la une des grandes revues internationales : *El Grafico* en Argentine, *Placar* au Brésil, *Don Balón* ou *Onze* en Europe. Cyterszpiler l'a expliqué à Diego car il avait parfaitement compris l'impact de la presse dans une carrière. »

Indépendamment des couvertures de journaux, les transferts réussis à Boca Juniors, Barcelone et Naples rapportent plusieurs millions à Diego et Maradona Producciones, sans compter les multiples contrats de sponsoring. Coca-Cola en fait son égérie pour la Coupe du monde 82 avec le slogan : « Un Coca-Cola et un sourire ! » McDonald's, Puma ou Agfa suivent après d'âpres négociations, valant à Cyterszpiler un nouveau surnom : *el Cabezón*, le têtu. « Il était intraitable et savait parfaitement ce qu'il voulait », confirme Brindisi. « Quand il a commencé à s'occuper de mes intérêts, je n'ai jamais eu de problème. Il travaillait tellement aussi… C'était sa vie. Son plaisir, je crois, c'était de représenter au mieux ses clients. Il n'arrêtait jamais. »

En arrivant à Barcelone, Cyterszpiler voit d'ailleurs le business en grand et ouvre des bureaux de Maradona Producciones sur l'avenue Carlos III. « Je n'avais jamais vu un truc pareil », se souvient Fernando Signorini, réclamé spécialement par Diego à ses côtés afin de l'aider à surmonter la terrible blessure à la cheville qu'il a connue avec les *Blaugranas*. « Ces immeubles, ces ascenseurs, ce parfum, cette musique, c'était tellement séduisant, engageant… Je me souviens du jour où j'ai mis les pieds ici pour la première fois. Jorge est descendu. En ce temps, c'était une personne intouchable : il avait une Rolex au poignet, une chaîne en or, un costume et ces cheveux blonds remplis de bouclettes… Puis son sourire. C'était un type vraiment charismatique, avec un sourire inoubliable. »

Mais la folle réussite de Jorge est entachée par des investissements douteux. Maradona Producciones génère des millions, mais en perd davantage encore. « La seule erreur commise par Jorge, ça a été de ne pas mettre de limites aux désirs de Diego », juge Signorini. « Si Diego voulait une maison, il avait une maison. S'il voulait une voiture, il avait une voiture. Sauf qu'à un moment, il n'y avait plus assez d'argent pour tout ça. Il gagnait beaucoup, c'est vrai, mais ses désirs étaient supérieurs à ce qui rentrait en caisse. Jorge, sans doute pour ne pas le contredire, disait oui à tout, et plus d'une fois il a dû se débrouiller pour obtenir un crédit afin d'être solvable. » Sans compter un entourage de plus en plus nombreux, auquel se greffe Silvio, l'autre frère Cyterszpiler. « On était à l'hôtel Royal de Naples. On a transmis l'information à Diego qu'il n'y avait plus de liquidités. À partir de là, il a décidé de se passer des services de Jorge […] Il lui manquait de l'expérience, et il a aussi commis cette erreur à cause de son affection pour Diego, pour le fait de le contempler…. C'était comme un papa qui dit toujours oui à ses fils, sauf qu'il faut parfois dire non. »

En plus des caprices coûteux de Maradona, Cyterszpiler fait honneur à sa réputation de têtu en insistant pour investir dans un projet pétrolier en Arabie saoudite. Échec absolu, comme un film autofinancé autour de l'épopée barcelonaise de Diego, qu'il n'a pas réussi à vendre. Ainsi, à la demande de son meilleur ami, il démissionne de son poste de vice-président de Maradona Producciones en 1985, puis s'en va sans mot dire, remplacé par Guillermo Coppola. « Je ne sais combien de journalistes ont insisté au fil des années pour obtenir la version de chacun, pour connaître les motifs exacts de cette rupture, et ils n'ont jamais rien dit. Ils n'ont jamais prononcé ne serait-ce qu'un vilain mot l'un sur l'autre », lancent conjointement Alfieri, Brindisi et Signorini. Une fois seulement, Jorge s'est autorisé à une confidence : « Diego, je l'ai aimé, je l'aime et je l'aimerai. Je ne parlerai jamais mal de lui, ce n'est pas ma conception de l'amitié. »

Suite à leur divorce, *el Ruso* arrête son activité footballistique quelques années. Il organise bien quelques matchs et tournois, mais le cœur n'y est plus. Tournant en rond à Buenos Aires, aucun projet ne l'intéresse, jusqu'à celui de Carlos Menem, un homme politique visant la présidence aux élections de 1989. Cyterszpiler accepte de l'aider dans son entreprise, endossant dans l'ombre le rôle de chef de campagne. Mission accomplie : Menem sera le chef de l'État argentin pendant dix ans.

Entre-temps, Jorge est retourné à ses premières amours, représentant plusieurs internationaux argentins comme Martin Demichelis, Guido Pizarro ou plus récemment Luciano Vietto. « On a travaillé ensemble à partir de 1992 », raconte Miguel Ángel Brindisi, devenu alors entraîneur. « Toutes ces années, on a partagé tellement de choses… Son handicap et son surpoids étaient intenables pour lui, mais il ne laissait rien paraître. Il a parcouru le monde entier pour consulter les meilleurs médecins, dépensé beaucoup d'argent dans des nouveaux régimes, etc. Un jour, il m'a promis que si je signais en Europe, il perdrait soixante kilos et viendrait en costume blanc. J'ai coaché en Argentine, au Guatemala, puis j'ai eu la possibilité de venir à l'Espanyol. J'arrive à Barcelone, je toque à la porte du bureau du club, puis j'entre. Et qu'est-ce que je vois ? Jorge avec quatre-vingts kilos de moins, vêtu entièrement de blanc ! C'était son rêve, son fantasme depuis toujours : pouvoir s'habiller avec un costume blanc… Il en parlait comme quelque chose d'inaccessible, et il l'a fait ! »

Dans les fêtes privées de Maradona, Jorge se plaisait déjà à enfiler diverses tenues, jouant tour à tour un prince d'Arabie ou un gardien de but. « Il n'aimait pas le monde de la nuit, mais il a toujours été un excellent compagnon de soirée pour discuter, rigoler et philosopher », confirme Signorini, qui insiste sur la discrétion de Cyterszpiler, qui fuit les attentions médiatiques et les caméras. « Une fois, il m'a dit : "Tu connais le représentant de Frank Sinatra ? Non, tu ne le connais pas parce qu'il n'apparaît nulle part pour une raison simple : pourquoi devrait-il apparaître ? Il ne faut pas se tromper de rôle : il y a des gens qui ont besoin de se montrer pour renforcer leur estime de soi, leur célébrité, leur image, mais moi, non." »

Comme Figer, *el Ruso* s'est souvent contenté d'être une ombre. Celle de Maradona, mais surtout celle des stratégies dont personne ne parle. Pour forcer les dirigeants barcelonais à se résoudre à vendre Diego – et permettre ainsi un transfert qui remettrait à flot Maradona Producciones –, il conseille à son joueur de se montrer insupportable. C'est chose faite lors d'une visite à New York, où *el Diez* donne une interview à un journaliste faisant partie du cercle d'influence de Cyterszpiler.

« Les Catalans sont des fils de pute », dit-il, avant de démentir ses propos à son retour en Catalogne. « Notre stratégie était simple : faire chier le plus possible Nuñez (le président du Barça à l'époque) afin que ça devienne impossible pour lui de ne pas laisser partir Maradona », a expliqué l'agent à Jimmy Burns, dans ce qui reste sa seule véritable interview sur son travail en presque quarante ans de carrière.

Les fuites orchestrées dans la presse, la construction des droits d'image, les négociations impossibles : l'ouvrage illustre parfaitement le génie de Jorge. « Il avait toujours une solution », renchérit Signorini. « Pendant des années, je n'ai pas eu de discussions avec lui ; on s'envoyait toujours des salutations à travers des amis en commun, mais c'est tout. Puis, un vendredi après-midi, une personne m'a contacté car elle cherchait un représentant pour son fils, qui commençait à jouer à un bon niveau. Il m'a demandé mon avis, et je lui ai suggéré Jorge car il sait protéger et prendre soin des *pibes*. J'ai donc appelé Jorge. C'était son répondeur, donc j'ai laissé un message. Un peu plus tard, il me rappelle. Après toutes ces années forcément, on a parlé avec une grande joie et effusion. Il m'a dit qu'il passait son tour, mais a donné le contact de quelqu'un travaillant dans sa société. Il nous a souhaité bonne chance, et on s'est dit au revoir. »

Deux jours plus tard, le dimanche 7 mai 2017, Jorge est à Puerto Madero, quartier portuaire de

Buenos Aires. Il loge dans un cinq étoiles, l'hôtel Faena, qui donne sur le Parque Micaela Bastidas. Une belle vue, chambre 707, septième étage. L'accompagne Fabián Suárez, un nouveau thérapeute diligenté par le corps médical qui le suit. « Après sa perte de poids, 86 kilos si ma mémoire est bonne grâce à un traitement spécial à Buenos Aires, Jorge s'est marié et a eu un fils[12] », commente Signorini. « Il a ensuite connu une séparation. Ça a été plus ou moins le détonateur, je crois… Depuis plusieurs mois, il était contrôlé quotidiennement par un groupe de thérapeutes car il était tombé dans une espèce d'angoisse chronique, une très forte dépression. »

Fabián Suárez tient compagnie à Jorge ce dimanche matin. Il est près de treize heures, et Cyterszpiler va dans sa salle de bains. Plusieurs minutes passent. Suárez demande si tout va bien. Aucune réponse. Il toque à la porte, suivant les ordres donnés par le corps médical de rester toujours auprès de Jorge. Finalement, *el Cabezón* répond qu'il va sortir, mais le thérapeute rentre précipitamment dans la salle de bains, suscitant l'ire de Jorge, qui demande à rester seul, bien que ce soit contraire aux consignes données par le responsable médical. Fabián Suárez essaye de calmer Cyterszpiler, en vain. Il parvient à lui faire entendre raison en expliquant qu'il va appeler son supérieur pour savoir s'il a le droit de

12. Nommé Juan Eduardo, comme son regretté frère.

répondre à sa requête. Il sort son téléphone, quitte la salle de bains, puis compose le numéro. Jorge Cyterszpiler, lui, ne bouge pas. Il ne dit pas un mot. Il ferme la porte, puis retourne à sa besogne. Quelques minutes plus tard, à 13 h 15, la police reçoit un appel : un homme s'est jeté dans le vide, atterrissant sur une terrasse du deuxième étage, le corps inanimé ; chez les Cyterszpiler, ce ne sont pas seulement les plus jeunes qui partent en premier, ce sont aussi les meilleurs.

CHAPITRE 4
Au milieu de l'Eldorado

Starring : l'intermédiaire, alias « Je suis un agent », « Je suis un recruteur », « Je suis le conseiller du président », « Le rabatteur », « Le dénoyauteur »
Le football a besoin d'individus qui fassent le lien entre les divers parties et intérêts. Si la plupart sont réglementés, il existe une autre catégorie : l'intermédiaire. Journalistes, carrossiers, oncle véreux, ancien prisonnier, le profil est varié mais indispensable au précaire équilibre d'un milieu exploitant les faiblesses de chacun. Beaucoup font leur boulot efficacement et proprement. Mais il y a aussi les autres, tous les autres, ceux qui cherchent à se greffer coûte que coûte dans les dossiers...

« J'étais dans un pays des Balkans
pour un transfert en première division. Un contrat
sympa pour le joueur, quatre ou cinq mille euros.
Mais le président, c'était un mafieux.
Je suis venu avec un gun. Je l'ai posé
sur la table, lui a posé ses deux flingues,

et on a commencé à parler. Sinon, je n'avais pas confiance. »
Un intermédiaire d'Europe de l'Est

Pour les Européens, l'Amérique du Sud a toujours été le continent de l'Eldorado. Depuis les Conquistadors, persuadés que le lac de Guatavita, près de l'actuelle Bogota, était rempli d'or, le fantasme continue d'habiter les aventuriers, investisseurs et recruteurs. « C'est un marché exceptionnel », confirme Alberto Benito, ancien directeur sportif d'Almeria. « Leur manière de voir le football, leur éducation, la technique des gamins, la variété des profils selon les pays ou les régions… Le seul souci, c'est qu'il faut s'entourer de personnes de confiance car ça peut vite être compliqué de savoir qui gère quel joueur, sans compter la famille, les autres intermédiaires se greffant au dossier, et même les clubs. »

En 1995, l'arrêt Bosman supprime les quotas de trois joueurs étrangers par équipe, tout en interdisant aux clubs de réclamer une indemnité de transfert en cas de départ d'un joueur en fin de contrat. Cette révolution dope le marché des transferts, désormais ouvert à toutes les frontières, surtout entre pays de l'Union européenne, mais aussi d'un continent à l'autre. « L'Europe a peut-être inventé le football, mais le continent du football, c'est l'Amérique du Sud », poursuit Benito. « Il y a tellement de passion, de jeu, de personnes vivant pour ce sport... Puis, avec le nombre de grands joueurs qu'ils ont enfantés, c'est un marché incontournable. Au début, ça se cantonnait à l'Argentine et au Brésil. Moi, je n'ai jamais eu un énorme budget, donc j'allais sur d'autres zones relativement inexploitées dans les années 2000 : Uruguay, Chili, Colombie, etc. Maintenant, il y a des recruteurs dédiés spécifiquement pour tous les pays ou presque d'Amérique latine, signe de l'intérêt croissant des clubs européens. »

L'internationalisation galopante du football n'exclut pas les autres continents, même s'il s'agit d'une question de perspective : l'Europe et l'Amérique latine se partagent des transferts de joueurs à plusieurs millions, pendant que l'Afrique et l'Asie ont le droit d'acheter leurs maillots et de les regarder derrière un poste de télévision. En Afrique particulièrement, la situation est aberrante. Il naît jour après jour des talents fantastiques partant à chaque fois pour moins d'argent. « C'est l'histoire du continent », coupe Paulo Teixeira, qui débute son activité d'agent dans les années 1990 avec plusieurs internationaux camerounais. « On vient récupérer des joueurs quasiment gratuitement en donnant un billet ou deux à un dirigeant, un papa ou un intermédiaire local véreux, alors qu'il en vaut bien plus. On aurait pu croire qu'avec la modernité, cela changerait, mais pas tellement [...] Les instances s'en foutent, tout le monde s'en fout. "C'est des noirs, hein..." comme j'ai déjà entendu de plusieurs dirigeants de club, sous-entendu : “Qu’est-ce que ça peut nous faire…” »

Derrière l’effervescence pour le sport roi, le football africain est gangrené par un manque de moyens structurels ; sans compter la corruption. Bien souvent amateurs, les jeunes transitent en Europe, légalement ou non, pour une misère[13]. « Si un club a le droit à 100 000 euros d’indemnités de formation prévues par le règlement FIFA, mais qu’un homme arrive avec 10 000 euros pour le président en cash, le club n’ira jamais réclamer ses droits », souffle Nicolas Onissé, agent français travaillant notamment au Congo-Brazzaville, où il jouit d’une belle réputation. « Ça nous change des escrocs habituels. Il fait respecter les droits des joueurs », confirment plusieurs journalistes locaux.

Parfois, ce sont les joueurs eux-mêmes qui doivent payer pour quitter le continent. Collectant toutes les économies de la famille, prompte à s’endetter dans le fugace espoir que le petit dernier puisse décrocher un contrat, ils donnent de l’argent à un intermédiaire, qui fait plutôt office de passeur. Dans bien des cas, il s’agit d’une escroquerie et le joueur ne quitte pas le continent. Quant aux chanceux, ils transitent effectivement en Europe, principalement dans les

13. Le Maghreb, l’Égypte et l’Afrique du Sud sont toutefois des cas à part, avec quelques clubs pouvant dépenser beaucoup d’argent et ayant construit de grands centres d’entraînement.

Balkans, en Scandinavie (pour les Anglophones) ou en Italie. « On m'a déjà présenté des Camerounais envoyés en Italie pour des essais. S'ils ne font pas l'affaire, ils se retrouvent sans rien : pas de papier, d'argent, rien », décrit Paulo Teixeira. « Dans le sud, j'ai vu des cas de Camerounais en situation illégale devant louer leur corps pour survivre. Certains se sont recyclés comme maçons, mais d'autres… » Un ancien joueur, terrorisé de révéler son nom, confie qu'il a dû se prostituer pour trouver un toit. « C'était soit ça, soit… »

Ces réseaux souterrains, décrits avec acuité dans le livre *Magique Système, l'esclavage moderne des footballeurs africains*[14], passent également par le Moyen-Orient ou l'Asie du Sud-Est, comme en Thaïlande où « les noirs costauds sont toujours bien vus par les coachs et les clubs » selon un intermédiaire du marché asiatique. Qu'importe la finesse technique de Jay-Jay Okocha, le génie de George Weah, les arabesques du grand Nwankwo Kanu ou la régularité au plus haut niveau de Samuel Eto'o, Didier Drogba ou Yaya Touré, il subsiste des entraîneurs et des directeurs sportifs voyant le joueur africain comme un simple monstre physique pour courir derrière un ballon. Et puis, même s'il est très bon, pourquoi payer un lourd transfert et un gros salaire ? « On les sort de leur misère, c'est

14. Barthélémy Gaillard et Christophe Gleizes, éditions Marabout, 2018.

déjà pas mal », ricane un recruteur belge venu en Andalousie suivre des rencontres de préparation au Marbella Football Center.

L'homme a la soixantaine, les tempes grisonnantes, et un féroce appétit à en juger le nombre de *montaditos*[15] engloutis en l'espace d'un match. Chaque minute passant est une perle de tolérance. Personne, absolument personne, ne trouve grâce à ses yeux : les Français « sont des cons », les Brésiliens « sont des salopes », les Anglais « sont des beaufs », les Australiens « sont des drogués », et la cuisinière ne semble pas aller assez vite à cause de « son gros cul ». Puis, il sort une longue tirade sur ses méthodes : « L'Africain, je le corromps en cinq minutes. Il ne résiste pas à la menace. Ce n'est pas comme les latinos. L'Argentin, c'est tenace. Je me méfie d'eux. J'ai connu un gars, il a envoyé des types pour me buter. »

Alors que je lui demande son nom et un numéro de téléphone, l'homme s'énerve. « Je ne suis pas venu pour ça », dit-il avec mépris, pressant le pas pour appeler un taxi. Une demi-heure plus tard, il attend dans le lobby d'un cinq étoiles de Marbella, le célèbre Puente Romano, qui accueille l'équipe de Hebei China Fortune et ses richissimes dirigeants. Des membres du club le reçoivent, puis partent dans une chambre. Les jours suivants, l'homme est introuvable et la délégation chinoise muette. Il faut

15. Petit sandwich servi en tapas.

donc retrouver le chauffeur de taxi pour tenter de percer le mystère : « Je l'ai emmené à l'aéroport de Málaga car il m'a dit qu'il devait partir en Amérique du Sud pour des transferts. »

Des profils pareils, le football en regorge. Ils se disent agent, conseiller du président ou scout avant de terminer « intermédiaire », le terme fourre-tout qui sert à masquer ses vraies activités ou sa mythomanie. « C'est ce que disent les journalistes aidant des agents pour des deals », glisse malicieusement Paulo Teixeira. Toutes les personnes rattachées de près ou de loin au monde footballistique (vendeur de voiture, agent immobilier, coiffeur, concierge de luxe, organisateur de soirée, etc.) veulent une petite partie du pactole, et pour cause : en 2017, le marché des transferts a dépassé 5 milliards d'euros, soit une hausse de 30 % par rapport à 2016. « L'inflation des prix répond à une logique économique. Les recettes augmentent, les budgets sont en hausse, c'est donc normal, surtout quand on voit le montant des droits TV », poursuit l'agent brésilien. Pour la période 2019-2021, les diffuseurs anglais Sky Sports et BT Sport dépenseront ainsi 5 milliards pour la seule Premier League ! Dans tous les grands championnats, les contrats gagnent des dizaines de millions, quand ce n'est pas une centaine. Le football d'élite n'a jamais été aussi riche pendant que le bas de l'échelle du monde professionnel n'a jamais été aussi précaire. Et si des voix s'élèvent, il existe une solution simple :

l'intermédiation d'un entremetteur, qu'il soit un agent facilitant un départ ou un homme de main aux conseils avisés ; un accident de la route est si vite arrivé…

CHAPITRE 5

Les oranges de Jaffa

Starring : Pinhas Zahavi, alias « Pini », « Mister Fix-it », « The Invisible Hand », « The First and Only Super-agent », « The Whip », « Le président des agents », « The Asset », « Le grand manitou »
Journaliste sportif de formation, Pinhas Zahavi a embrassé le métier d'agent au tournant des années 1980. Relativement inconnu du grand public français avant l'été dernier et le transfert de Neymar, il est désormais cité de partout alors que les gens ignorent tout de lui. Officiellement agent de joueurs licencié en Israël, il est le conseiller des présidents, propriétaires, politiques, tout en gérant en sous-main des clubs, fonds d'investissements et divers business périphériques liés au football.

« Je ne suis plus un agent, je suis propriétaire des joueurs. En réalité, ils sont à moi. »
Pini Zahavi à Richard Scudmore,
directeur général
de la Premier League,
au début des années 2000

Vendredi 4 août 2017. La salle de presse du Parc des Princes est bondée. « Il n'y a jamais eu autant de monde », glissent les responsables de la communication du PSG. La foule de journalistes s'impatiente, attendant frénétiquement Neymar pour sa présentation officielle. Chacun y va de son commentaire quant à son transfert, le plus cher de l'histoire du football, 222 millions d'euros, le montant de la clause de son contrat à Barcelone. C'est un feu d'artifice de théories : certains croient y voir « une magouille », d'autres « la force du Qatar », tandis qu'une partie salue « le travail » d'Antero Henrique, directeur sportif nommé deux mois plus tôt. Quelques-uns évoquent aussi « Zahavi », l'agent ayant fait le lien entre toutes les parties, mais ces voix sont rares, quand elles ne sont pas moquées par les « grosses têtes » du journalisme parisien : « Ouais, c'est lui, Zahavi, attention, oulalala ! »

Finalement, peu après 13 h 30, Neymar apparaît. Avant de rejoindre le pupitre où l'attend Nasser Al-Khelaïfi, il s'approche d'un homme installé depuis une bonne demi-heure à l'un des premiers rangs. Cet homme, c'est Pinhas Zahavi, mais Neymar l'appelle Pini, comme tout le monde en fait. Il le prend dans ses bras quelques secondes, puis continue sa marche jusqu'à l'auditorium où il délivre ses premiers mots comme joueur du Paris Saint-Germain, sous le regard émerveillé de son président. Dans l'après-midi, le Brésilien poursuit ses obligations médiatiques en répondant à des interviews sur la pelouse du Parc.

Nasser est toujours euphorique, comme l'ensemble du club : « On ne sait pas si on rêve ou si c'est vraiment vrai », rigolent plusieurs salariés. Pendant ce temps, presque en catimini, loin du champ des caméras, Zahavi pénètre également sur la pelouse. Il prend congé de sa petite famille pour engager une discussion avec un de ses collaborateurs, le Brésilien Humberto Paiva. La scène, captée par François Denat, le photographe du très sérieux site Culture PSG, est symbolique : Zahavi donne ses directives à Paiva pendant que Jean-Martial Ribes, le conseiller de Nasser Al-Khelaïfi, regarde au loin. « C'est une photo annonciatrice du futur », décrit un membre important du PSG. « Ce jour-là, les gens et le club ont fait la connaissance de Zahavi. »

Immédiatement, Pini devient le centre de l'attention médiatique française. Quelques jours plus tôt, personne ou presque ne connaissait son nom[16], mais ce n'est pas grave : quiconque suit le PSG ou l'actualité footballistique y va de son commentaire. Les cyniques parleront d'opportunisme, mais il ne faut pas les écouter, les experts sont comme les bébés, ils naissent un peu partout : dans les choux, dans le bec d'une cigogne, ou en regardant

---

16. Bien entendu, plusieurs journalistes et chroniqueurs étaient au fait, mais ils étaient rares en France. Citons pêle-mêle Philippe Auclair, correspondant en Angleterre pour RMC Sport et *France Football*, Nicolas Vilas, journaliste à RMC Sport, ou Alban Traquet, journaliste d'investigation à *L'Équipe*.

des articles de presse étrangère et des vidéos sur YouTube.

Quoi qu'il en soit, cette méconnaissance est plutôt logique. Personne ne connaît réellement Zahavi, et les quelques curieux s'aventurant à démêler le fil de sa vie repartent avec plus d'interrogations que de réponses. Il existe bien des parcelles d'informations ici et là, mais « elles sont simplement disséminées parce qu'on a bien voulu les donner », commente un de ses anciens collaboratcurs. L'Israélien est de la classe de Juan Figer. Il ne paye pas de mine, fume des cigares gros comme des barreaux de chaise et passe sa vie entre deux transferts et deux avions, sans que personne ne sache où il atterrira et en quelle compagnie.

Comme Figer, son passeport déborde de coups de tampon du monde entier, tant et si bien qu'il en a plusieurs. Et si certains se demandent pourquoi il est allé en chercher un autre à Varsovie le 15 décembre 2014, c'est tout simple : on lui a toujours appris à posséder en double ses biens les plus précieux, au cas où il y ait un souci. C'est comme avec les années de naissance : si 1942 ne va pas, il lui reste toujours 1943 ; on n'est jamais assez prudent.

Zahavi élargit aussi le concept au lieu de domicile. Décrit dans la presse internationale comme un « homme résidant entre Tel-Aviv et Londres », il bénéficierait également d'un pied-à-terre à New York. « Quand je l'ai connu, il habitait New York. Du moins, on nous l'a présenté comme ça », appuie Roberto Digon, ancien vice-président de Boca Juniors. Trois domiciles, deux années de naissance selon la presse qui se mélange assez souvent, ce n'est pas banal, mais Pini Zahavi n'est pas n'importe quel homme. « Il n'est pas de notre monde », sourit son ancien partenaire. *Mister Fix-it* ne raisonne effectivement pas comme nous, ni comme ses confrères agents. Pendant que la planète s'arrête un instant pour contempler la tour Eiffel spécialement illuminée pour Neymar, lui en profite pour avancer ses pions et anticiper les futurs mouvements. Le PSG ne le sait pas encore, mais il s'est déjà rendu indispensable à la gestion du club sans que les dirigeants ne puissent y changer quoi que ce soit. Désormais, ce n'est pas Zahavi qui propose des joueurs au club, mais le Paris Saint-Germain qui appelle Pini pour lui demander son aide. Et si ce n'est pas lui, pas de problème : il reste ses associés ou les personnes travaillant pour lui à l'intérieur du PSG. « C'est l'homme le plus puissant du football mondial », assène le sociologue italien Pippo Russo. « Il y a deux ans, j'ai publié un livre sur Jorge Mendes[17] en clamant que c'était l'homme le plus puissant du football mondial. Il l'était, mais son *hybris*[18] lui a donné un excès d'ambition, tandis

17. *M. L'orgia del potere. Controstoria di Jorge Mendes, il padrone del calcio globale.* Soit : *L'orgie du pouvoir. Contre-histoire de Jorge Mendes, le patron du football mondial.*

18. Notion grecque signifiant la démesure, notamment par orgueil.

que le scandale des *Football Leaks* a endommagé son système. À l'inverse, Pini Zahavi est un éternel homme de pouvoir dans le football. Il est toujours au top niveau, il ne génère pas de guerres entre les uns et les autres, il a d'excellentes relations avec les clubs les plus importants au monde, sans compter qu'il a créé d'autres hommes très puissants dans ce monde. Son pouvoir est constant, il n'a jamais de temps faible. »

Ness Ziona, à une petite vingtaine de kilomètres au sud de Tel-Aviv. Il est déjà plus de vingt heures, mais le soleil ne faiblit pas. Il inonde de ses chauds rayons cette bourgade entourée de champs tous plus verts les uns que les autres. Une couleur également présente à l'intérieur de la ville, dans les jardinets des maisons privées et les petits parcs essaimés à travers les nouvelles constructions et les grues de chantier. Le cadre est agréable pour les jeunes familles, quoiqu'un peu dénué d'activités. Bien sûr, les enfants ont tout l'espace qu'ils veulent pour taper dans un ballon, mais les enfants, ça grandit vite et ça ne sort plus forcément pour jouer au ballon. Ils rejoignent alors la frénétique Tel-Aviv, « la ville sans interruption » comme on la surnomme au petit matin, puis ils se rendront compte du coût de la vie et trouveront que, finalement, Ness Ziona, ce n'est pas si mal en fait. « De plus en plus de gens habitant à Tel-Aviv sont obligés de s'installer dans des villes périphériques à cause de ça », pointe Shaul Adar, un journaliste et auteur israélien collaborant pour divers prestigieux médias (*The Blizzard*, *The Guardian*, *Haaretz*…).

Si Jérusalem est la capitale, Tel-Aviv et ses alentours concentrent les principaux attraits d'Israël : ses plages, ses fêtes, ses bonnes tables, ses universités, ses entreprises de haute technologie ou ses diamants semblant se prolonger à l'infini. « C'est le centre économique du pays », poursuit Adar. Il insiste sur l'agglomération urbaine de Tel-Aviv, le Gush Dan, qui regroupe près de 40 % de la population nationale et une dizaine de villes comme Ness Ziona.

Depuis l'an 2000, la population a doublé, atteignant aujourd'hui près de 50 000 habitants.

Rien à voir avec les années 1940 où quelques milliers d'âmes se côtoyaient dans les quelques rues composant ce curieux bourg. « Jusqu'en 1948[19], Nes Ziyyonah était le seul village du pays avec une population mixte arabo-juive ; les deux communautés vivaient chacune d'un côté de la route principale et, généralement, coexistaient pacifiquement », décrit *The Jewish Virtual Library*.

C'est dans ce contexte unique que naît le petit Pinhas un 24 août 1942 – et non 1943 ou 1955 comme l'a suggéré une fois *The Guardian*. La preuve ? Son certificat de naissance et son passeport polonais s'accordant sur la même date. Le mystère enfin

19. Année de la proclamation de l'État d'Israël.

résolu, celui que tout le monde surnomme déjà Pini grandit dans une famille soudée, au milieu de deux sœurs (Rohama et Gueoul) et d'un frère, Izhar, qu'il a toujours considéré comme son modèle et qui deviendra l'un des plus grands chirurgiens d'Israël, spécialisé dans les opérations à cœur ouvert. Le père, Nathan David, venu de Pologne quelques décennies auparavant, est un commerçant vendant des matériaux de construction à des artisans, tandis que la mère, Yael, veille à l'éducation morale et religieuse de ses enfants. Les témoignages récoltés sur place décrivent « des gens éduqués et ne faisant pas de bruit [...] Le papa gagnait suffisamment d'argent pour que tout le monde vive bien, mais ce n'était pas l'opulence pour autant. »

Dès son plus jeune âge, Pini fréquente le jardin d'enfants où il rencontre un de ses meilleurs amis et futur partenaire d'affaires, Jacob Shachar. « C'est un homme tenant ses promesses », concède celui qui deviendra propriétaire d'une des plus grandes équipes israéliennes, le Maccabi Haïfa. « Pas seulement envers moi, mais envers tous nos amis avec qui on a grandi ces années-là. »

Passionné de football, Pini s'engage dans le club local, au sein duquel il passe l'essentiel de ses journées ; il deviendra même entraîneur de jeunes peu après sa majorité. Les week-ends, il s'offre quelques plaisirs à Tel-Aviv ou à Eilat, une célèbre station balnéaire au sud d'Israël, mais rien d'excessif. « Il connaît parfaitement ses limites », explique son ancien associé.

Réquisitionné pour le service militaire obligatoire en Israël, il passe plusieurs années comme soldat ; une époque de sa vie sur laquelle il ne s'est jamais épanché, « pas même avec nous », racontent différents collaborateurs ou proches. Il se lance ensuite dans des études d'économie à la célèbre université publique de Tel-Aviv : Bar-Ilan. Sans succès, puisqu'il ne termine pas son cursus et accepte un boulot à *Yedioth Ahronoth*, le plus grand quotidien du moment. « Je l'ai vu commencer », conte un journaliste de l'époque, désireux de garder l'anonymat. « Ce n'est pas que je ne veux pas parler en mon nom, mais vous savez, tout prend des proportions terribles de nos jours. Vous connaissez ça aussi bien que moi. » La discussion est courte, mais dresse le portrait d'un jeune homme déjà en avance sur son temps. « Il a directement commencé dans la rubrique sport. Il prenait tout ce qu'on lui donnait, il n'arrêtait pas une seconde. Il proposait beaucoup de sujets, des choses nouvelles. Il a couvert un peu tous les sports, puis s'est consacré au football. Il avait une connaissance encyclopédique : il pouvait citer les joueurs de toutes les équipes israéliennes, l'histoire des clubs, les résultats à l'étranger… C'est lui qui a initié les premiers reportages sur le foot étranger. Culturellement, la presse israélienne était assez rigide et ne donnait pas un grand écho au sport, ce qui est étrange car le sport est présent dans notre vie quotidienne et notre culture. »

À Ness Ziona, certains habitants attribuent cette ouverture d'esprit à la caractéristique de sa ville natale. « Dans les années 1950 ou 1960, il y a eu une certaine immigration », se remémore une dame regardant ses petits-enfants jouer au loin. « Des familles d'Iran, d'Irak, du Yémen et d'autres pays arabes je crois ; ma mémoire flanche un peu *(rires)*. Ils vivaient dans des cabanes de fortune à l'extérieur de la ville avant d'avoir assez d'argent pour s'acheter un bien. »

Bien sûr, les communautés ne se mélangeaient pas comme ça ; l'État d'Israël venait de naître et il était toujours sujet à des tensions internes. Mais Ness Ziona ne disait pas non à cette immigration : c'est dans ses gênes autant que dans ses besoins, forte industrialisation à l'époque oblige. « On vivait ensemble même si ce n'était pas parfait », ajoute un octogénaire passant près de la place de la mairie. De fait, Pini a connu ce mélange de cultures, auquel il a toujours été sensible. « Il n'est pas sectaire dans son business », décrit Teni Yerima, un Camerounais travaillant dans le football depuis une petite vingtaine d'années, comme agent, intermédiaire et même directeur sportif à Mouscron, un club belge contrôlé ces dernières années par la famille Zahavi. « Il peut faire des affaires avec des Africains, des Sud-Américains, des Européens, des Turcs, des juifs, des catholiques, des musulmans.

Même des bouddhistes, ça ne lui posera pas de souci. Tant qu'il y a du business... »

Déjà comme journaliste, Zahavi élabore un plan d'ascension professionnelle et financière. « Il a changé plusieurs fois de médias, obtenant des indemnités de départ et un meilleur salaire », détaille Shaul Adar. « Il a fait jouer l'offre et la demande, surtout qu'il est devenu un des meilleurs journalistes sportifs en Israël. » De *Yedioth Ahronoth,* il passe à *Hadashot Hasport*, puis revient à *Yedioth Ahronoth* jusqu'en 1984, avant de signer dans un autre journal, *Hadashot*, pour quatre nouvelles années. Toutefois, dans les années 1980, Zahavi n'est plus vraiment journaliste. « Il partait souvent en Angleterre, il est amoureux du football anglais », poursuit Adar. « C'était en 1978, pour la période de Noël. Il est venu voir Liverpool. Il n'a pas demandé d'accréditation, il a acheté sa place comme tout le monde. À la fin du match, il est allé à l'aéroport[20] pour rentrer à la maison, mais à cause du mauvais temps, le vol a été annulé. En partant, il croise Peter Robinson, le secrétaire général de Liverpool. Il va le voir : "Bonjour, je suis Pini, un journaliste israélien. On a un joueur chez nous qui pourrait vous intéresser : Avi Cohen." Ils terminent la discussion, puis Pini part en ville réserver un hôtel. Cette discussion marque le début de sa carrière d'agent. »

---

20. L'aéroport est celui de Heathrow, à Londres.

Quelques mois plus tard, les *Reds* déboursent effectivement 200 000 livres pour signer Cohen, qui devient le premier joueur israélien à évoluer en Angleterre. Il disputera dix-huit matchs en deux saisons, puis retournera au Maccabi Tel-Aviv avant de revenir au Royaume-Uni, en Écosse, aux Rangers, sous les ordres de Graeme Souness, ancienne star des *Scousers* et ami de Zahavi. « Je ne pensais pas que je méritais de jouer à Liverpool », a reconnu Cohen dans l'excellent livre d'Anthony Clavane *Does your rabbi know you're here ?*[21] Des dizaines de fois, il a demandé à Zahavi pourquoi lui et pas un autre, et à chaque fois il lui a répété ce qu'il disait depuis des années. « Tous les dimanches, il faisait un compte-rendu du match du Maccabi et il écrivait toujours beaucoup sur moi… »

Indépendamment de ses qualités sportives, Zahavi a surtout misé sur la personnalité d'Avi Cohen, unanimement reconnue à Liverpool. « Il savait que ce n'était pas tellement le niveau du joueur qui allait compter, mais son adaptation », pointe Shaul Adar. « Si Pini leur avait conseillé une mauvaise personne, ses relations avec les dirigeants de Liverpool allaient se détériorer. Or, un Israélien habitué à la vie ensoleillée de Tel-Aviv qui déménage dans le nord de l'Angleterre, c'est un choc culturel, encore plus dans les années 1980 quand il y avait peu d'étrangers ici. C'est pour ça qu'il a choisi Avi. » Pini

21. *Est-ce que votre rabbin sait que vous êtes là ?*

avait tout anticipé. Cohen baragouinait peut-être simplement trois ou quatre mots d'anglais et ne comprenait rien à l'accent local, le *scouse*, mais il n'a causé aucun souci, bien au contraire. « Il a laissé son empreinte », reconnaît le génial Écossais Kenny Dalglish.

En Israël, son arrivée a créé également un précédent, et pas uniquement pour sa décision controversée de jouer le jour du Yom Kippour, une très importante fête juive synonyme de chômage et de jeûne. « Quand Pini a annoncé le transfert, ça a été incroyable. J'étais un enfant, mais je m'en souviens très bien, il y avait presque un festival pour Avi Cohen. Et Pini, forcément, avait ensuite tous les scoops. La télé israélienne allait souvent à Liverpool, tout le monde parlait de lui. Il a contribué à l'essor de l'intérêt pour le football anglais chez nous. »

Incontournable dans les médias, Zahavi est visé par certains confrères, qui lui reprochent un manque d'éthique. En 1980, il ramène ainsi le premier joueur anglais dans un club israélien, en l'occurrence Barry Silkman, prêté par Manchester City au Maccabi Tel-Aviv. Journaliste, agent, organisateur de matchs amicaux en Israël, Pini est un peu tout à la fois, ce qui scandalise une partie de la profession. « J'étais constamment sous les attaques d'autres journalistes, donc j'ai décidé d'arrêter d'agir comme agent pendant quelques années, à mon grand regret », confesse-t-il au *Guardian* en 2006, pour ce qui reste sa seule véritable interview en quarante ans de carrière. « La plupart des journalistes sont des marchands, mais j'ai été attaqué parce que je l'ai fait ouvertement. » Pour Shaul Adar, l'explication est simple : « Pini est le stéréotype de l'Israélien : il n'a aucune honte et il est très créatif ! » Tellement qu'il convainc Liverpool de préparer sa finale de Ligue des Champions en Israël. « Officiellement, c'était pour se préparer aux conditions climatiques de Rome, mais c'était plus des vacances », sourit Adar.

Pini se débrouille pour organiser un amical contre l'équipe nationale d'Israël avec un sponsor parfaitement trouvé : la marque de bières Budweiser. « J'avais une bouteille de bière dix minutes avant le match », se remémore l'attaquant Michael Robinson dans le livre *Red Machine : Liverpool FC in the 80's*. « On sortait tous les soirs, on se bourrait la gueule et on terminait à nager dans la mer. C'était génial, mais je ne pense pas que les Israéliens aient vu le côté marrant de tout ça parce qu'on était censés être les grands professionnels de Liverpool, alors qu'en fait, on s'est comportés comme une bande de touristes britanniques. » Qu'importe, les *Reds* triomphent à Rome durant la séance de tirs au but, soulevant une nouvelle Ligue des Champions ; la quatrième en huit ans. Et nul doute que la préparation était en réalité parfaite pour ce groupe de *lads*, c'est-à-dire « les gars » ou « les mecs », une expression anglaise ayant la particularité d'être autant utilisée par les équipes de football que par les étudiants alcoolisés en soirée.

Les étés suivants, Pini invite les meilleurs *scousers* à Eilat, sa station balnéaire préférée en Israël. « C'est devenu une tradition : business, fun, bouffe, soleil, femmes. Plusieurs joueurs ont continué à venir après d'ailleurs », détaille Shaul Adar. Plusieurs fois par an, Zahavi fait le voyage inverse, apportant au centre d'entraînement de Melwood les fameuses oranges israéliennes Jaffa. « Il essayait d'organiser beaucoup de choses en rapport avec le football », ajoute un de ses anciens collègues. « Il a proposé à la fédération israélienne d'organiser des matchs amicaux, il essayait d'organiser des préparations pour les clubs européens chez nous afin de profiter du beau temps… Jusqu'à ce qu'il quitte complètement son boulot de journaliste et fasse son transfert le plus significatif : Ronny Rosenthal. » Un attaquant à la délicieuse patte gauche qui évolue en Belgique, au Standard. « On est alors en 1990, au début de l'année civile », raconte Adar. « Liverpool cherche à garder son titre en championnat, mais l'équipe est en fin de cycle. C'est désormais Dalglish l'entraîneur et il cherche des jambes fraîches. Il demande à Pini s'il a quelqu'un pour lui. Il suggère un attaquant n'ayant pas joué depuis un moment en Belgique : Rosenthal. Dalglish accepte et il signe en prêt. La suite… » Un triplé contre Charlton pour commencer, la précieuse ouverture du score contre Nottingham Forest et un doublé pour clôturer la saison contre Coventry : huit matchs, sept buts, un titre de champion et tout l'amour d'Anfield, qui le surnomme *Rocket Ronny*. En tribunes, Zahavi savoure. Il n'est officiellement plus journaliste depuis 1988, et son empire croît à vue d'œil. En quelques années, il sera le premier pourvoyeur de joueurs étrangers en Premier League grâce à ses amitiés avec les managers et présidents, héritées lors de ses reportages. Une époque bénie, qu'il a lui-même confectionnée, dans une presse israélienne laissant de plus en plus d'espace à la rubrique sportive. « C'est aussi son héritage. Il a fait beaucoup pour le développement du journalisme sportif chez nous », ajoute son ancien compagnon de rédaction. Il a fait même bien plus que ça, mais personne ne l'a vu. C'est Avi Cohen qui avait raison : « Les gens ne savent pas qui est vraiment Pini Zahavi. » Ils n'ont pas idée, et pour cause : Pini ne vit pas en son temps, mais dans un futur que personne ne distingue. Lorsqu'il partait en reportage à travers l'Europe, il ne voyageait jamais seul. Il utilisait ses entrées dans les plus grands stades du monde pour ses amis, comme Jacob Shachar. Le temps a passé, quatre décennies déjà, et « le petit Jacob » avec qui il jouait à cache-cache dans le jardin d'enfant de Ness Ziona est désormais multimillionnaire ; sa société, Mayer's Cars and Trucks, est le distributeur israélien de prestigieux constructeurs automobiles étrangers. Plusieurs fois, il répète à Pini : « Je veux racheter un club. » Chose faite en 1992 au Maccabi Haïfa, champion deux ans plus tard et à de multiples reprises au tournant des années 2000 grâce à l'entremise de son ami d'enfance.

Dans le même temps, c'est un autre invité des tournées anglaises, Reuven Rivlin, ami et occasionnel traducteur pour Pini, qui poursuit avec succès sa carrière politique. Pour l'instant, il n'est qu'un député à la Knesset, le parlement israélien, mais ça ne durera qu'un temps : le 28 février 2003, Rivlin est élu président de la Knesset et s'oppose à la politique menée par le Premier ministre Ariel Sharon. Une position remarquée, qui lui vaudra de nombreuses inimitiés, mais qu'importe : le chemin qui mène à la présidentielle n'est pas un long fleuve tranquille et il devra compter sur le soutien de ses fidèles compagnons. « Pini a toujours été très bon pour construire des contacts », appuie Jacob Shachar. « Il est surtout très loyal. » C'est le propre des hommes de Ness Ziona après tout : ils gardent leurs amitiés et leurs promesses quoi qu'il arrive. Le gouvernement israélien ne s'y est d'ailleurs pas trompé, installant ici son institut de recherche biologique. Un institut développant antidotes, vaccins et armes biologiques potentiellement létales. Pendant des années, l'institut était tout au plus une rumeur, et les services secrets étrangers parlant de lui devaient se rendre à l'évidence : comment un endroit pareil peut-il exister alors qu'il n'est cartographié nulle part ? On attribue tout à Israël, même les mirages.

Et si d'aventure l'institut dispose aujourd'hui d'un site internet, il ne faut pas s'attendre à des révélations : tout ce qui se passe à Ness Ziona reste à Ness Ziona, surtout ses plus brillants cerveaux.

CHAPITRE 6

L'ombre de Frank Underwood

Starring : Teni Yerima, alias « The Dirty Agent », « Le bonimenteur camerounais », « Le magicien », « Le plus beau sourire du Cameroun », « Le marabout »
Ancien international camerounais selon ses dires, Yerima a tout fait dans le football : coach, agent, intermédiaire, directeur sportif et peut-être plus encore. Homme de confiance des Qataris au début des années 2000, il a travaillé avec divers managers de Premier League avant un scandale pour corruption. Comme à son habitude, il a rebondi et intégré le cercle très restreint des collaborateurs réguliers de Pini Zahavi. Il possède également des sociétés fourre-tout, officiellement actives en Afrique dans les domaines pétrolier et minier, comme Gold Petroleum United, aujourd'hui dissoute.

« On était dans un grand hôtel à Londres.
Comme d'habitude, il a sorti un énorme cigare.
À un moment, il m'a dit : "L'argent,
c'est important, on aime tous ça. Mais ça rend
les gens aveugles, ils veulent toujours plus.

Ils ne comprennent pas que le vrai luxe, c'est le pouvoir." »
Discussion entre Teni Yerima et Pini Zahavi

Teni Yerima est un personnage insaisissable. « Je n'avais pas de réseau », explique-t-il un jour après plusieurs appels en absence. « Je suis dans la brousse, près de la frontière gabonaise, ça ne passe pas bien. » Entre deux coupures, il promet de rappeler quand il pourra par WhatsApp. Quelques heures plus tard, en début d'après-midi, le téléphone vibre. Cette fois, la communication s'établit sans grésillement ni interruption. La connexion semble bonne, anormalement bonne même vu la provenance de l'appel : « C'est comme ça ici : un coup ça marche, un coup ça ne marche pas... » Sacré Yerima ! Pas étonnant que certains parlent de lui comme d'un magicien. En un rien de temps, il est passé de la brousse camerounaise à Paris, et ce sans même prendre un avion. Pour cela, il lui a suffi de regarder la personne voulant le joindre et d'adapter sa réponse selon la situation. « C'est un malin », rigole Paulo Teixeira, qui le connaît depuis une quinzaine d'années.

Après une dizaine de minutes, Yerima raccroche courtoisement, expliquant qu'il est attendu. Un taxi vient effectivement le récupérer en banlieue parisienne pour le conduire à un rendez-vous avec un proche de la direction lilloise. Le lendemain, il se rendra au centre d'entraînement du LOSC, le domaine de Luchin, pour rencontrer le directeur général du club, Marc Ingla. Il le reverra plusieurs fois lors des derniers mois de la saison 2017/2018, ainsi que Gérard Lopez, le président des Dogues. « Il rebondit toujours », continue Teixeira. « Je lui ai souvent dit : "Yerim, tu as un don pour le contact. Avec ton sourire, tes belles dents blanches, ton humour et ta personnalité, tout le monde t'apprécie." C'est pour ça qu'à chaque fois qu'il a eu des problèmes, il a réussi à revenir dans le milieu. »

Au début des années 2000, Yerima était présent au premier rendez-vous entre une délégation du Qatar et Alain Migliaccio, agent de Zidane. « C'étaient les premiers pourparlers qui aboutiront au contrat d'ambassadeur de Zinédine pour la Coupe du monde 2022 au Qatar », poursuit Teixeira, qui a participé à une réunion avec Yerima et les responsables du football qatari sur les Champs-Élysées pour un possible transfert de Roberto Carlos à la fin de sa carrière. « Ça ne s'est finalement pas fait, mais c'était un moment incroyable. Yerim a emmené les Qataris fumer la chicha, il avait toute leur confiance. »

À cette époque, il est un intime de Nasser Al-Khelaïfi, alors directeur général de Al Jazeera Sport et responsable de l'acquisition des droits de diffusion des divers championnats et compétitions internationaux. Les deux hommes ont travaillé ensemble, puis Yerima est parti sous d'autres cieux : son Cameroun, le Nigeria, l'Europe de l'Est, la Belgique et surtout l'Angleterre. Jusqu'à ce qu'en 2006 il devienne bien malgré lui l'une des vedettes d'un reportage de l'émission d'investigation *BBC Panorama* intitulé *Undercover : Football's Dirty Secrets*[22]. Durant une heure et demie, Knut Auf dem Berge, un entraîneur diplômé prétendant vouloir devenir agent, rencontre diverses personnes liées aux transferts de Premier League. Il débute son périple dans un hôtel de luxe parisien où il rencontre l'une de ses connaissances : Yerima. « Quand je te dis que je suis bien avec Bolton[23], c'est parce qu'on a la possibilité de leur redonner l'argent… Parce que c'est comme ça *(sourire)* […] Par exemple, si tu as un bon deal avec Sam (Allardyce, à l'époque manager de Bolton), tu essayes de lui donner quelque chose, mais pas devant tout le monde. Dans la commission d'agent, s'il est supposé te donner 100 (£100 000), il sait qu'il va avoir quelque chose. Il va te donner 130 ou 150 et récupère la différence […] J'ai un compte bancaire en Suisse, j'ai un compte bancaire à Monaco. Donc, avec ces banques, on peut essayer de redonner l'argent. Et ça rend le manager général… Le manager est content car il est aussi impliqué dans le deal. C'est

22. *Sous couverture : les sales secrets du football.*

23. Il citera ensuite d'autres clubs mais le documentaire ne donne pas les noms et floute ses lèvres pour éviter de révéler les identités.

la meilleure façon de bosser. Mais je peux aussi, s'ils veulent, nous pouvons amener ça en cash pour eux [...] Il n'y a pas besoin de parler. Tu dois être silencieux. Je vais te dire, avec Sam Allardyce, c'est magnifique. Tu peux faire tout ce que tu veux avec lui. Il aime le business. »

Yerima réagit immédiatement, expliquant avoir été piégé et que ses paroles ont été sorties de leur contexte. D'autres protagonistes font de même et engagent des poursuites judiciaires. Néanmoins, le reportage a un succès colossal au Royaume-Uni ; il déclenche même des enquêtes autour des pratiques de Harry Redknapp et Sam Allardyce.

Médiatiquement, c'est l'indignation, Yerima et ses comparses accréditant la thèse déjà répandue que « les agents sont le cancer du football ». Dans chaque histoire, il faut bien un coupable, alors pourquoi pas celui-là ? Avec ses mensonges, ses costumes sur mesure, ses rendez-vous secrets dans des chambres d'hôtels londoniens ou parisiens, et son rire communicatif à l'évocation des centaines de milliers de *pounds* de commission, Yerima a quand même la tête de l'emploi. « Avant de condamner les agents, il faut prendre un peu de hauteur », lance un des pionniers de la profession en Europe, aujourd'hui retraité. « Qui dirige le club ? Le propriétaire, qui est aussi parfois le président. Il délègue ensuite à un directeur sportif ou à son entraîneur, notamment au Royaume-Uni, la politique des transferts. C'est là que les mouvements financiers sont les plus fluctuants. Or, c'est le responsable des transferts qui impose ses règles. S'il fixe comme paramètre une rétrocommission, comme en Italie où elle est quasiment obligatoire, l'agent a deux choix. Soit il refuse et tente de placer son joueur ailleurs avec le risque qu'il ne trouve pas preneur ou que le directeur sportif lui-même mandate un intermédiaire de son cercle de connaissance pour convaincre le joueur de lâcher son agent. Soit il accepte de rétrocéder une partie de sa commission – qui a de toute façon été gonflée théoriquement. Le transfert se fait, le joueur est content, le directeur sportif et l'entraîneur également. Tu rentres dans le cercle de business des décideurs, mais c'est à double tranchant : ce sont eux qui gardent le pouvoir. Toi, tu n'es qu'un exécutant. Quand j'ai compris ça, j'ai arrêté car ce n'était plus du football et je ne voulais pas finir en prison. »

Grillé publiquement, Yerima l'est également dans le microcosme footballistique, mais pas pour les mêmes raisons. La corruption n'a jamais été un problème ici ; elle est même vivement encouragée. Sauf qu'il y a une condition *sine qua non* : que personne ne soit au courant. Si vous êtes découvert, plus personne ne répond de rien. « Certains ont fini dans le coffre d'une bagnole », souffle un intermédiaire espagnol. Sans aller jusqu'à ces extrêmes, la mise à nu de vos activités vous rappelle à votre condition. Vous avez beau avoir des joueurs et un réseau de contacts international, vous n'en restez pas moins un intermédiaire, corrompu en prime. Au fond, vous n'avez aucun pouvoir décisionnel, si ce n'est celui de vous taire. Et si d'aventure quelqu'un vous offre une seconde chance, vous devez lui jurer une totale loyauté. « Pini m'a beaucoup aidé », concède Yerima. Sensible à son intelligence, son réseau et son désir de se racheter, Zahavi le remet effectivement dans le marché ; après tout, pourquoi stopper une collaboration si fructueuse ?

Ensemble, ils concluent plusieurs transactions de joueurs africains en Premier League, comme Samuel Eto'o à Chelsea à l'été 2013[24]. « On était dans un grand hôtel à Londres après la signature. Comme d'habitude, il a sorti un énorme cigare. À un moment, il m'a dit : "L'argent, c'est important, on aime tous ça. Mais ça rend les gens aveugles, ils veulent toujours plus. Ils ne comprennent pas que le vrai luxe, c'est le pouvoir." » Une phrase prophétique puisque Netflix diffuse cette même année la saison 1 de *House of Cards*. Un succès planétaire, mettant en scène les coursives de la politique américaine avec le couple Underwood, Claire et Francis, alias boss, *sir* ou Frank selon son interlocuteur.

Membre du Congrès, il est aussi le *whip* de la majorité à la Chambre des Représentants ; autrement

24. L'agent italien Claudio Vigorelli est aussi dans le deal.

dit, il doit s'assurer que les élus de son parti (démocrate) soient présents et votent en fonction des consignes données par celui-ci. Jamais dans la lumière médiatique, loin de l'agitation de la Maison Blanche, il règne au Congrès en collectant la moindre information sur chacun, préparant méthodiquement son avancement politique entre alliances, trahisons et coups montés. Nombre de ses collaborateurs deviennent des ennemis, puis des amis, et de nouveau des rivaux ; la politique n'étant pas si différente des relations sociales. « Quel talent gâché », souffle-t-il ainsi après une conversation avec Remi Danton, son ancien responsable presse parti monnayer ses talents comme lobbyiste pour de grands groupes. « Il a choisi l'argent aux dépens du pouvoir ; dans cette ville, presque tout le monde commet cette erreur. L'argent, c'est une maison tape-à-l'œil à Sarasota[25] qui tombe en morceaux au bout de dix ans. Le pouvoir, c'est un building en vieilles pierres qui restera debout pendant des siècles. Je ne peux pas respecter quelqu'un ne faisant pas cette différence. » Il y a définitivement du Zahavi chez Underwood ; à moins que ce ne soit l'inverse.

On les dit attirés par le pouvoir, mais ils n'en ont pas besoin : ils sont déjà le pouvoir. Ils ont saisi toutes les nuances jalonnant le monde des affaires, des médias ou de la politique – les uns ne vont

25. Sarasota est une station balnéaire de Floride.

pas sans les autres. Dans l'équation entre évidemment l'argent, mais attention au trompe-l'œil ; la richesse est une illusion si bien faite que les nouveaux riches y croient vraiment. Puis, un jour, ils sont rattrapés par la réalité, la leur du moins, celle d'un train de vie dispendieux ; en NBA, les contrats dépassent 20 millions de dollars par saison, mais plus de 60 % des joueurs sont ruinés cinq ans après la fin de leur carrière… La fortune est éphémère, comme les amitiés de circonstance ou les invitations des sponsors. Il ne reste alors que l'athlète et son destin, accompagné bien trop souvent par des addictions au jeu, à l'alcool, aux filles ou aux médicaments. « Les artistes ou sportifs de haut niveau sont des entreprises à eux seuls. Il y a tellement d'enjeux et de personnes pouvant profiter d'eux qu'il faut veiller sur eux, surtout sur la personne », détaille Yerima. « Sinon, ça peut finir en massacre à la tronçonneuse… » L'expression est bien évidemment imagée, même si les cas de dépressions et de pulsions suicidaires sont en constante hausse chez les footballeurs. « C'est la même chose en politique », reprend l'un des premiers agents à avoir exercé officiellement la profession en Europe. « Même chez les journalistes et patrons de rédaction… Beaucoup tournent à la cocaïne et Dieu sait quoi. C'est un monde pouvant vous consumer si vous ne prenez pas vos précautions. »

La comparaison avec la politique est intéressante. Plus que les liens de plus en plus étroits, les rouages et mécanismes des deux mondes sont similaires. Pour preuve, ce n'est pas toujours le plus riche qui gagne à la fin, cela peut aussi être un « simple » riche. « Zahavi n'est pas dans le besoin, c'est certain », sourit l'agent, désireux de garder l'anonymat. « Honnêtement, c'est un mystère absolu. Je ne comprends pas comment ce mec a pu prospérer de cette manière et être si influent. Quel réseau a-t-il noué ? Pour moi, c'est vraiment un sujet de curiosité totale. Jorge Mendes par exemple, on a un historique. Mais Zahavi, comment a-t-il réussi ça ? [...] Quand on s'installe dans un nouveau territoire, il faut un comité d'accueil. Or, si on est justement en terre inconnue, il faut bénéficier d'un comité d'accueil créé par quelqu'un d'autre. À quelques occasions, j'ai entendu des lapsus le concernant... *(long silence)* Cela laissait penser que ses connexions avec Israël étaient d'ordre institutionnel. »

Pour s'en assurer, il faut remonter plusieurs décennies en déroulant l'histoire de la Guerre Froide. On est alors en 1980, dans une nouvelle période de tensions après l'invasion soviétique en Afghanistan et les durcissements de la politique extérieure américaine. 1980 est une année charnière, annonciatrice de changements majeurs : la mort guette le leader soviétique Léonid Brejnev, tandis que Ronald Reagan se voit déjà élu quarantième président des États-Unis ; un peu de patience, votre tour arrivera bientôt. À Tel-Aviv aussi on attend. Pinhas Zahavi n'est toujours pas officiellement un agent, mais ça ne saurait tarder ; la question n'étant pas de savoir quand, mais plutôt comment.

CHAPITRE 7

Coup de fil au Congrès américain

Starring : Roman Abramovitch, alias « The Billionaire from Nowhere », « Mr A » ou « Roman Arkadievitch »
Le propriétaire de Chelsea est peut-être l'oligarque le plus célèbre du monde entier, quand bien même il ne dit jamais un mot publiquement. Ayant fait fortune durant les années 1990 sous Boris Eltsine, il n'a pas perdu son argent et son pouvoir après l'arrivée de Vladimir Poutine, dont il est très proche. Mécène, philanthrope, investisseur, ancien gouverneur d'une province au nord-est de la Russie (Tchoukotka), Abramovitch est un peu tout à la fois, même si les ramifications de ses sociétés et de sa vie gardent toujours leur secret.

« Je n'ai pas de rêve napoléonien.
Je suis juste bosseur et pragmatique. »
Roman Abramovitch au journaliste
Simon Bell en 2003

Le 10 juin 1967 marque la fin de la Guerre des Six Jours opposant Israël à ses voisins arabes. Attaque préventive pour les uns, agression et spoliation de territoire pour d'autres, ce conflit embrase le Moyen-Orient, redéfinissant la carte géographique et les alliances. L'Égypte non alignée de Nasser se rapproche de l'URSS, tandis que l'État hébreu consolide ses liens avec les États-Unis.

Physiquement parlant, les deux géants ne sont pas intervenus sur le terrain, bien qu'on retrouve leur armement ici et là. Grâce à leur médiation, un terme habile pour ne pas dire menaces, ils ont aidé à obtenir un cessez-le-feu officiel. Pour l'URSS, cette guerre a entériné ses rapports déjà compliqués avec Israël. Les dirigeants communistes officialisent une rupture des relations diplomatiques, ainsi que l'interdiction pour les citoyens soviétiques de confession juive d'émigrer en Terre Promise.

La décision fait évidemment réagir, la presse des deux camps redoublant de propagande pour qualifier les dirigeants politiques de chaque bord. « Les médias soviétiques se sont lancés dans une campagne anti-israélienne et antisioniste accusant les Israéliens d'actions barbares », écrit Alexeï Mikhaïlovitch Vassiliev, membre de l'académie des sciences de Russie, dans un article traduit par le site OrientXXI.info. « Le ministre israélien de la défense Moshe Dayan a été baptisé "Moshe Adolfovitch", sous-entendu qu'il était le fils (spirituel) d'Adolf Hitler... »

Si le temps et la détente ont adouci quelques tensions, les relations israélo-soviétiques restent inexistantes en 1980. Et avec les relents de Guerre Fraîche à travers le globe, la période n'est pas la plus propice aux échanges. Pourtant, c'est à cette date qu'un permis de séjour est accordé par les instances soviétiques à un citoyen israélien, un certain Pinhas Zahavi. « Ça a été le premier Israélien non communiste depuis de nombreuses années à recevoir ce visa », écrit le journaliste Eugene Belozerov dans le magazine russe *Sport Express*. Comment, pourquoi, par qui, les questions sont aussi nombreuses que futiles : soit les personnes interrogées ne savent pas, soit elles vous disent que la curiosité est un vilain défaut. « J'en sais rien, mais ça peut être aussi une énorme connerie », balance l'une d'entre elles. La théorie est recevable, mais Zahavi lui-même a été interrogé par Belozerov dans son papier, ce qui renforce la crédibilité de l'information.

Quoi qu'il en soit, cette archive de *Sport Express*, malheureusement non datée, retrace l'organisation du match entre la sélection israélienne et le Dynamo Kiev le 24 janvier 1989 à Tel-Aviv. Une organisation « presque secrète » et qui témoigne parfaitement du contexte géopolitique entre les deux États qui, suite à la perestroïka (l'ensemble des réformes structurelles destinées à libéraliser l'économie soviétique), ont commencé à se reparler. En 1988, l'URSS accorde des « passeports touristiques » à quelques centaines de soviétiques de confession juive autorisés à se rendre en Israël pour visiter leur famille. D'autres échanges ont lieu pendant l'année, Moscou ouvrant même une école rabbinique dirigée par un Israélien, le rabbin Adin Steinsaltz.

Néanmoins, préparer la visite officielle du grand Dynamo Kiev revêt une toute autre importance. Le club est un symbole de la puissance du football soviétique : douze fois champion national et double vainqueur de la Coupe des Coupes (en 1975 contre le mythique Ferencváros et en 1986 contre l'Atlético). Or, la perestroïka s'accompagne de la désertion de nombreux sportifs pour le bloc de l'ouest, particulièrement des footballeurs. Imaginer une nouvelle fuite est impensable pour l'URSS, d'autant plus que le rideau de fer craquelle en ce début d'année 1989 avec l'ouverture de la frontière entre l'Autriche et la Hongrie sans visa de sortie.

Pour mener à bien cette mission, plusieurs personnes sont réquisitionnées, à l'instar d'Egor Ligatchev, considéré comme le second du régime derrière Mikhaïl Gorbatchev. Intime de l'entraîneur du Dynamo Kiev, l'immense Valeri Lobanovski, Ligatchev facilite les démarches. À Tel-Aviv, les hautes sphères politiques opèrent également dans la plus grande discrétion avec l'aide de Zahavi, le coordonnateur de toutes les parties du fait de ses visites régulières à Kiev et Moscou durant les années 1980 ; sans compter son amitié avec Lobanovski.

In fine, le voyage du Dynamo se déroule parfaitement. Le public du stade Ramat Gan est conquis par le jeu soviétique, qui s'impose facilement contre la sélection israélienne (0-4). Dans l'article de *Sport Express*, Zahavi parle peu du match, mais retient surtout « la poignée de mains entre les joueurs », tout en évoquant la politique israélienne et l'intervention humanitaire suite au terrible séisme à Spitak, au nord de l'Arménie, qui avait causé près de 25 000 morts un mois auparavant. « Il est avant tout un passionné de football, mais il sait exactement ce qui se passe dans l'actualité du monde entier », pointe un de ses anciens collègues.

Après l'écroulement de l'URSS, Pini crée Soccer Investments & Representations, une société permettant à des personnalités fortunées d'investir dans le football : rachats de clubs, droits économiques des joueurs, droits d'image, droits TV, organisation de matchs, tout est possible. Sa clientèle est sélective, issue principalement de l'ex-URSS où prospèrent quelques businessmen profitant gaiement de la transformation de l'économie et des privatisations d'entreprises. Ces hommes, connus comme les oligarques, s'emparent rapidement des secteurs clés, amassant au passage fortune et influence politique.

En Ukraine par exemple, les frères Surkis s'associent avec d'autres personnes pour former le K7, un groupe montant des sociétés en pagaille : importation de pétrole, de tabac, d'alcool, etc. Ils fondent également Ometa 21th Century, une compagnie promettant à ses clients d'obtenir des dividendes allant jusqu'à 1000 %. Comment ? En utilisant une entourloupe appelée la « pyramide de Ponzi », du nom de son inventeur italien. Pour schématiser :

– X achète une action à 400 000 *karabovanets*[26].

– La société empoche cet argent, puis cherche à recruter d'autres clients emballés par cette perspective de placement financier.

– Y est intéressé. Il achète à son tour une action à 400 000.

– La société utilise l'argent de Y pour payer X, puis l'argent de Z pour payer Y, et ainsi de suite.

Ce modèle est une redistribution des richesses où la somme apportée par les nouveaux clients sert à rémunérer les plus anciens. Petit bémol : cette technique nécessite toujours de nouveaux arrivants, au risque que la pyramide s'effondre ; Bernard Madoff en témoignera.

Pour les Surkis, les bénéfices sont colossaux. L'aîné de la fratrie, Hryhoriy, brigue ainsi la présidence du Dynamo Kiev en 1993. Au fil des années, il grimpe dans la hiérarchie : président de la ligue professionnelle de 1996 à 2000, président de la fédération de 2000 à 2012, puis vice-président de la FIFA depuis 2013. Son petit frère, Ihor, a lui repris le Dynamo Kiev en 2002, avec les bons conseils de Zahavi, qui a également aidé le propriétaire du FK Dnipro, Ihor Kolomoïski.

Co-fondateur de la plus grande banque commerciale du pays, PrivatBank, Kolomoïski est un

26. La monnaie ukrainienne en vigueur à l'époque.

personnage, dans tous les sens du terme. Interrogé par la chaîne de télévision Channel One à propos de ses passeports, il a répondu : « La constitution interdit la double nationalité, mais pas la triple nationalité. » Imparable ! Ukrainien, Israélien et Chypriote à la fois, il réside une bonne partie de l'année à Genève où il a négocié un forfait fiscal avec les autorités locales. « Continuellement escorté par des gardes du corps armés jusqu'aux dents », dixit *La Tribune de Genève*, Kolomoïski ne tombe pas dans le stéréotype de l'oligarque secret et taiseux. Bien sûr, il a la menace facile, mais il est aussi affable, drôle et bon vivant, surtout à table. Médiatiquement, il s'est construit une image dans la presse occidentale en répondant à diverses interviews suite à sa nomination comme gouverneur de la région du Dnipropetrovsk en 2014, où trône d'ailleurs son club de football.

Ferme opposant à l'intervention russe en Crimée, il est accusé par Moscou de tous les maux : extorsion, enlèvement, meurtres, et pourquoi pas une implication dans l'anéantissement de l'avion de Malaysia Airlines qui coûtera leur vie aux 298 personnes à bord. Cette tragédie, survenue pendant que l'appareil survolait l'est de l'Ukraine, a intensifié les tensions, chaque camp s'accusant mutuellement. Kolomoïski, lui, ne commente pas ces accusations, ironisant sur « les derniers chefs-d'œuvre de la propagande russe ». Néanmoins, il revendique fièrement la création de bataillons de volontaires, dont le Dnipro-1, surnommé le bataillon de Kolomoïski et placé sous le commandement du ministre de l'Intérieur ukrainien. « Je n'ai personnellement financé aucun bataillon. Un fonds spécial de charité a été créé. L'argent est arrivé de toutes sortes de volontaires, y compris de moi », révèle-t-il depuis ses bureaux genevois dans une interview à la RTS. « Cela a permis d'acheter des munitions, des casques, des gilets pare-balles. Tout sauf des armes, car les armes ont été fournies par le ministre de la Défense. » C'est vrai, mais pas totalement : l'oligarque a offert 1 500 dollars à quiconque rapporterait des AK-47. Au total, il a avoué avoir investi « entre 10 et 20 millions » en comptant les diverses primes, comme celles versées pour la capture d'un agent ou d'un saboteur russe (10 000 dollars par tête).

Un an après son élection comme gouverneur, l'Ukrano-Israélo-Chypriote est acculé. En plus du Kremlin, les autorités ukrainiennes l'accusent publiquement. « Un gang criminel opère dans les régions de Donetsk et Dnipropetrovsk », explique dans un communiqué le responsable des services secrets ukrainiens, Valentyn Nalyvaichenko. « Ces gangsters utilisent leurs armes contre des représentants de la loi, et ces gangsters ont kidnappé des gens. Ils sont une seule organisation criminelle qui reçoit parfois de l'aide (des responsables régionaux), et nous avons des raisons de suspecter que les élus de la région de Dnipropetrovsk les financent. »

Sans citer le gouverneur, l'attention est braquée sur Kolomoïski, qui présente sa démission le 24 mars 2015 au président ukrainien.

Deux mois plus tard, l'oligarque voyage à Varsovie pour accompagner son club, qualifié en finale d'Europa League. Une sacrée surprise eu égard à la réputation de l'équipe et aux obstacles rencontrés lors de son parcours : l'Inter et Saint-Étienne notamment en phase de poules, puis l'Olympiakos, l'Ajax, le Club Bruges et Naples dans les confrontations à élimination directe ! Hélas, le Séville d'Unai Emery sera trop fort ce soir-là (2-3). Qu'à cela ne tienne, les Ukrainiens n'ont pas démérité et suscitent la sympathie des millions de personnes ayant suivi la finale. L'histoire est belle après tout pour la presse occidentale, celle d'une petite équipe défiant les ogres européens et le pouvoir russe. Et ça, Kolomoïski le sait bien. Il sourit, défaite ou non, et s'en va parader fièrement sur ses terres. Il y a bien sûr une récupération politico-médiatique à des fins personnelles, mais qui pourrait l'en blâmer ? En temps de guerre, chaque prétexte est bon pour se montrer sous son meilleur jour car il n'y aura peut-être jamais de lendemain. Et effectivement, les mois suivants, son empire s'émiette : l'État ukrainien commence par nationaliser sa banque, puis les poursuites judiciaires arrivent de tous bords ; la justice anglaise déclarant même un gel de ses biens. Quant à son club, le pauvre, il est enseveli par les dettes. Adieu les fastes de la Coupe d'Europe, et bienvenue dans les affres de la troisième division où le Dnipro est directement relégué en 2017. Les jeunes et les nouveaux joueurs ont beau se battre comme des chiffonniers, ils ne pourront rien faire : le maintien est assuré sportivement, mais la FIFA rétrograde l'équipe en division régionale le 7 juin 2018.

Quelques années avant la chute du Dnipro, Zahavi avait déjà pris ses distances avec Kolomoïski. Plusieurs raisons circulent dans les cercles autorisés, notamment le fait que Pini a tissé des liens privilégiés avec les oligarques proches de Vladimir Poutine. La théorie est acceptable, mais personne ne répond clairement aux questions, surtout pas les intéressés. « Il a la ligne directe de nombreux oligarques, oui, et alors ? » commente timidement l'un de ses anciens associés, qui ajoute sans que personne ne lui demande : « On va encore dire que c'est parce qu'il est Israélien, c'est ça ? » La piste est effectivement soufflée en *off* par de nombreuses personnes travaillant dans le monde du football, mais elle est fumeuse. Pini pourrait être Israélien, Javanais ou Français que cela ne changerait rien : ce n'est pas la nationalité qui fait le génie, ni le relationnel. « Les mauvaises bouches disent que ses amis oligarques sont pour la plupart juifs, que c'est pour ça qu'il a des relations, mais je leur donne un conseil : n'allez pas dans cette voie-là, c'est n'importe quoi », tonne le journaliste israélien Shaul Adar.

Bien que son cercle d'amitié comprenne effectivement de nombreuses personnalités juives, Zahavi travaille avec toutes les religions et nationalités, comme l'illustre parfaitement un Camerounais « né sous un baobab » comme Yerima : « Un jour, il m'a dit : "L'argent, c'est l'argent. Quand je m'occupe d'un joueur ou que je fais un transfert avec un autre agent, tu crois que je lui demande sa carte d'identité ?" » Logique, comme tout ce que Pini a réalisé professionnellement. Les bêcheurs peuvent grommeler, mais il a simplement exploité les spécificités d'Israël et ses liens évidents – bien que tumultueux – avec l'URSS, qui recensait alors la deuxième communauté juive au monde.

Suite à la dislocation de l'Union Soviétique en 1991, des milliers de familles juives font leur alya[27], c'est-à-dire leur immigration en Terre Promise. Environ 900 000 personnes rejoignent Israël en une petite dizaine d'années. Un afflux de population, à majorité russophone, qui entraîne des attentes et des besoins. La presse nationale crée donc des contenus en russe : programmes télé, stations de radio, journaux ou magazines apparaissent spécialement pour les nouveaux arrivants. Un marché destiné à renforcer les liens avec la grande Russie dans lequel se place Eli Azur, un ancien camarade de Pini à la rédaction des sports de *Hadashot*.

Azur est un sacré personnage, du moins pour ceux le connaissant, soit une poignée d'intimes. « Il déteste faire des vagues », écrit le journal *Haaretz* dans un

27. Littéralement « ascension » ou « élévation spirituelle ».

article publié le 2 décembre 2004. « Il y a six ans de cela, quand il a eu 40 ans, ses sœurs et quelques amis proches ont voulu lui organiser une fête surprise. Trois cents politiciens, hommes d'affaires, journalistes, athlètes et autres amis ont été invités à un banquet au Tel Aviv Fairgrounds[28]. Mais quatre jours avant que la fête n'ait lieu, Azur a eu vent de l'histoire d'une manière ou d'une autre, ce qui l'a passablement énervé. Il a appelé un de ses amis et lui a gueulé dessus : "*Bastard !* Comment tu peux me faire un truc pareil ?" Après ça, il a appelé tous les invités en les remerciant pour leurs bonnes intentions, tout en leur disant que la fête a été annulée. »

Bizarrement, comme journaliste, Azur était l'exact opposé. Les vagues, c'était sa spécialité, et s'il n'y en avait pas à l'horizon, il pouvait toujours arranger ça. « Une fois, il a appelé l'entraîneur David Schweitzer[29] et lui a demandé s'il aimerait entraîner Bnei Yehuda. "Pourquoi pas ?" a répondu Schweitzer. "Attends une minute", lui a dit Azur, qui s'est dépêché d'offrir les services de l'entraîneur à Gad Sulami, la toute-puissante figure de Bnei Yehuda. Sulami répond qu'il est intéressé, et un Azur ravi fournit à ses éditeurs un superbe gros titre : "Contacts entre Schweitzer et Bnei Yehuda." »

---

28. Connu aujourd'hui comme le Tel Aviv Convention Center, c'est un espace organisant divers événements, expositions ou fêtes.

29. Ancien sélectionneur national israélien, de 1973 à 1977.

Inventivité, opportunisme, malhonnêteté, les avis divergeront selon les lecteurs, mais Eli Azur n'y est pour rien, c'est juré. « Parfois, les histoires semblaient tomber du ciel directement sur ses genoux, sans qu'il sache d'où elles viennent », écrit *Haaretz*. C'est la légende des grands journalistes et des hommes pressés : si l'information ne vient pas assez vite, on peut toujours aller la chercher, et la créer le cas échéant.

Avec Zahavi, leur relation a dépassé le cadre professionnel. Pini fait partie des rares privilégiés considérés comme « un intime » par Azur. Ensemble, ils organisent les matchs amicaux de la sélection israélienne au début des années 1990. Le choix de l'adversaire, les contrats télé, la médiatisation et le show : tout est sous contrôle. Avant le coup d'envoi, Pini se débrouille pour convoquer les meilleurs joueurs des divisions inférieures afin de faire venir le public en avance ; pratique pour permettre aux hôtesses de passer en tribunes et proposer un mensuel, *Goal*, créé par le duo. Des célébrités viennent également, à la grande joie des sponsors, notamment du principal : le fameux journal *Hadashot* où travaille encore Azur.

Le 29 décembre 1993, *Hadashot* publie cependant son dernier numéro. Azur avait déjà anticipé la fermeture et achète des parts dans les nouveaux médias destinés à la population russophone : *Vremya*, *Nasha Strana*, *Novosty* et « cinq autres hebdomadaires », dixit *Haaretz*. « L'un d'entre eux, *Echo*, a rapidement gagné une grande popularité grâce à une combinaison gagnante de photos dénudées et d'informations. » Son petit empire médiatique développe des relations étroites avec le pouvoir et la communauté russophone, surtout qu'Azur voit les choses en grand : il rachète une imprimerie colossale (Hadefus Hehadash), des radios et s'attaque à la télé avec son fidèle Pini. Ensemble, ils créent Charlton Ltd, une société achetant les droits TV d'événements sportifs. Coupe du monde, Premier League, Bundesliga, championnats nationaux de football et de basket, tout y passe, même des matchs de basket universitaire américain (NCAA) car y évolue alors un certain Tamir Goodman, un scoreur invétéré dans ses jeunes années surnommé « le Michael Jordan juif ».

Pour Shaul Adar, Charlton a « révolutionné le paysage audiovisuel en Israël […] Ils ont fait un business plan très simple. Le samedi par exemple, si vous voulez regarder du football de midi à onze heures du soir, vous pouvez ! Ils n'ont pas de studios, pas d'émissions type magazine, c'est juste des matchs en direct tout le temps. Ils ont même un système où vous regardez une rencontre de Premier League tout en étant alerté s'il y a des buts sur les autres matchs. C'est très simple et efficace – tellement efficace qu'ils ont détruit toute la concurrence. » Un bémol cependant, le modèle économique du *pay-per-view*, le paiement par match comme l'a fait Foot + en France à une époque, a connu un terrible désaveu à l'occasion de la Coupe du monde 2006, la population s'indignant et boycottant Charlton[30]. Un mauvais moment à passer, mais pas de quoi empêcher Zahavi de dormir.

Non content d'acheter, diffuser et revendre les droits télé des championnats européens, Pini assure les plus gros transferts au tournant des années 2000 (Rio Ferdinand, Jaap Stam, Juan Sebastián Verón) grâce à ses amitiés avec les présidents et entraîneurs des meilleurs clubs (Sir Alex Ferguson, Sven-Göran Eriksson). On pourrait le croire au sommet, mais il manque encore un élément. « Ce qui le propulse au rang de numéro un, c'est le rachat de Chelsea par Roman Abramovitch », juge Adar.

Tous les articles ou reportages mentionnant Zahavi évoquent cette anecdote, mais très peu en racontent la genèse. « Pini cherchait depuis l'éclatement de l'URSS à faire racheter un club d'Europe occidentale par un oligarque », raconte l'agent européen l'ayant bien connu dans les années 1990. « C'était son idée depuis le début, mais il ne trouvait personne. Les investissements foot se cantonnaient à la Russie, l'Ukraine, la Géorgie… »

---

30. Shaul Adar a écrit à ce sujet un large article pour *The Guardian* où il détaille la « détérioration » de l'image de Zahavi en Israël suite à cette affaire : https://www.theguardian.com/media/2006/jun/06/broadcasting.worldcup2006

Selon plusieurs sources, confirmées par le livre de référence *Behind the Curtain* de Jonathan Wilson et une biographie sur Abramovitch[31], Zahavi a rencontré le jeune oligarque en 1998, à Moscou, par l'intermédiaire d'un ami commun : German Tkachenko. Alors président du Krylia Sovetov Samara, ce dernier a organisé une rencontre informelle, qui s'est rapidement transformée en relation professionnelle, puis amicale.

Contacté, Tkachenko n'a pas confirmé, pas plus qu'il n'a d'ailleurs répondu : c'est le propre des personnes de confiance d'Abramovitch, ils savent tenir leur langue. « Ils ne parlent pas, personne de son entourage ne dit un mot », confirme Alban Traquet, auteur de l'excellent *Roman Abramovitch, football, pétrole, pouvoir*[32]. « J'ai interrogé des journalistes moscovites, des collaborateurs de la région où il était gouverneur (Tchoukotka), des gens l'ayant croisé à un moment de sa vie, mais aucun proche collaborateur. »

En 2003, Pini et Roman ont abordé plusieurs fois l'idée d'acheter un club. L'Espagne et l'Italie sont un temps envisagées, mais rapidement abandonnées. Zahavi fait le forcing pour sa chère Premier

---

31. *Abramovitch, The Billionaire from Nowhere* par Dominic Midgley et Chris Hutchins, sorti en 2006. Comme toutes les publications autour du propriétaire de Chelsea, il s'agit d'une biographie non autorisée.

32. Éditions du Toucan, 2008.

League : « C'est aussi une logique business. C'est le championnat le plus riche et le plus médiatisé, même si à l'époque, ce n'était pas aussi flagrant qu'aujourd'hui », commente Yerima.

Alors, un jour, Zahavi propose à Abramovitch de voir ça de ses propres yeux, de comprendre enfin pourquoi il lui parle avec tant de passion de ce *« bloody English football »*. L'oligarque accepte, sans toutefois garantir qu'il ira plus loin. Pini le sait, mais il est confiant, il sait comment faire bonne impression : quand il organisait ses premiers rendez-vous dans sa jeunesse à Tel-Aviv, ses conquêtes ne disaient jamais non pour des prolongations. « Un de mes amis, Pini Zahavi, m'a appelé pour savoir si j'étais intéressé d'aller au match Manchester United-Real Madrid en demi-finale de Ligue des Champions[33] », raconte sur Sky Sports l'ancienne légende de Liverpool, Graeme Souness. « J'ai répondu oui, sauf que le jour du match, j'ai changé d'avis. Il m'a dit : "J'attends des amis russes qui veulent voir le match." J'ai dit : "OK, on va les chercher à l'aéroport." On arrive au terminal. Je suis sorti de la voiture, une grosse Mercedes quatre portes, vitres teintées. Trois mecs arrivent avec Pini, mais je n'ai pas été présenté. L'un se met à côté de moi, les trois autres derrière et je conduis jusqu'au stade. J'essaye d'entamer une conversation avec le mec à côté… Il ne parlait pas

33. Il s'agissait en fait du quart de finale retour.

bien anglais, mais de toute façon, rien qu'avec son langage corporel, il ne voulait pas vraiment que je lui parle [...] Après une dizaine de minutes, je vois Pini à l'arrière dire : “Souness, manager of Blackburn Rovers.” Il (l'homme à côté) m'a touché le genou et il m'a reconnu après ça. » Cet homme, Roman Abramovitch, s'excusera d'ailleurs quelques mois plus tard auprès de Souness car il l'avait pris pour son chauffeur attitré.

Quoi qu'il en soit, la petite troupe arrive à Old Trafford. Elle s'installe discrètement en loge et assiste à l'un des plus beaux matchs de la décennie. Les actions s'enchaînent, comme les gestes de génie : aux passes lumineuses de Figo ou Zidane succèdent les inspirations de Ryan Giggs (son extérieur amenant le premier but de United...) et la rage de van Nistelrooy, qui répond au vrai Ronaldo, *el Gordo*. 1-1 à la pause, sachant que le Real s'était imposé 3-1 à l'aller. Le public redouble donc d'applaudissements et d'encouragements, sous l'écho des notes de Johnny Cash ou Denver :

« Take me home, United Road
To the place I belong
To Old Trafford
To see United
Take me home, United Road ! »

La seconde période est une ode à la pureté du football. Le deuxième but du Real est une merveille collective entre Zidane, Roberto Carlos et Ronaldo, qui finira par un triplé et une ovation d'Old

Trafford. Bien sûr, les Mancuniens ont tout tenté et David Beckham, sur le banc au coup d'envoi, a ravivé l'espoir avec un coup franc dont lui seul a le secret, mais c'est trop tard : les *Red Devils* ont beau s'imposer 4-3, les Madrilènes sont qualifiés sur l'ensemble de la confrontation (6-5). En loge, Abramovitch est conquis. La ferveur, le scénario, le spectacle, tout était réuni dans la même pièce. Mais ça, Pini le savait parfaitement ; il ne l'avait pas emmené au théâtre des rêves pour rien.

Sur le chemin du retour, c'est le défenseur international anglais Rio Ferdinand qui fait office de chauffeur. Abramovitch est cette fois plus loquace : il pousse même la chansonnette avec le petit frère de Rio selon le livre de Dominic Midgley et Chris Hutchins. Quelques jours plus tard, Zahavi interroge ses amis dirigeants de United pour savoir s'ils seraient intéressés par un rachat. Réponse négative. *Mister Fix-it* propose alors un autre club où il a ses entrées, Portsmouth. Proposition refusée ; Abramovitch ne se voit qu'à Londres.

Tottenham et Chelsea sont donc ciblés. Zahavi rencontre préalablement les responsables des clubs, comme le directeur exécutif des *Blues*, Trevor Birch, qui l'informe de la catastrophique situation financière : des dettes s'envolant à près de 80 millions de livres et un propriétaire ouvert à récupérer du cash. La suite, Birch la raconte dans le livre *Chelsea FC : the official biography* de Rick Glanvill, sorti en 2005. « Il y a eu deux appels, juste pour dire :

“Voulez-vous le rencontrer ?” On ne m’a pas dit son nom. C’était juste “une personne très riche, étrangère” qui était intéressée pour investir. La rencontre a eu lieu quelques jours plus tard. Ils étaient tous là : M. Abramovitch, Richard Kreitzman, Eugene Tenebaum (ses conseillers) et German Tkachenko. On s’est vu à Stamford Bridge. Je les ai emmenés dans une des suites et, au bout de quinze minutes, on a fait le deal. »

Reste encore à obtenir la signature de l’excentrique propriétaire Ken Bates, qui avait racheté les Blues pour une *pound* en 1982. Rendez-vous est fixé au Dorchester, un hôtel cinq étoiles à Mayfair, un des quartiers les plus chics de Londres. Vingt minutes seront suffisantes pour conclure la vente, qu’Abramovitch célèbre avec une bouteille d’Évian et un chèque de 140 millions de livres afin d’éponger les dettes. « Ce rachat est le début d’une nouvelle ère pour le football », commente Antonio Salamanca, qui a travaillé pour Liverpool et Tottenham en Premier League. « On parlait de dopage financier, et ce n’était pas totalement faux car Chelsea avait désormais les moyens d’acheter les joueurs qu’il voulait. Donc il y avait un prix spécial Chelsea, supérieur à celui du marché. L’arrivée d’Abramovitch a aussi ouvert la voie à d’autres milliardaires, qui ont investi à leur tour dans des clubs de football. »

Quinze ans plus tard, les hommes d’affaires, oligarques, politiciens ou monarchies ont effectivement envahi le football européen. Le vice-premier ministre et ministre des Affaires présidentielles des Émirats arabes unis Sheikh Mansour à Manchester City, l'émir du Qatar Tamim ben Hamad Al Thani au PSG, le roi des voitures Shahid Khan à Fulham, l'entrepreneur minier Alisher Usmanov à Arsenal, l'ancien empereur de la potasse Dmitri Rybolovlev à l'AS Monaco, la liste est interminable, tant et si bien que le célèbre écrivain anglais James Montague a eu du mal à choisir les heureux élus de son dernier livre, *The Billionaires Club*.

Néanmoins, aucun milliardaire de ce club très select n'a investi autant qu'Abramovitch : plus de 2 milliards en quinze ans, permettant aux *Blues* d'amasser cinq championnats, cinq Coupes d'Angleterre, trois Coupes de la Ligue, une Ligue des Champions et une Ligue Europa. Les supporters adverses se plaisent à caricaturer « Chelvski », mais les fans s'en contrefichent un peu. Comme d'autres équipes britanniques, notamment leurs *Blues Brothers* de Linfield en Irlande du Nord ou les Rangers en Écosse, une partie *old school* de Stamford Bridge aime entonner le célèbre *« No one like us, we don't care ! »* C'est un peu pareil pour Abramovitch : vous pouvez le détester, mais il s'en fout complètement. Après tout, c'est le milliardaire venu de nulle part, et lui seul sait ce qu'il a dû endurer pour en arriver là. Il peut donc bien dépenser des fortunes dans des yachts, des résidences secondaires de la résidence secondaire de la résidence secondaire, une île, des œuvres de grands maîtres, une équipe de hockey sur glace (Avangard Omsk) ou des joueurs de football, qui va lui demander des comptes ? Vladimir Poutine peut-être, mais les deux hommes sont de vieux compagnons. Quant à Zahavi, il ne réclame rien, il s'occupe juste de veiller sur les intérêts de Chelsea, prenant au passage ses généreuses commissions. « Le transfert de Samuel (Eto'o) était bloqué, puis Pini est apparu et ça s'est réglé en même pas deux jours », sourit Yerima.

Parfois, *Mister Fix-it* est un peu gourmand, ce qui fait dire à Abramovitch que « Pini aime un peu trop l'argent », mais c'est vite oublié. C'est par l'entremise du *first and only super-agent*, son surnom attitré au *Guardian*, que sont arrivés directeur général (Peter Kenyon), homme à tout faire (Michael Emenalo, aujourd'hui directeur sportif de Monaco), entraîneur (Avram Grant) et une flopée de joueurs sur le transfert desquels il s'est greffé d'une manière ou d'une autre, souvent par le biais d'un associé : Juan Sebastián Verón, Hernán Crespo, Adrian Mutu, Ashley Cole, Didier Drogba, Michael Essien, Tal Ben Haim ou Yossi Benayoun. Pour ne rien gâcher, c'est aussi lui qui a introduit le super-agent portugais Jorge Mendes à Stamford Bridge…

Indépendamment de Chelsea, Pini et Roman partagent d'autres intérêts. Avant l'interdiction de la TPO, une société nommée Leiston Holdings Limited a racheté divers droits économiques et d'image de joueurs : l'international serbe Lazar Markovic, l'international péruvien André Carrillo, l'attaquant argentin Valentin Viola, le milieu camerounais Gaël Etock, etc.

Leiston est créée officiellement en Ukraine le 28 mai 2008, en même temps que six autres mystérieuses compagnies (Pereveslo Limited, Folkdale Trading Limited, Overcon Entreprises Limited, Ambeleria Investments Limited, Plamsted Limited, Glengate Entreprises Limited). On retrouve ses traces un moment à Chypre, puis aux îles Vierges britanniques selon les *Football Leaks*. Toutefois, les recherches menées conjointement avec une personne disposant d'accès pour retrouver les sociétés du monde entier n'ont rien donné. Selon ce dernier : « Peut-être que la dénomination enregistrée pour la compagnie est différente, mais il n'y a rien à ce nom, de près ou de loin, que ce soit dans les îles Vierges britanniques ou ailleurs. » Mystère, mais Leiston apparaît sur divers contrats de joueurs passés dans des équipes où Zahavi exerce une influence : le Sporting il y a quelques années, l'Apollon Limassol, Mouscron, la Fiorentina, Francfort ou… Chelsea. « Un collaborateur de Pini a contacté le père de Kurt Zouma juste avant la signature de son fils pour lui racheter ses droits d'image contre 2,5 millions, ce qui était d'ailleurs la commission d'agent à la fin du deal », appuie un intermédiaire de ce transfert. Un autre témoignage d'un membre de la famille d'un joueur ayant signé avec Leiston Holdings détaille l'opération : « Ils ont payé un million pour racheter les droits d'image sur cinq ans. On doit une statue à Pini chez nous ! » La somme est colossale car le joueur en question est un honnête footballeur, mais tout sauf une star. Alors, pourquoi autant d'argent et dans quel but ? Personne ne sait vraiment, même si les droits d'image prévus dans un contrat peuvent être lucratifs. « Un club peut s'accorder à payer 80 % du salaire directement sur le compte en banque du joueur, qui est donc soumis aux taxes en vigueur », détaille Simon Festinesi, un agent français opérant en Angleterre et très pointilleux sur le règlement. « Les 20 % restant peuvent être payés en droits d'image, c'est-à-dire que le club rémunère une société créée spécialement pour gérer ces droits d'image. Or, les taxes ne s'appliquent plus de la même manière, surtout que les sociétés en question, tenues souvent par des membres de la famille, peuvent être basées dans des paradis fiscaux. » Plusieurs championnats ont imposé des limites à ce système car des équipes et agents avaient tendance à inverser le 80/20 cité dans l'exemple, soit 20 % du salaire payés directement sur le compte bancaire du joueur et 80 % à une ou des sociétés de droits d'image, s'exonérant ainsi de nombreuses taxes. « Certains ont abusé, donc c'est réglementé maintenant », conclut Festinesi.

Or, si Leiston Holdings ne peut plus détenir les droits économiques des joueurs depuis 2015, il reste ces fameux droits d'image. Selon de nombreux témoignages, incluant un joueur et des membres de sa famille, ce fonds d'investissement est dirigé par Zahavi et bénéficie de plusieurs conseillers juridiques, dont Ehud Shochatovitch, l'avocat personnel de Pini. Quant au propriétaire, il s'agirait d'un certain Roman Abramovitch, ce qui pose la question du conflit d'intérêts : comment le propriétaire de Chelsea peut-il également détenir des droits économiques ou d'image de joueurs évoluant dans d'autres équipes de Premier League, comme Lazar Markovic, ancien joueur de Liverpool ?

Cette opacité s'est toutefois furtivement ébréchée à l'occasion d'apparitions de Leiston Holdings en Israël, le quotidien *Haaretz* référençant la société à deux reprises au cours de ses investigations sur les donneurs « à l'organisation d'extrême droite Elad [...] Elad opère à Jérusalem-Est avec deux objectifs : installer les juifs dans le quartier largement arabe de Silwan, puis gérer les sites touristiques et de fouilles [...] Au moins une société est reliée à Roman Abramovitch [...] Leiston a contribué à 77 millions de shekels (18 millions d'euros) durant cette période [2006 à 2013]. Une société avec ce nom a été enregistrée aux îles Vierges et en Australie. Ces dernières années, son nom est sorti autour des contrats et des droits de certains joueurs de football. » Des fastes de la Premier League à l'obtention des fouilles dans la Ville sainte, en passant par l'Ukraine, Chypre et les îles Vierges britanniques, il n'y a finalement qu'un pas…

Bien sûr, cette association (et amitié) durable entre Pini et Roman n'a pas toujours été idyllique, les deux hommes ayant eu parfois quelques différends ; rien de plus normal en quinze ans de vie commune. Certains ont même essayé de les séparer, comme Ken Bates, l'homme ayant vendu le club à Abramovitch. Resté comme président, il a traité en février 2004 Zahavi de « *dickhead* », littéralement « tête de bite ». « Ce personnage révoltant ne mérite même pas une réponse. Si j'étais dans ses souliers, je me réveillerais chaque matin en priant Dieu et en le remerciant que Pini Zahavi l'ait sauvé de la faillite en lui mettant 19 millions de livres dans ses poches. » Moins d'un mois plus tard, Bates présente sa démission, vivement encouragée par le *board*. Déjà sous la menace du FBI et de la FSA[34], qui avaient perquisitionné et mené plusieurs interrogatoires avec Bates juste après le rachat de Chelsea pour certaines de ses acquisitions dans les années 1990, il n'était pas de bon ton d'être dans le viseur de Zahavi, qui peut « à tout moment savoir tout sur vous ».

Ça, Yerima le sait bien et préfère en rigoler. « Il n'a qu'à décrocher le téléphone ! » Car depuis le temps de ses premiers voyages en Angleterre dans les *seventies* avec ses amis, chacun a fait sa route.

---

34. Financial Services Authority, organe de régulation au Royaume-Uni de 2001 à 2013.

Reuven Rivlin, son compagnon de route et traducteur lors du transfert d'Avi Cohen à Liverpool, n'est plus un simple député de la Knesset, le parlement israélien, ni même son responsable. Depuis le 24 juillet 2014, il est le président d'Israël, secondé par le Premier ministre Benyamin Netanyahou, une autre bonne connaissance de Zahavi. « Les hommes politiques de droite comme de gauche, il s'entend avec eux », glisse une source ayant eu besoin de l'entremise de Pini chez les politiciens israéliens. « Bon, plus de droite, c'est vrai, mais il est écouté par tout le monde. Quand il prend le téléphone, ce n'est pas pour rire. » Pas du tout même, à écouter Yerima, qui se souvient d'une histoire l'ayant « impressionné », un peu comme toutes celles qu'il raconte d'ailleurs, sans que l'on sache si cela s'est réellement passé ainsi ou s'il exagère plus que de raison. « J'étais dans la maison d'Abramovitch. Il y avait trois autres milliardaires dans la pièce, plus Pini et un avocat français représentant la Guinée-Équatoriale. Lui, je l'avais entraîné mais il n'avait pas pu faire carrière dans le foot, donc il a passé ses diplômes d'avocat, tout ça, tout ça. Il m'a contacté et je suis aussi intervenu pour la Guinée-Équatoriale. Bref, ils ont appelé devant nous Netanyahou, puis le Congrès américain. Devant nous ! Ils ont essayé de voir comment ces gens pouvaient aider la Guinée-Équatoriale […] Par la suite, les Américains ont proposé de faire beaucoup de social pour le pays, du consulting pour le développement et les accès du citoyen lambda. Quand on sort de la réunion, Pini me dit :

– Des milliardaires qui étaient là, c'est qui le plus riche ?

– Abramovitch ?

– Non, non, non ! Les trois sont plus riches que lui.

Il m'a donc présenté à un des hommes les plus riches d'Amérique et l'homme le plus riche d'Israël *(sourire).* Il a des relations comme tu ne peux pas imaginer. » Ce n'est plus *House of Cards*, c'est certain désormais, mais bien *House of Zahavi*. Et si Netflix hésite à produire ce spin-off, qu'il se rassure, l'histoire ne s'arrêtera pas précipitamment à cause des déboires judiciaires du héros ; Pini n'a jamais eu d'affaire de harcèlement sexuel, pas plus qu'il n'a poussé de journaliste sous les rames d'un métro.

CHAPITRE 8
Conversations nocturnes

« Merci pour le message, mais je ne réponds à aucune interview. » Inutile d'insister, Zahavi ne dérogera pas à cette règle, transgressée seulement à une reprise, il y a douze ans déjà. « J'ai aimé le son de votre voix, c'est comme ça que je juge les gens », avait-il dit à Jamie Jackson, journaliste au *Guardian*. « Une après-midi de la dernière semaine d'octobre, Pini Zahavi s'est rendu à une réunion aux Ambassadeurs, un club privé et casino de Mayfair (Londres). Dans le restaurant du club, il discute business avec Kia Joorabchian, un homme d'affaires anglo-iranien travaillant à un possible rachat de West Ham. Sur la table devant eux : téléphones portables, filofax, journaux et un plateau de chocolats belges. Zahavi est le premier et seul super-agent du football. Lui et son associé fument des gros cigares cubains en discutant des détails de ce rachat qui s'éternise. Tout au long de l'après-midi, Zahavi répond à des appels sur ses deux portables, passant sans souci de sa langue maternelle, l'hébreu, au portugais, à l'allemand et à l'anglais, tout en discutant des futurs voyages et transferts. "S'ils apportent 15 millions pour le mec de River Plate, peut-être, mais le prix monte", dit-il à un des interlocuteurs, avant de sourire et de proposer une petite biographie d'un joueur argentin qui émerge. Pendant ce temps, Joorabchian mentionne "le président de Benfica" et demande de combien de sièges Zahavi a besoin pour le match de Ligue des Champions entre Arsenal et le CSKA Moscou cette semaine. »

Comme à son habitude, Jackson écrit un portrait passionnant, entrecoupé de citations de Pini et de retours en arrière sur sa vie, son réseau et ses inventions. Même si la date de naissance est erronée (1955), l'introspection est totale. « Il allume un cigare tout frais et me serre chaleureusement la main. "Regarde West Ham", dit-il, incapable de me laisser partir. "Parce que si le gars que j'ai convaincu de dépenser de l'argent, Eli Papouchado [un Israélien magnat de l'hôtellerie], vient ici, je te promets que même s'ils sont en galère actuellement en championnat, ils seront OK. Les supporters s'en foutent de qui détient le club. Ils se préoccupent seulement de comment marche leur équipe. C'est pareil au Japon, en Corée, en Argentine, en Colombie, en Afrique, partout." Zahavi sourit encore. Il est rejoint par Joorabchian, Carlos Alberto [un joueur brésilien] et un ami identifié uniquement comme "Boris" – mais ce n'est pas l'oligarque Berezovsky. Pour ce que j'en sais, Zahavi peut être rejoint plus tard par Abramovitch ou Papouchado, Gaydamak ou Patarkatsichvili, pour savourer un verre de Cristal et jouer un peu au blackjack ou à la roulette en haut dans la salle de jeu privée. Tout semble possible dans le monde de Pini Zahavi, et son influence ne semble pas avoir de limites. »

Papouchado, Berezovsky, Gaydamak, Patarkatsichvili ? Un peu de patience : une bonne pièce conserve son mystère jusqu'au dernier acte. En attendant, le metteur en scène brouille les pistes. Il dissémine quelques indices sur le chemin, fait entrer et revenir ses personnages, puis poursuit l'intrigue sans prendre le temps de la conclure ; une autre a déjà pris place entre-temps. C'est le propre des grands dramaturges : une fois rentré dans leur galaxie, vous n'en sortez jamais – il y a toujours un doute, une question ou un secret insoluble. À ce jeu, Zahavi est un virtuose, maniant également ce qu'on appelle sur scène « l'effet de surprise ».

Quelques instants après son refus initial, son contact s'allume sur mon WhatsApp avec la mention « écrit… » Une minute passe, puis deux, trois, quatre, cinq… Qu'est-ce qu'il peut bien écrire, bon sang ? « Rien de cela n'est secret ou nouveau… », lance-t-il en référence à son visa pour l'URSS obtenu en 1980 et Leiston Holdings. Pini confirmera ensuite diverses informations, puis en infirmera d'autres, non sans humour : « Voilà de meilleures sources que celles sur Berezovsky ou les mines d'or en Afrique ! »

Deux jours durant, la conversation se prolonge. Elle prend la forme de demi-confessions, enrobées dans de longs messages. « Il sait manier les mots et a toujours aimé écrire », soutient un de ses anciens collègues journalistes. Pini a été à la bonne école, il est vrai, et sait flatter son interlocuteur si besoin est : « Tu m'as ému à propos de ma ville natale [...] Tu es un bon journaliste !!! » Après tout, on n'apprend pas à un ancien journaliste à louer son interlocuteur pour le faire parler. Dans cette discussion, la réciproque est évidemment vraie, et c'est peut-être pour ça qu'elle dure si longtemps : c'est une partie de poker menteur. « Je serais ravi d'écouter ça », glisse-t-il en référence aux histoires, rumeurs et autres fantasmes de sa rencontre avec Kia Joorabchian, un de ses « étudiants » comme il dit affectueusement.

Pendant une demi-heure, il tourne donc autour du pot, visiblement amusé. Il se contentera de dire qu'il a connu « son ami » Kia lorsque celui-ci a « commencé à être impliqué dans le football ». Ce n'est pas grand-chose, mais en réfléchissant, c'est déjà énorme : Zahavi est une tombe dès qu'il s'agit d'évoquer son business ou sa vie personnelle. Chacun de ses mots est une rareté permettant de lever une partie du mystère. Une infime partie évidemment ; il révèle uniquement ce dont il a envie.

Mais quand même, pourquoi un homme aussi occupé prend-il le temps de répondre à chacun de mes messages alors qu'il sort d'une réunion avec Maurizio Sarri, le nouvel entraîneur de Chelsea, et s'en va rencontrer dans un palace londonien Evangelos Marinakis, le propriétaire de l'Olympiakos et de Nottingham Forest ? Que d'interrogations, sans doute stupides et encore plus égocentriques, mais ce n'est pas toutes les nuits que *the first and only super-agent* vous lance discrètement : « La prochaine fois que je serai sur Paris, j'aimerais beaucoup te voir. » C'est peut-être une invitation en l'air, mais mon égo journalistique voit cela comme un vrai rendez-vous. De toute façon, il est trop tard pour s'interroger : il est plus d'une heure du matin, alors *« good nite »*, en attendant le prochain acte.

NB : la conversation n'est pas retranscrite intégralement, et certains noms ne sont pas dévoilés par respect pour les personnes concernées.

RM : Je comprends totalement, mais c'est pour vérifier certaines informations. Vous avez été journaliste, vous savez comment ça marche, je dois vérifier les versions de chaque partie.

J'ai différents témoins, incluant des joueurs et membres de leur famille, me disant que vous étiez en charge de Leiston Holdings afin de racheter leurs droits d'image.

J'ai également l'archive d'un magazine russe, *Sport Express*, écrit par Eugene Belozerov. Il dit que vous avez été l'une des personnes ayant organisé le voyage du Dynamo Kiev en Israël pour jouer un amical en 1989. Est-ce vrai ?
Bonne chance avec le mercato par la même occasion.

PZ : Rien de cela n'est secret ou nouveau… Oui, j'étais le conseiller de Leiston avant que la FIFA ne bloque la TPO. C'est également vrai et ce n'est pas un secret que j'ai réussi à ramener le Dynamo Kiev en Israël et casser le boycott entre l'URSS et Israël en ce temps. Le Dynamo est venu comme un invité de mon journal, ça a été la première étape pour ouvrir quelques connections entre l'URSS et Israël. Et par la même occasion : le Dynamo Kiev n'a jamais demandé la permission au gouvernement soviétique pour faire le voyage.
Merci pour vos souhaits à propos des transferts.

RM : Si je ne me trompe, vous étiez aussi le conseiller de Global Soccer Agencies qui était intéressé un temps pour racheter le Polonia Warsaw ? À propos de Leiston, j'ai plusieurs témoins, dont des joueurs, me disant que leurs droits d'image appartiennent à Roman Abramovitch (et donc qu'il est réellement le propriétaire de Leiston). J'imagine que c'était avant 2015, quand la FIFA a interdit la TPO.

Dans l'article de *Sport Express*, Eugene Belozerov écrit également que vous avez été le premier Israélien non communiste à recevoir un permis de séjour en

1980. J'ai contacté diverses personnes à Tel-Aviv et Moscou, mais aucune ne peut le confirmer. Est-ce vrai ? Je sais que vous êtes allé à Kiev et Moscou durant les années 1980 pour *Hadashot*.

PZ : À propos de l'actionnariat de Leiston, je n'ai pas la moindre idée… J'ai l'habitude de négocier avec les avocats (et si le propriétaire est Roman, eh bien c'est génial). Mon activité consistant à acheter les droits des joueurs s'est terminée avec la décision finale de la FIFA[35].

Je ne sais pas si j'étais le premier Israélien non communiste [à obtenir le visa en URSS], mais probablement l'un des premiers. L'homme m'ayant obtenu ce visa était Lobanovski, le coach du Dynamo et de la sélection soviétique.

RM : Oui, maintenant les investisseurs peuvent uniquement racheter des parts dans un club ou des droits d'image […] J'ai interviewé énormément de personnes qui vous ont connu. Diverses personnes à Boca Juniors m'ont assuré que vous viviez à New York à l'époque et que vous avez fait des réunions en Uruguay (Punta del Este) avec Mauricio Macri, Roman Abramovitch et Boris Berezovsky[36]. C'était

35. Sous-entendu la décision d'interdire la TPO.

36. Mauricio Macri était le président de Boca Juniors ; il est aujourd'hui le président de l'Argentine. Voici le témoignage de Roberto Digon, vice-président à l'époque : « Mauricio Macri a un manoir à Punta del Este. Lors des étés sud-américains venaient en yacht Berezovsky, le président de Chelsea (Roman

avant que Vladimir Poutine ne soit en charge de la Russie ? Est-ce correct ?

Au cours de mon investigation, beaucoup de personnes vous ont accusé de toutes choses (j'imagine que la jalousie est un sentiment répandu), surtout de bénéficier de liens politiques institutionnels et d'avoir des intérêts dans des mines d'or et de diamants en Afrique. Curieusement, les deux seuls agents accusés d'être plus ou moins le diable durant mon enquête ont été Juan Figer et vous (je crois d'ailleurs que vous avez travaillé ensemble dans les années 1980, peut-être que je me trompe). Ça m'a rappelé ce que disait Ken Bates, qui n'aimait visiblement pas qu'un Israélien ou des personnes de confession juive puissent être dans le football.

PZ : C'est uniquement des conneries… J'ai été une fois dans ma vie à Punta del Este avec Peter Kenyon et Jorge Mendes… J'ai à peine connu Berezovsky. Toute ma vie, j'ai vécu en Israël en voyageant beaucoup et en restant principalement sur Londres. Je suis habitué à ce que les gens fabriquent des histoires sur moi, mais je te suggère de faire

---

Abramovitch) et Pini Zahavi. Ils se réunissaient, faisaient des fêtes… Et c'est prouvé ! Quand Macri a porté plainte contre moi, le juge a étudié les faits et les preuves. Il m'a donné raison, il a montré que je disais la vérité, qu'ils étaient bien en relation avec Mauricio Macri.

– Pini Zahavi avait également une grande importance dans les transferts, comme celui de Tévez…

– *(Il coupe)* Zahavi maniait tout, tout ! »

bien attention à ce que tu vas écrire. Tous les points mentionnés sont complètement erronés. Il n'y a rien de vrai. La moitié de ma vie, je l'ai passée comme journaliste sportif, et la seconde partie, dans ce que je fais actuellement, avec un grand succès. Les gens me connaissant vraiment ne diront jamais un mauvais mot sur moi, et c'est la raison de mon succès.
Et je n'ai jamais été à New York plus de deux ou trois jours, peut-être une fois en deux ou trois ans. Incroyable connerie.
Et l'Afrique… Je n'ai jamais été impliqué dans les mines d'or ou de diamants. J'ai été une fois dans ma vie au Ghana pour trois jours de football. Comme je l'ai dit, j'ai l'habitude des histoires me concernant dans le football, mais tu viens avec la plus grosse des idioties et la plus stupide des histoires… 100 % imaginaire.

RM : Comme je vous l'ai dit, je ne crois pas forcément ce que les gens disent. La conclusion que je tire de toutes les interviews réalisées, c'est que vous avez construit votre succès parce que vous n'êtes pas un homme de conflit. Quelqu'un m'a dit : « Il sait partager le gâteau, ce qui est rare. » Je pense que si Juan Figer ou Jorge Cyterszpiler ont aussi eu autant de succès, c'était parce qu'ils étaient discrets et qu'ils prenaient soin de leurs clients et de leur business. C'est aussi ma conclusion après avoir fait tant de recherches sur votre carrière. Peut-être que j'ai tort, vous êtes le seul à pouvoir le dire, mais

comme agent, je pense que vous êtes un des rares à avoir plus d'amis que d'ennemis !
Je suis remonté à Ness Ziona, comme j'étais remonté en Uruguay pour contextualiser l'histoire de Juan Figer. Je suis peut-être très jeune, mais je ne pense pas que les agents soient forcément diaboliques ou mauvais. Ça dépend de la personne, pas de leur boulot. Il y a des bons journalistes, d'autres horribles, comme les agents ou les coachs.
Dans chaque livre que j'ai réalisé, j'ai toujours essayé de comprendre le contexte, d'aller aussi loin que possible dans mes recherches, en respectant évidemment la vie privée. Vous venez d'une petite ville proche de Tel-Aviv et devenez l'un des premiers agents en Europe. Quelque part, vous avez inventé la profession. En France, c'est d'ailleurs assez drôle car depuis que j'ai raconté votre carrière, tout le monde parle de vous comme du premier et seul super-agent.
Je ne fais pas d'histoires à la con. Mon but, c'est d'essayer de déterminer quelles personnes peuvent être fiables quand vous leur parlez. J'en ai trouvé, tandis que d'autres ont refusé de répondre, et il y a aussi ceux pour lesquels Israël est une obsession.

PZ : Je respecte le boulot de tout le monde, et je te souhaite la meilleure des chances dans ce que tu es en train de faire. J'ai été journaliste, et avec beaucoup de succès je dois le dire. Donc, j'ai toujours gardé d'excellentes relations avec les journalistes. On m'a offert de grosses sommes d'argent pour écrire ma biographie, mais jusqu'ici, ma réponse est négative. Je peux commenter ton dernier message :

1 – Je pense que tu as tort. Je n'ai aucun ennemi dans le monde (hormis les gens ne m'ayant jamais rencontré ou n'ayant jamais bossé avec moi).

2 – 90 % de la nouvelle génération des top agents ont été mes « étudiants » (Mendes, Joorabchian et les autres).

3 – Personne au monde ne peut dire que je l'ai baisé. Personne. Et ça après plus de trente ans d'activité. C'est ma carte de visite, c'est ce qui rend ma famille et moi si fiers.

4 – Tes commentaires à propos du gars qui vient de la petite Ness Ziona et qui est devenu le *number one*... C'est aussi la même question que je me pose : comment ?

Donc, je vais te le dire, Romain, peut-être que c'est la chance, peut-être que c'est la sagesse, et plus sûrement beaucoup, beaucoup de boulot. Mais selon mon opinion, la réponse est simple : je n'ai jamais manqué à ma parole. Et je suis si fier d'être différent de la plupart des gens qui sont dans le business du football.

RM : Merci, c'est très gentil.

C'est vrai ! Pratiquement toutes les personnes, incluant des gens d'Argentine et Uruguay, en passant par la France (un des conseillers de Nasser Al-Khelaïfi m'a dit : « Pini est un homme de parole »).

Ness Ziona est vraiment sympa pour être honnête, j'ai été surpris ! Plusieurs personnes âgées ont confié que c'était vraiment un petit village quand vous y êtes né. Une dame parlait de votre famille, c'était assez touchant. Et en plus, il y a des restaurants sympas (et moins chers que Tel-Aviv) !
Oui, vous avez formé Kia Joorabchian, Fali Ramadani ou Nelio Lucas (j'ai entendu dire qu'il vous a fait un coup par derrière à propos des droits d'image de Neymar en Asie).
Je pense que vous pouvez être fier, définitivement. Parfois, je suis contacté par des jeunes qui veulent devenir agents ou quelque chose s'en approchant. J'utilise toujours l'exemple de Juan Figer. Parti de rien, humble, créatif, polyglotte, diplomate et ne cherchant pas le conflit. C'est mon opinion du moins : je ne pense pas que vous puissiez avoir du succès sur la durée dans ce monde en créant des guerres et en vous comportant de manière cupide.

PZ : Tu m'as ému à propos de ma ville natale… Là où je suis né et où mes parents et une partie de ma famille sont enterrés. Tu es un bon journaliste !!! Par la même occasion, Nelio n'a jamais vraiment fait partie de mon opération… Et cette histoire avec Neymar – l'Asie est vraie sur certains points.
Aussi, Fali Ramadani est seulement impliqué avec moi sur les dernières années. Et oui, je suis très fier.

RM : Votre famille est bien venue de Pologne ? Je ne savais pas qu'elle était enterrée ici. La dame en question a parlé de votre père, de votre frère. C'est drôle car les premiers mots (c'est un ami qui m'a traduit, je ne parle pas hébreu) ont été pour dire qu'ils étaient humbles, des gens discrets, travailleurs. Si la légende est vraie, vous passiez tout le temps libre de votre jeunesse dans le club local de Ness Ziona. Deux personnes ont même dit : « Il n'était pas le meilleur des footballeurs, mais il entraînait les jeunes ! »

PZ : Mon frère était un docteur très célèbre, le professeur Izhar Zahavi. J'ai également quatre ou cinq docteurs dans ma famille. Ma défunte mère voulait que je sois Premier ministre… Mais je voulais simplement quelque chose dans le football ; c'est l'amour de ma vie.

J'ai bien des origines polonaises, de mon côté paternel. Ma mère représente la sixième génération de sa famille à être en Israël, moi la septième et mes enfants la huitième.

RM : Wooo ! Sûrement que votre famille voulait que vous soyez aussi docteur.

PZ : *(Smiley)* Comme toutes les mères juives.

Ou solliciteur.

RM : […] J'ai aussi une question n'ayant rien à voir avec ça : avez-vous eu une inspiration ? En Amérique du Sud, Figer en a inspiré tellement… Il disait travailler avec quelqu'un en Israël dans les années 1980, mais il n'a pas dit son nom…

PZ : Je connais très bien Marcel. Super gars.

RM : Marcel ? Ahhh, le fils de Juan !

PZ : Désolé, Juan. Super mec. Très intelligent. Je souhaite que Marcel soit comme lui.

RM : [...] J'ai des documents prouvant que le transfert de Neymar était fait bien avant l'été. Je vais être transparent : j'ai deux versions. Certains m'ont dit qu'il y a deux agents/représentants dans le contrat de Neymar enregistré à la LFP, mais que vous n'y figurez pas. Des sources parlent de Wagner Ribeiro et Laurent Gutsmuth. Et ça m'a fait repenser à ce que me disait un conseiller de Nasser : « Pini est l'homme qui a mis tout le monde en contact. Il est comme Frank Underwood dans *House of Cards*. Il tranquillisait tout le monde et a fait en sorte que les choses se passent. » Un peu comme un courtier, comme l'homme essayant de satisfaire toutes les parties. C'est comme cela que je l'ai compris.

PZ : Intelligence et capacité à accommoder.

Wagner n'était pas impliqué... L'autre gars a juste récupéré la commission à cause des lois françaises[37]. Nous avons commencé l'opération en juin.

---

37. Les agents étrangers disposant de la licence doivent demander l'autorisation à la FFF d'exercer « la profession d'agent sportif sur le territoire français ». Lors de l'arrivée de Neymar, Zahavi ne disposait toujours pas de cette autorisation, obtenue plus tard en août 2017, pour une année. De fait, le contrat a dû être signé avec un agent disposant de la licence FFF, comme Laurent Gutsmuth.

RM : Mais Wagner est venu à Paris quand le deal a été signé… Je suis presque sûr d'une chose par contre : toutes les infos dont je dispose m'ont expliqué que c'était surtout vous qui avez fait le deal avec le père de Neymar, Nasser Al-Khelaïfi et l'état-major qatari.

PZ : Le contrat de représentation était entre Neymar Junior et moi, mais tout ça est du passé maintenant.

RM : Vous avez fait l'histoire en tout cas.

PZ : Quand je serai sur Paris, je serais heureux de te rencontrer.

RM : Ce sera un plaisir. Je n'habite pas Paris, je suis vers Marbella/Gibraltar. Je pense que vous devez bien connaître l'endroit.

PZ : J'ai été une seule fois dans ma vie à Gibraltar, mais ma société y est enregistrée.

RM : Gol Football Gibraltar ou quelque chose comme ça, c'est ça ?

PZ : Gol International est le nom de la compagnie.

[…]

RM : Bonsoir. J'espère que vous allez bien. Je ne veux pas vous ennuyer, c'est juste pour être sûr. Toutes mes sources au PSG et au Qatar me disent que vous conseillez de temps à autre le club. Peut-être un peu comme ce que vous aviez fait avec Roman Abramovitch à Chelsea. On m'a aussi assuré que vous étiez très enthousiaste à propos de Thomas Tuchel au PSG (si j'ai raison, il vous avait signé un mandat pour lui trouver un club anglais quelques mois auparavant).

PZ : Ce sont des meilleures sources que celles derrière les histoires à propos de Berezovsky et Roman – Poutine, ainsi que les mines d'or.

RM : Haha, je n'ai pas dit que je prenais au sérieux ces gars. Selon mon opinion, il y a aussi de la jalousie, comme Ken Bates. Quoi qu'il en soit, à propos des mines d'or, il y a le cas du Liberia. Vous vouliez investir là-bas, j'ai obtenu les actes du procès aux États-Unis consécutif à votre plainte contre JS Barkats PLLC. C'était à propos de NOYA Mining Company. Vous les avez poursuivis et vous avez gagné si ma mémoire est bonne[38].

PZ : Oui, je les ai poursuivis et j'ai gagné, mais je n'ai jamais été impliqué dans une activité minière.

RM : Honnêtement, je m'en fous un peu à propos de l'affaire Berezovsky. Je voulais juste être transparent. Ce n'est pas comme ça que doit bosser un journaliste, surtout lorsqu'il s'agit d'investigation ? Quand j'ai vu l'affaire, je n'ai pas vraiment compris pourquoi vous vouliez investir au Liberia pour être franc. Mais c'est votre business, c'est votre argent, votre vie, et je m'en fous. Tout le monde fait ses

38. Affaire jugée par la Cour Suprême de l'État de New York le 25 novembre 2014 dans laquelle Zahavi avait donné plus de 250 000 dollars à un cabinet d'avocats et un tiers afin d'être introduit pour effectuer un investissement dans NOYA Mining Company, une énorme mine d'or et de diamants au Liberia.

propres choix. J'étais juste curieux, pareil qu'en remontant à Ness Ziona et en parlant avec tous ces gens vous ayant connu.

PZ : J'ai de très bonnes relations avec le PSG, et je pense que c'est un grand, grand club. C'est aussi un club très important pour moi depuis le transfert de Neymar.

Si mes amis demandent des conseils, je les donne toujours avec plaisir. Pas seulement dans le football…

RM : Je sais que vous êtes un homme occupé mais je dois vous poser une question. Je pense avoir raison si je dis que Kia est un de vos amis. Vous lui avez enseigné le métier mais je n'ai pas réussi à savoir comment vous l'aviez connu. J'ai entendu plein d'histoires (certaines très drôles). Beaucoup pensent que c'est à cause de Boris. Je n'en ai strictement aucune idée et c'est quelque chose qui attise ma curiosité parce que vous n'étiez pas obligé d'apprendre le métier à de jeunes agents ; certains auraient pu avoir peur de voir un jour l'élève dépasser le maître.

PZ : Je suis ravi d'écouter ces histoires.

RM : Je suis sûr que ça va vous faire sourire.

La version que j'ai le plus entendue concerne Berezovsky et un homme du Kirghizstan nommé Roy Azim. La deuxième parle du père de Kia, qui était concessionnaire automobile. Selon la troisième, vous aviez besoin d'un homme de paille. C'est une histoire racontée par divers agents européens assez âgés, d'ailleurs assez jaloux du réseau et du business de Kia aujourd'hui. J'ai aussi entendu parler d'une connexion russe et d'un banquier londonien. Vous savez, je suis sûr que la réponse est toute simple en fait, mais c'est marrant de faire des enquêtes pareilles : vous rencontrez des gens parfois un peu tarés qui parlent, parlent, parlent… Surtout à propos de cette histoire, je ne sais pas pourquoi…

PZ : Kia était très ami avec ces gars.

RM : Roy et Boris ?

PZ : Je ne sais pas qui est Roy et je n'ai jamais entendu ce nom, mais Kia les connaissait vraiment très bien.

RM : Oui, je sais. C'est marrant que beaucoup de gens fantasment sur la manière dont vous avez rencontré Kia. C'est comme un grand mystère et chacun a sa propre théorie.

PZ : Kia est mon ami depuis qu'il est impliqué dans le football.

RM : […] Je vous dois un aveu. J'ai enquêté avec un ami sur les sociétés que vous déteniez à travers le monde et j'ai vu que vous n'étiez pas propriétaire ni investisseur de HAZ[39].

---

39. Voir chapitre 13.

PZ : Je leur ai demandé d'arrêter d'utiliser mon nom, mais que veux-tu faire quand ce monde est rempli d'escrocs.

RM : Mais j'ai trouvé un Grebere Consulting Limited à Chypre, si je ne me trompe pas [smiley].

PZ : Oui, je suis propriétaire de cette société à Chypre. Tout ce que je fais est clean et déclaré, mais je ne peux pas poursuivre tous les idiots écrivant des fausses histoires.

RM : Oui, comme Aspire Global[40], dans laquelle vous avez des parts. Je vais être honnête : ça a été très compliqué de trouver quoi que ce soit qui vous appartienne. J'ai galéré pour remonter jusqu'à Grebere Consulting Limited. Mais vous savez ce qu'est un journaliste d'investigation : vous suivez chaque piste et vous devez être sûr de ce que vous allez écrire. Surtout dans votre cas avec Rio Football Services Limited et Global Soccer Agencies il y a quelques années. J'ai examiné toute la structure Rio (en Hongrie, aux Pays-Bas…), l'un des procès au Brésil, etc. Je peux vous dire que j'en rêve parfois la nuit de ces sociétés de TPO !

PZ : C'est du passé maintenant.

RM : Oui, mais je suis frustré car je n'ai pas réussi à obtenir les documents montrant qui détient Rio.

40. Développeur de plateformes de jeux en ligne, que ce soit pour des casinos virtuels ou des sites de paris sportifs.

Peut-être qu'un jour la TPO sera de nouveau autorisée, qui sait.

PZ : Ce qui est sûr, c'est que ce n'est pas moi. J'avais l'habitude d'acheter pour mon compte avec ma compagnie Gol.

RM : Vous êtes un conseiller, un courtier, vous l'avez toujours dit. Oui, Gol à Gibraltar ! C'est la même chose avec Leiston Holdings.

PZ : Leiston n'est pas un secret… Cette société était très active dans le temps. Gol est ma société depuis plusieurs années.

Grebere est vraiment, vraiment une petite société.

RM : Elle est connectée à vos activités footballistiques ?

PZ : Peut-être dans le futur… Aujourd'hui, presque rien.

RM : Mais pourquoi l'avoir ouverte en 2014 à Chypre plutôt qu'à Gibraltar ? Il y a eu beaucoup d'articles autour de votre investissement à Chypre avec l'Apollon Limassol, donc j'imagine que des gens vont faire le lien et extrapoler…

PZ : Parce que certains de mes amis dirigent des sociétés à Gib… Et mon investissement à Limassol s'explique parce que le propriétaire est l'un de mes meilleurs amis. C'est plus simple qu'il n'y paraît… Dans tous les cas, j'ai payé toute ma vie mes taxes en Israël.

CHAPITRE 9

Sous la protection du parrain du Kremlin

Starring : Boris Abramovitch Berezovsky, alias « Bab », « Le marionnettiste », « Le génie des mathématiques », « L'éminence grise de Boris Eltsine », « Dr. Evil », « Le génie du mal », « The Kingmaker »
Né à Moscou en 1946, Berezovsky est originellement un mathématicien, membre de l'Académie des Sciences de Russie. Il profite ensuite des réformes économiques et de l'effondrement de l'Union Soviétique pour amasser une fortune et un pouvoir presque inégalés. Ayant échappé plusieurs fois à des tentatives d'assassinat, il est l'un des hommes derrière la réélection de Boris Eltsine en 1996 et l'ascension au pouvoir de Vladimir Poutine. Grand passionné de football, il investira plus tard dans le beautiful game, *de manière toujours opaque, tout en ayant sa propre loge à l'Emirates, le stade d'Arsenal.*

« Je sais que tu les aides. Je te regarde.
J'écoute tes appels.
Je contrôle ton Skype. Signé : Dr. Evil »
Message envoyé à Ruslan Fomichev par Boris Berezovsky selon la déclaration

au tribunal d'Eugene Tenebaum,
partenaire d'affaires de Roman Abramovitch

Quinze ans après l'arrivée de Roman Abramovitch à Chelsea, les véritables raisons de son investissement restent floues. Chacun y est allé de sa théorie, et c'est bien logique : l'imagination est toujours plus fertile quand il s'agit d'un Russe, *a fortiori* un oligarque russe. Ce dernier a pourtant donné des explications claires à la BBC, bien que de peu de mots.

Déclarant « s'ennuyer » et « avoir besoin d'un nouveau challenge », il s'est lancé dans l'entreprise d'un club de football et s'est effectivement pris au jeu, mettant à disposition des *Blues* ses compétences, sa fortune et son temps si précieux. « C'est quelqu'un de très intelligent », pointe un des conseillers de Nasser Al-Khelaïfi l'ayant croisé à quelques reprises. « Très discret, pas tape-à-l'œil. Il ne fait pas de bruit, mais c'est un redoutable homme d'affaires. J'ai un grand respect pour son intelligence, c'est vraiment ce qui le caractérise. »

Contrairement à la majorité des propriétaires milliardaires, Abramovitch est présent physiquement au club, hormis ces deux dernières saisons où il a eu des absences chroniques, même pour les matchs à domicile. Plusieurs rumeurs ont circulé (mal de dos persistant, accaparement par d'autres business, soucis personnels), mais rien de concret.

Bien sûr, son entourage parade toujours dans la Millenium Suite, une loge où seules quelques personnes sont autorisées à prendre place aux côtés du boss. Parmi elles, Marina Granovskaia, la femme à tout faire de Chelsea, qui négocie transferts, commissions ou autres revalorisations de contrats. Marina est connue de tout le monde au Bridge, des joueurs comme des agents, qui maugréent contre son âpreté dans les négociations – mais à quoi pouvaient-ils bien s'attendre ? Granovskaia travaille depuis une vingtaine d'années pour Roman, et représente au mieux les intérêts de son patron qui a une totale confiance en elle, ce qui n'est pas rien ; la confiance d'un oligarque est un bien aussi rare que précieux.

Autour d'elle, en loge, déambulent d'autres amis et partenaires d'affaires, comme les deux fidèles Eugene, Shvidler et Tenebaum. Pini Zahavi est lui aussi convié, même s'il ne vient plus trop à Stamford Bridge, sauf lorsque son avocat[41] est à Londres ; et encore, ce dernier préfère être en tribune avec ses filles. D'autres personnalités affluent lors des gros matchs, sans que ce soit jamais la cohue, Roman ne voulant pas d'une cour pléthorique autour de lui. Non qu'il soit asocial ou paranoïaque ; mais un oligarque se doit de toujours surveiller minutieusement son entourage ; surtout un oligarque comme Abramovitch dont les aïeux

41. Udi (ou Ehud) Shochatovitch.

ont été déportés durant la Seconde Guerre mondiale par l'Armée Rouge.

À l'époque, aucun membre de sa famille n'était Russe, et personne ne s'appelait encore Abramovitch. Son grand-père paternel était un Lituanien nommé Nachmanas Abramovicius. Il résidait à Tauragé, petite capitale régionale à l'ouest de la Lituanie. Tauragé ? Aujourd'hui, une bourgade de 28 000 habitants qui arbore en guise de bienvenue un immense panneau de plusieurs mètres de haut en forme de croix, portant l'inscription « Tauragé ». Les gens sont accueillants ici, ils sont Lituaniens après tout, mais ils doivent redoubler d'inventivité pour s'en sortir, ce qui ne semble pas les gêner. Qu'importe si la ville offre les salaires les plus bas du pays, il y a toujours un moyen de payer les factures ou d'importer des produits de contrebande de la Russie voisine. Alcool, cigarettes, essence, médicaments, on trouve de tout à Tauragé ; surtout les vestiges du passé.

Historiquement, le bourg a accueilli une large communauté juive, comme l'ensemble des villages alentour. La famille Abramovicius est d'ailleurs originaire de ces villages bucoliques, perdus entre les forêts de pins et la rivière Jüra. Cependant, ce petit monde a émigré dans la capitale régionale où le grand-père de Roman gérait un modeste hôtel ainsi qu'un domaine agricole. Mais lorsque la Seconde Guerre mondiale frappe, la Lituanie représente un point stratégique entre l'Allemagne nazie et l'URSS. Comme les autres nations Baltes, le pays se trouve soumis aux pressions soviétiques, désireuses de stationner des dizaines de milliers de soldats sur le territoire et d'influer directement sur les décisions étatiques.

Faute de faire le poids démographiquement et militairement, le gouvernement lituanien est contraint de répondre favorablement à l'ultimatum lancé par l'URSS. Le 15 juin 1940, les troupes soviétiques pénètrent par milliers sur le territoire. Pour les Abramovicius, c'en est alors fini du temps joyeux de la petite famille dans les prairies de Tauragé. L'annexion de la Lituanie à l'URSS, et la soviétisation s'en suivant, marque la séparation de la famille – ce qui serait advenu tôt ou tard, les nazis occupant ensuite la région.

Selon des archives du NKVD, l'une des branches de la police secrète de l'URSS, les Abramovicius sont des « ennemis du peuple », avec une mention spéciale pour le grand-père, qualifié de « grand capitaliste », « exploitant » et « au tempérament anti-soviet ».

Un an plus tard, en juin 1941, le couple et leurs trois fils, parmi lesquels le futur père de Roman, sont déportés et ne se reverront plus jamais. Taube (la grand-mère paternelle de Roman) et ses enfants montent dans un « wagon à bestiaux réservé aux femmes »[42], destination Syktyvkar, à l'ouest de

42. Citation tirée de la biographie de Roman Abramovich par Alban Traquet.

l'Oural et à plus de 1 000 kilomètres de Moscou, tandis que Nachmanas est envoyé en pleine Sibérie. Taube et ses fils sont emprisonnés dans un camp où « ils mouraient tous à moitié de faim », selon une amie de la famille, Olga Cheremisina, interviewée en 2007 par le journaliste Ian Thomas. Travaillant à la cantine du camp, Taube cache un peu de nourriture dans son soutien-gorge afin de la rapporter à ses enfants.

Condamné aux travaux forcés, Nachmanas meurt lui en 1942 d'un accident sur un chantier, mais les autorités ont auparavant pris soin de russifier son nom. Il n'y a donc plus d'Abramovicius, mais des Abramovitch et ça ne présage rien de bon : quel destin attend une famille qui naît d'un décès ?

Le 24 octobre 1966, Roman Arkadievitch[43] Abramovitch voit le jour à Saratov, une charmante agglomération s'étendant sur les bords de la Volga. C'est ici qu'habitent une partie de ses aïeux maternels, eux aussi de confession juive et d'ascendance ukrainienne. Hélas, le petit Roman n'a pas l'occasion de profiter des joies de la famille. Sa mère, Irina, meurt un an et demi après sa naissance, des suites d'un avortement provoquant une infection sanguine. Son père, Arkadi, vit seulement une année de plus : alors qu'il est en visite sur un chantier, le bras d'une grue rompt et lui broie les jambes, l'entraînant dans la tombe quelques jours plus tard. Roman

43. Littéralement le fils d'Arkadi.

n'a pas encore trois ans, mais il est déjà orphelin. Il ne comprend probablement pas tout ce qui lui arrive, ni pourquoi cela lui arrive ; ses grand-parents n'avaient-ils peut-être pas assez souffert ?

Élevé par l'un de ses oncles, Leib (frère aîné de son père), Roman s'est longtemps cherché. Il a quitté son école à 16 ans pour rejoindre un autre établissement avant d'être réquisitionné par l'armée. Deux ans plus tard, il retourne étudier dans la ville où s'est établi son oncle, Oukhta, mais ne termine pas son cycle. Il rejoint alors la célèbre MADI, Moscow Automobile and Road Construction State Technical University, où il passera quatre ans, toujours sans aucune trace de diplôme. Il se marie une première fois, puis se lance dans le business – l'URSS étant alors en pleine perestroïka, les réformes économiques promulguées par le gouvernement de Mikhaïl Gorbatchev.

Comme pour les études, Abramovitch s'est essayé à quantité de choses ; pas étonnant qu'on le qualifie de touche-à-tout. Il débute comme responsable de la sidérurgie pour l'une des branches du gouvernement soviétique, mais quitte rapidement l'industrie pour se lancer dans le négoce. On est alors en 1987, Roman a 23 ans et, de son propre aveu lors d'un de ses procès[44], il vend « toute sorte de choses » : timbres, sucre, produits alimentaires,

---

44. Celui contre Boris Berezovsky à la Haute Cour de Justice de Londres.

services de gardes du corps, pneus de seconde main, etc. La légende dit même que son premier véritable business a été une coopérative de jouets, principalement de… canards en plastique, stockés et vendus depuis son petit appartement moscovite. Imaginer Roman Abramovitch engoncé entre le canapé et les cartons remplis de canards est assez burlesque, mais il n'y a pas de sot métier, même pour un apprenti oligarque.

En 1991, il quitte l'univers du jouet pour l'industrie pétrolière. Là encore, il fonde quantité d'entreprises, parmi lesquelles certaines prospèrent plus ou moins, si elles ne coulent pas en quelques mois. Dans le même temps, il tient supposément un rôle d'intermédiaire pour d'autres transactions (ciment, fertilisants). Très bien, mais comment expliquer qu'un vendeur de canards en plastique puisse devenir en quatre petites années l'un des courtiers de pétrole les plus influents d'un pays comme la Russie, puis carrément l'un des propriétaires de l'énorme Sibneft en injectant avec son partenaire cent millions de dollars, à travers de multiples sociétés et fonds d'investissement offshore ? Mystère. En attendant, son investissement dans cette toute nouvelle compagnie pétrolière se révèle le casse du siècle. « Il apparaît que la véritable valeur était proche de 3 milliards de dollars », écrit James Montague dans son superbe *The Billionaires Club*. Dix ans plus tard, en 2005, Abramovitch revendra ses actions à Gazprom pour un chèque dépassant

13 milliards de dollars, soit cent trente fois la mise de départ !

Cette fabuleuse réussite n'explique cependant pas tout. Que s'est-il passé entre 1991 et 1996 ? Comment a-t-il pu, en un si bref laps de temps, quitter sa société de jouets, Uyuy, et pénétrer le dangereux marché des hydrocarbures au point d'en devenir l'un des leaders ? Il y a bien des pistes, des indices, des compagnies (Mekong, MPI A.V.K, AOZT Petroltrans, Runicom SA) et même une garde à vue en 1992 pour le détournement d'un train rempli de pétrole, mais Abramovitch sera blanchi de toutes charges. « Chez ces personnages mystérieux, il y a toujours un trou de quelques années, une période de leur vie qui n'est jamais totalement certaine », explique un journaliste anglais enquêtant sur les business de « Mr. A » depuis des années. « C'est souvent là que se trouvent leurs secrets. » Et les secrets, la Russie des années 1990 post-URSS les conserve mieux que quiconque ; elle les emporte même dans la tombe. « C'était une période compliquée », souffle Alban Traquet. « La chute d'un modèle, la transformation d'une économie avec les privatisations à outrance, une misère sociale pour des millions de Russes, un accroissement spectaculaire de la violence et des gangs… »

En 1995 par exemple, environ 40 000 personnes sont assassinées et 70 000 autres sont portées disparues, incluant des journalistes, hommes d'affaires ou politiques. L'espérance de vie pour les hommes chute à 60 ans (72 pour les femmes), tandis que le PIB s'effondre de 55 % entre 1993 et 1998, une funeste année où la crise économique touche son apogée avec 84 % d'inflation et une dévaluation du rouble ; à l'inverse, les taux de suicide, de VIH et de toxicomanie connaissent une progression fulgurante au sein de la société russe. « Pendant ce temps, une petite classe fait fortune, parfois dans des conditions douteuses ou du moins obscures », continue Traquet. De nombreux experts parlent de « pillage de la Russie », et ils n'ont pas tort : pendant que les oligarques obtiennent la privatisation de milliers d'entreprises et dépensent leur fortune en achetant des yachts ou des propriétés à travers le monde, « des familles russes mouraient littéralement de faim ». On n'a jamais fait pareil grand écart, même au pays du ballet.

Dans le cas d'Abramovitch, sa soudaine fortune et l'influence politique qui l'accompagne – il déménage en 1996 dans un appartement du Kremlin sur invitation de la famille du président Boris Eltsine – repose sur divers facteurs. Au début, il y a cette partie non élucidée, mais le mystère se dissipe ensuite : son audace, son calme, sa capacité à sentir les coups et rencontrer les bonnes personnes font la différence.

En 1993, il s'imagine bien devenir citoyen britannique. Un avocat anglais, Stephen Curtis, lui propose alors un passeport gibraltarien. L'affaire ne se conclut pas, mais les contacts sont pris avec Curtis, un homme servant de passerelle entre l'Occident et les nouveaux riches issus de l'ex-URSS désireux d'installer une partie de leurs activités financières en Europe et dans des paradis fiscaux.

Les liens entre l'avocat et Abramovitch seront révélés au cours d'un procès[45], au travers d'un curieux document appartenant à Curtis, daté de 1995 et évoquant des transactions d'armes et de tanks. « Je n'ai jamais été impliqué dans la vente d'armes », a démenti l'oligarque devant la Haute Cour de Londres. « Si je me souviens bien, M. Curtis a mentionné qu'il avait des clients qui étaient intéressés, mais mon business était la pétrochimie. »

Abramovitch ne ment pas : toutes ses créations d'entreprises de l'époque convergent vers l'exploitation et la vente de pétrole. Selon ses dires, c'est même lui qui a eu l'idée de Sibneft, cette fameuse compagnie s'occupant de raffiner l'or noir puis de le revendre. Mais comment un entrepreneur inconnu de 28 ans peut-il porter un tel projet ? La réponse est simple : il ne peut pas. En revanche, un homme est capable de l'aider : un génie des mathématiques nommé Boris Berezovsky.

Au tournant de l'année 1995, sans qu'aucune enquête n'ait pu clairement définir la date exacte[46],

45. Encore celui contre Boris Berezovsky.

46. 1993, décembre 1994 et 1995 sont répertoriées selon les livres ou enquêtes sur le sujet. Néanmoins, selon le point 189

Abramovitch rencontre Berezovsky lors d'une croisière aux Caraïbes, sur le yacht d'un autre businessman, Pyotr Aven. De là va naître Sibneft, grâce aux contacts politiques de Berezovsky, qui a les bonnes grâces du président Eltsine et vice-versa ; en 1996, les médias détenus par « BB » feront campagne pour lui.

Berezovsky est un personnage romanesque et un livre entier ne suffirait pas à raconter sa vie. Affable, beau parleur, infatigable séducteur, érudit, il a fait fortune dans le secteur automobile, avant d'obtenir des parts dans tout ce qui était possible et imaginable, de la compagnie aérienne Aeroflot aux chaînes de télé, en passant par des banques et des supermarchés. Sauf que derrière son sourire enjôleur et ses mille conquêtes – il affrétait son jet pour ramener des prostituées de Lettonie au château de la Garoupe au cap d'Antibes ou dans son manoir d'Egham au sud-ouest de Londres –, Boris ne plaisante pas au moment de parler business, et pas seulement pour des questions d'argent ; il en va de sa vie.

En septembre 1993, ses entrepôts de voitures sont attaqués à trois reprises et la salle d'exposition des véhicules est explosée à la grenade. Berezovsky quitte un temps Moscou pour Israël, où il obtient un passeport, puis revient en Russie, non sans peur.

---

du procès Abramovitch-Berezovsky, il s'agirait de la fin d'année 1994.

« À cinq heures de l'après-midi, le 7 juin 1994, Berezovsky sort en marchant de son club et grimpe à l'arrière de son coupé Mercedes 600 », écrit l'auteur américain David Hoffman dans une de ses œuvres majeures, *The Oligarchs : Wealth and Power in the New Russia*. « À l'heure de pointe, la Mercedes de Berezovsky sort de la cour et arrive sur la route, dépassant une Opel garée à côté. Une bombe contrôlée à distance, cachée dans l'Opel, explose avec tellement de force qu'elle réduit en morceaux l'avant de la Mercedes, envoyant des milliers de petites pastilles de métal meurtrières dans les airs. » Miraculeusement, Boris n'est pas mort. Il souffre de graves brûlures au visage et aux mains, qui nécessiteront des soins en Suisse, mais c'est un moindre mal : son chauffeur a été décapité et son garde du corps, installé sur le siège passager à l'avant, a perdu un œil.

Quelques jours plus tard, le siège social de la banque Obyedinyonny, propriété de Boris, est aussi bombardé ; en ce mois de juin 1994, cinquante-deux bombes détonent à Moscou. « Aucun coupable n'a été identifié. Ils le sont rarement en Russie », lance dans son enquête le journaliste Paul Klebnikov[47].

Son investigation, intitulée « Le Parrain du Kremlin ? » retrace la vie du mathématicien devenu

47. L'article originel, en une du magazine *Forbes*, est signé de manière anonyme. Or, son auteur est bien Klebnikov, un journaliste américain d'origine russe, qui sera rédacteur en chef de l'édition russe de *Forbes*.

oligarque : « Pouvoir. Politique. Meurtre. Boris Berezovsky pourrait apprendre aux Siciliens un truc ou deux. » L'intéressé répond d'ailleurs aux questions et accusations du journaliste. « La presse occidentale décrit la Russie injustement. Le business russe n'est pas synonyme de mafia », dit-il, concédant qu'« au gouvernement, il y a beaucoup de gens qui sont des criminels ».

De fait, gare à ceux qui ne sont pas protégés, ou alors qui n'ont pas de chance, comme le grand opposant à Sibneft, Ivan Litskevitch, victime d'une noyade deux jours avant la création officielle de l'entreprise. Officiellement, le malheureux a organisé une soirée spéciale avec une jeune femme sur les bords de la rivière Irtych et a voulu impressionner son invitée en se jetant dans l'eau glacée (sept degrés). Son chauffeur, l'un des rares témoins, qui trouvera à son tour la mort peu après des suites d'une bagarre dans un bar, a expliqué aux autorités que son patron s'était noyé. Les experts, eux, ont conclu à un arrêt cardiaque, prétextant que le cœur de l'opposant à Sibneft aurait lâché dans les flots de l'Irtych, entraînant sa noyade… Forcément, la Haute Cour de Londres a demandé à Abramovitch sa version :

– Est-il vrai qu'Ivan Litskevitch est mort dans « des circonstances difficiles » ?

– Il s'est noyé.

Clair, concis, efficace. Roman est décidément un homme de peu de mots, mais il va toujours à l'essentiel. En s'associant à Berezovsky, l'autre propriétaire de Sibneft, il sait que son avenir est assuré. « Le mot russe pour décrire la nature de sa relation avec moi est *krysha* », dit Roman lors du même procès. *Krysha* ? Littéralement « toit » en français, ce terme a une autre signification dans ce contexte. « Une personne fournissant un *krysha* à une autre agit comme un protecteur. *Krysha* peut prendre une forme de protection politique et de protection physique. Durant les années 1990 et 2000, j'avais besoin de ces deux formes de protection afin de m'assurer un environnement suffisamment stable dans lequel construire mon business. »

En échange de cette protection, Abramovitch dit avoir donné 1,3 milliards de dollars à Berezovsky et son fidèle associé, connu comme l'homme le plus riche de Géorgie en ce temps, Arkadi Patarkatsichvili, dit « Badri ». C'est ce dernier qui assure la protection de tous les actifs du duo, puis du trio avec Roman, grâce à son entremise avec la mafia tchétchène.

Cette association a forcément un prix et implique de collaborer avec des gens peu fréquentables, mais comment faire autrement ? Une partie de la police organise elle-même la protection et le racket de certaines entreprises, tandis que la justice tient davantage de la roulette russe. Quant au gouvernement de Boris Eltsine, il s'affaiblit à mesure que l'alcool ronge le chef d'État…

Pour Berezovsky, considéré comme l'éminence grise d'Eltsine, c'est parfait. La faiblesse du Kremlin lui permet d'user et d'abuser de son influence politique, tout en contrôlant les secteurs-clés de l'industrie (acier, aéronautique, automobile, pétrole) et la plus grande chaîne de télévision, ORT[48], où l'information sert ses intérêts et ceux de ses amis. Cela crée des remous, mais attention : si quelqu'un devient un peu trop gênant, Boris compte sur sa garde tchétchène, qu'il utilisera lors des conflits en Tchétchénie pour négocier avec les différents chefs de guerre. C'est d'ailleurs grâce à son entremise que de nombreux otages sont libérés : vingt et un policiers russes en décembre 1996, puis soixante-neuf personnes en septembre 1998, dont un couple anglais, rapatrié dans le jet privé de Berezovsky.

Pour obtenir leur libération, des rançons de plusieurs millions ont été payées par le gouvernement à ces chefs de guerre. On pourrait passer des heures à disserter du bienfait de cette méthode, mais au final, les otages sont en vie et se fichent pas mal de savoir si Badri et Boris ont sorti le AK-47 ou des mallettes remplies de roubles. Dans un monde

48. Contrôlée alors par l'État, son capital a été ouvert à des investisseurs privés par un décret présidentiel. ORT, dont la traduction pourrait être la télévision publique russe, est aujourd'hui connue comme Channel One et appartient à divers actionnaires, dont Roman Abramovitch.

de salauds, il n'y a pas des gentils et des méchants, mais des personnes essayant juste de survivre au milieu de gens un peu moins gentils ou un peu plus méchants que d'autres. Évidemment, ce n'est pas une raison pour négliger la morale et ses principes, mais à quoi servent-ils une fois qu'un assassin vous a froidement tiré une balle entre les yeux ? Ce n'est pas le Far West ici, mais le Far East, et il est infiniment plus dangereux et pervers.

Sous son costume de sauveur, Berezovsky est en réalité l'un des cerveaux derrière les kidnappings organisés par les chefs de guerre tchétchènes, négociant ensuite les rançons payées par d'autres et s'assurant au passage sa protection personnelle à moindres frais. Aussi brillant que machiavélique, « Bab » mérite bien son surnom de « Dr. Evil » ou de « génie du mal », même s'il faut encore tempérer : il a effectué personnellement des donations considérables (création d'une fabrique de ciment, voitures offertes) afin de dynamiser cette région sous-développée et créer des emplois. Cela lui a aussi permis de s'enrichir par la suite, soit, mais il ne faut pas voir le mal partout : Berezovsky est un mathématicien et connaît trop bien les chiffres pour investir à perte. Même quand il fait œuvre de charité, c'est plus fort que lui, il y a toujours un profit derrière ; déformation professionnelle, sans doute.

Selon le journaliste Paul Klebnikov, qui publiera quelques années plus tard un livre entièrement dédié à Boris titré *Le Parrain du Kremlin*, Berezovsky a également servi de « banquier informel des groupes wahabbites en Tchétchénie dont les membres du réseau d'Oussama ben Laden ». Une accusation reprise longuement par le député brésilien Romeu Tuma Junior, ancien membre de la police de São Paulo ayant travaillé avec Interpol, qui écrit un rapport détaillé au procureur général brésilien le 18 janvier 2005 avec une pleine page sur les liens entre Berezovsky et l'organisation de ben Laden. Aussi incroyable que cela puisse paraître, Boris a trouvé le moyen de s'associer parallèlement avec un des frères de.... George W. Bush, le dénommé Neil, à travers l'entreprise de software éducatif Ignite ![49] Plus fort encore, les deux hommes ont assisté ensemble au match amical Brésil-Argentine à l'Emirates Stadium en 2006, quelques mois après une autre visite médiatisée en Lettonie...

Comme chez Pini Zahavi, tout semble possible dans le monde de Boris Berezovsky et son influence paraît sans limite. À la fin des années 1990, il renforce son empire médiatique avec l'acquisition de parts dans la chaîne de télévision Channel 6,

---

49. « Il (Bush) m'a demandé ce que je pensais de possibles projets dans la région », a déclaré Berezovsky dans une interview au *Moscow Times*. À propos de son investissement dans la société Ignite !, il a précisé : « Si cette compagnie n'était pas la propriété de Bush, j'aurais investi dans quelque chose d'autre dans le même secteur. »

le journal *Nezavisimaya Gazeta* et le magazine *Ogonyok*. Internet ne s'étant pas encore démocratisé, les médias *print* restent très puissants, notamment un titre de presse en particulier, le quotidien *Kommersant*, qui résiste tant bien que mal aux offres des oligarques.

Depuis des années, Berezovsky est intéressé par son rachat, mais ne parvient pas à ses fins ; le propriétaire ne veut pas vendre à une personne rattachée de près ou de loin à la politique russe. Très bien, mais les affaires sont difficiles : *Kommersant* accuse des dettes d'environ 10 millions de dollars. Alors, le fondateur et propriétaire, Vladimir Yakovlev, écoute les offres. Au total, il reçoit dix-huit propositions et accepte de vendre ses parts (85 %) à un tout nouveau fonds d'investissement basé fiscalement aux îles Vierges britanniques, American Capital, dirigé par deux jeunes hommes ne parlant pas un mot de russe : Reza Irani-Kermani et Kia Joorabchian.

Lors de la conférence de presse officialisant le rachat, début juillet 1999, c'est Joorabchian et « son visage de poupon » qui prend la parole. Il ne dit pas grand-chose, se contentant de répondre brièvement aux questions avec une attitude jugée « défensive » par *The Moscow Times*. Le lendemain, *Kommersant* affiche en une son changement de propriétaire, avec une interview de son créateur, Yakovlev, soulagé de passer la main et justifiant le choix d'American Capital « comme une mesure temporaire permettant d'échapper à la pression d'impatients oligarques qui [lui] demandaient de leur vendre le contrôle du journal russe le plus influent ». Soit, mais la mesure est plus que temporaire alors : Berezovsky obtient les 15 % restant des parts, puis la totalité des actions un mois plus tard ! Où est passé le projet de Joorabchian et Reza Irani-Kermani, qui ont juré devant la presse n'agir pour le compte de personne ? « C'était un business génial et j'aurais aimé en avoir possession », dit Kia dans une conférence de presse en septembre 2006, lors des pourparlers autour d'un rachat de West Ham. *What ?* Rembobinons un instant.

Kia Joorabchian a été présenté début juillet 1999 par le créateur du journal, Vladimir Yakovlev, comme le nouveau propriétaire de *Kommersant* suite au rachat de 85 % des actions par American Capital, une société créée le 27 mai 1999 selon le quotidien suisse de référence *Le Temps*. Le lendemain, *Kommersant* publie en une le changement d'actionnariat avec l'interview de son ex-propriétaire sur le sujet. Rappelons aussi que le propre Joorabchian a donné une conférence de presse, évoquant sa vision à long terme et ses espoirs de bénéfices. Et là, subitement, il n'aurait en fait jamais été propriétaire ? « Je pensais que j'étais propriétaire après avoir convenu d'un deal, mais ça n'a pas marché », continue-t-il. « Les vendeurs ont accepté de le vendre à quelqu'un d'autre. On les a poursuivis, et c'est comme ça que j'ai rencontré Boris Berezovsky parce qu'on a convenu d'un accord, hors des tribunaux. » Tout s'explique désormais ! C'est par le fruit du hasard que Kia Joorabchian, un Iranien ne parlant pas un mot de russe et ayant créé un fonds d'investissement inconnu aux îles Vierges britanniques quelques semaines avant de racheter *Kommersant*, a rencontré Berezovsky, un oligarque russe échouant depuis des années à racheter le journal le plus influent de Russie à cause des principes de son créateur. C'est également une pure coïncidence que toute la presse russe et internationale (*New York Times*, *Le Temps, Le Monde,* etc.) se soit interrogée et ait émis l'hypothèse que Berezovsky serait derrière ce rachat ; une hypothèse confirmée à *The Independant* par l'ancien directeur général de *Kommersant*, Leonid Miloslavsky, l'homme ayant vendu le restant des actions (15 %) à BB. « Quiconque soit nommé [propriétaire], le visage reste le même : Boris Berezovsky. »

Contacté, Kia n'a répondu à aucun appel ou message. Son avocat, David Salisbury, a par contre directement envoyé un texto interdisant « à jamais de contacter Kia ou n'importe quelle personne de sa société[50] », sous peine de poursuites judiciaires et d'une possible injonction. Aucune question et aucun thème n'avaient été abordés préalablement, mais ce n'est pas grave : Salisbury est avocat, juge et plus probablement un stakhanoviste vu l'heure à

50. Sports Invest UK.

laquelle il a envoyé ce message (00 h 30 un samedi soir). Cela dit, il n'y a rien de personnel dans sa démarche, il accomplit simplement son boulot de défenseur juridique, et le fait d'ailleurs efficacement.

De fait, il faut se contenter de la version donnée par Joorabchian lors de son intervention médiatique en 2006 : « Je le connais [Berezovsky] depuis ce temps [*Kommersant*], mais c'est la seule et dernière fois que j'ai fait du business avec lui. Les gens essayent tout le temps de nous relier, mais je vous le dis, il n'y a aucun lien financier. » Sur le fond, Kia ne ment pas, Berezovsky ayant pris l'habitude de signer le moins de papiers possible afin que son nom reste discret. Il se contente d'accords oraux, à l'ancienne, où la parole est érigée comme seul et unique contrat moral ; et gare à celui ne la respectant pas. C'est ce qu'il a pactisé avec son fidèle associé géorgien, Badri, inscrit sur quasiment tous les contrats et s'occupant ensuite des montages financiers de leur empire, divisé en 50/50, que ce soit dans l'aluminium, l'automobile, les médias, le pétrole ou leur futur investissement : le football.

CHAPITRE 10

L'avocat qui en savait trop

Starring : Stephen Curtis, alias « L'avocat des oligarques », « Mystery Man », « The Lawyer of the Devil »
Né à Sunderland en 1958, Curtis a suivi des études de droit à l'université d'Aberystwyth, au pays de Galles. Après avoir travaillé pour différents cabinets, il monte sa propre société de représentation juridique au début des années 1990. Il attire rapidement une clientèle aisée, principalement issue de Russie. À travers des montages offshore, essentiellement basés à Gibraltar, Curtis a aidé de nombreux oligarques à faire transiter leurs actifs et leur cash en Occident ou dans divers paradis fiscaux. C'est également lui qui a assisté un temps Roman Abramovitch, puis Boris Berezovsky lorsque ce dernier a voulu se lancer dans le football.

« J'ai sauté sur leur dos et j'ai glissé directement en enfer. »
Curtis évoquant ses liens avec les oligarques à un de ses proches, dans le livre Londongrad : From Russia With Cash

« Il se comportait comme un individu agissant au nom d'autres personnes, ceux qui préfèrent diriger depuis les coulisses. C'était clair depuis le début que Berezovsky était derrière ça. » Interrogé par *The Moscow Times*, Raf Shakirov est catégorique. Rédacteur en chef de *Kommersant* au moment du rachat, il ne croit pas en la version de Kia Joorabchian, qu'il a personnellement rencontré en juillet 1999 au Beverly Hills Hotel.

Ce jour-là, Shakirov et les autres responsables du journal voyagent aux États-Unis pour rencontrer leur probable futur patron. En arrivant à l'aéroport de Los Angeles, ils sont attendus par une limousine noire qui les escorte jusqu'à leur hôtel. Sur place, Kia et un autre homme, « un businessman du Moyen-Orient », ont privatisé tout un étage pour faire les présentations. « Ce n'est pas comme ça qu'un nouveau propriétaire accueille ses employés », poursuit le rédacteur en chef. « Il s'est présenté comme quelqu'un couronné de succès, mais c'est comme en boxe : tu veux savoir le bilan du mec en short rouge, qui est son entraîneur et qui est son promoteur. »

Joorabchian explique alors représenter des investisseurs occidentaux ; ce qui ne l'empêchera pas d'affirmer ensuite à la presse qu'il n'agit pour le compte de personne. Pour prouver ses dires, il donne à Shakirov le nom et l'adresse d'une société new-yorkaise. « Comme tous les bons journaux, *Kommersant* a effectué ses propres vérifications », détaille *The Moscow Times*. Diligentée par le boss de la rédaction en personne, l'enquête se révèle vide, au sens propre du terme. « Il n'y avait aucun immeuble à cette adresse new-yorkaise et nous n'avons trouvé aucune trace de ses capitaux iraniens[51]. » Un bâtiment fantôme, des actifs intraçables : le jeu de pistes débute.

Officiellement, la société rachetant *Kommersant* est American Capital, un fonds d'investissement basé physiquement à Manhattan, mais enregistré au registre du commerce des îles Vierges britanniques, paradis fiscal parmi les paradis fiscaux. Jusqu'ici rien d'anormal, beaucoup de fonds d'investissement y sont immatriculés. L'organigramme, en revanche, semble plus atypique : selon *The Independent*, le personnel se limite à deux secrétaires en tout et pour tout, ce qui paraît bien mince pour assister quotidiennement Kia et son partenaire Reza Irani-Kermani auprès de leurs divers investisseurs millionnaires.

Quoi qu'il en soit, dès le lendemain du rachat, le duo, toujours mené par Joorabchian, commande un article critique envers Ievgueni Primakov, le Premier ministre russe. Rappelons que les nouveaux propriétaires n'ont jamais vécu en Russie et ne

51. Kia a mis en avant de « riches industriels iraniens » de sa famille, en s'appuyant sur l'histoire de son père, Mohamed, et de son oncle, qui dirigeaient selon lui la plus grosse entreprise automobile d'Iran.

parlent pas le russe, mais qu'importe, Ievgueni est l'homme à abattre. Pourquoi ? « La première chose que Berezovsky dit à la rédaction de *Kommersant* lorsqu'il achète le journal, c'est qu'il ne veut pas que Primakov devienne le nouveau président », poursuit l'enquête du *Moscow Times*, qui montre que l'influence de Berezovsky s'est fait sentir dès la prise de pouvoir de Kia. Shakirov, le rédacteur en chef, sera d'ailleurs viré dès que l'oligarque sera officiellement propriétaire.

Forcément, l'épisode *Kommersant* pose de nombreuses questions, à commencer par les relations entre Joorabchian et Berezovsky. Comment un jeune Iranien vivant aux États-Unis a-t-il pu rencontrer le parrain du Kremlin ? Interrogation fondamentale mais patience, il y a plus urgent : Boris est accusé de blanchiment d'argent en Russie. « Des forces politiques sont derrière tout ça et je vais le prouver. Quelles forces ? Primakov », lance-t-il aux journalistes. Primakov ? Le fameux Premier ministre à l'origine des réformes de la fin du mandat de Boris Eltsine, et ennemi déclaré de Berezovsky. Les deux hommes se livrent une lutte d'influence pour la succession du chef de l'État, rongé par une santé précaire.

Depuis plusieurs mois, la *Family*, un petit groupe de confiance autour d'Eltsine incluant sa propre fille (grande amie de Boris B., qui la présentera à Abramovitch), recherche un candidat à la présidence.

Plusieurs profils sont étudiés avant qu'un ancien officier du KGB ne trouve grâce aux yeux de la *Family*, et surtout de Berezovsky : Vladimir Poutine.

Relativement méconnu du grand public, Poutine a passé des années à la mairie de Saint-Pétersbourg, où il exerce diverses fonctions : responsable des relations extérieures, premier adjoint du maire, etc. Il rejoint ensuite Moscou pour des postes qui, bien qu'encore subalternes, gagnent progressivement en importance, jusqu'à sa nomination à la direction de la FSD, le service secret responsable de la sécurité intérieure.

En filigrane, il s'agit d'une « phénoménale ascension venue de nulle part », comme l'écrit George Soros dans son livre *Open Society : The crisis of global capitalism reconsidered*. Le milliardaire américano-hongrois, qui en connaît un rayon en financement de campagne, ajoute : « Cela ressemble étrangement à l'exploit d'ingénierie politique qui a permis à Boris Eltsine d'être réélu en 1996. Après une longue expérience avec Boris Berezovsky, j'ai vu sa main dans les deux opérations. » Soros confirme ce que toute la Russie sait : Boris est le *Kingmaker*, le faiseur de roi, mais aussi de député, de millionnaire et pourquoi pas de tsar ; tout dépend de vos ambitions. Rien ne semble impossible pour *Bab*, pas même propulser à la tête du pays un inconnu pour la grande majorité des Russes il y a encore quelques années. Après tout, Berezovsky a construit le milliardaire venu de nulle part, alors pourquoi pas le président ?

Confronté à ces accusations de blanchiment d'argent et faisant désormais l'objet d'un mandat d'arrêt, le *Kingmaker* quitte la Russie et se réfugie dans ses résidences secondaires du sud de la France et d'Andalousie. Certains de ses adversaires l'imaginent acculé et loin de tout, mais c'est une illusion : Boris n'a pas besoin d'être à Moscou pour avoir les clés du Kremlin ; il en est le concierge et le parrain.

Lors de cet été 1999, c'est donc le Kremlin qui vient à lui, ainsi que plusieurs personnalités russes (directeurs de rédaction, industriels, oligarques). Il reçoit dans sa luxueuse villa de Sotogrande, une enclave andalouse entre Gibraltar et Marbella, la station balnéaire la plus prisée de la Costa del Sol. Depuis sa création au début des années 1960, Sotogrande attire des fortunes du monde entier, plus ou moins licites. « Tout est possible, ici », rigole un chauffeur de taxi descendant des shots de vodka au Dubliner, le bar irlandais du village voisin, Torreguadiaro. « Après la fermeture, il y a parfois des mecs de la vieille garde qui se réunissent ici pour des *after*. Ça picole, ça chante, ça joue, ça invite des putes *(rires)*. C'est génial les soirées avec les Russes, tu ne t'ennuies jamais. »

Quelques semaines plus tard, le taximan, dont l'anonymat sera préservé, essaye de faire les présentations avec un de ses collègues opérant sur la Costa del Sol depuis l'effondrement de l'URSS. « Il a tout connu ici, mais je ne peux pas te dire comment il s'appelle ni ce qu'il fait, tu comprends... » Le rendez-vous est fixé un soir, sur le terrain de basket jouxtant la plage de Torreguadiaro. L'homme en question arrive d'un pas nonchalant. « *Me gusta* », dit-il en prenant le ballon. Son tir encore précis, il enlève son t-shirt gris, dévoilant ses multiples tatouages. Si l'âge se fait sentir, les réflexes sont bons, comme les coudes anguleux envoyés dans le sternum. « On joue comme ça chez moi », rigole-t-il en mélangeant des mots d'anglais et d'espagnol.

Les un-contre-un finis, il s'allume une sèche, puis deux, en racontant quelques histoires familiales, non sans humour et délicatesse. « Mon gendre est venu à la maison la dernière fois [...] Ce con a maigri, donc je lui ai dit : "Toi, t'as découvert la baise !" »

Une heure plus tard, il fait déjà nuit et il est temps de rejoindre Sotogrande et le Trocadero, un lounge, restaurant et Dieu sait quoi d'autre après minuit. « J'ai fait des fêtes avec Roman Abramovitch et Boris Berezovsky ici. On privatisait l'endroit », lance-t-il en sirotant un cocktail sans alcool : « Je suis Russe, mais je sais me tenir, je dois conduire après ! »

Intarissable, il enchaîne avec ses deux évasions réussies d'une des « pires prisons de Russie », symbolisée par deux points noirs sur le poignet, puis retourne au cas Berezovsky. « Il y avait plusieurs mecs recherchés ici. Sotogrande, c'est parfait. Personne ne te fait chier, tu es à côté de tout et le port n'est pas surveillé. » Lors de l'été 1999, c'est effectivement par voie maritime qu'a débarqué un prestigieux invité venu spécialement pour Boris. « Vladimir Poutine a rencontré cinq fois Boris Berezovsky au cours de l'année », détaille à l'époque le journal espagnol *La Razon*, citant des sources policières surveillant le voisin de Boris à la demande d'Interpol. « Il s'agissait d'un citoyen russe suspecté de diriger une organisation mafieuse [...] La police a placé des enquêteurs pour contrôler tous ses mouvements à l'intérieur et à l'extérieur de la maison. Au cours de leur surveillance, ils sont tombés sur des conversations entre le suspect et ses voisins, eux aussi de nationalité russe, à travers le jardin. La police a été surprise de découvrir que parmi eux se trouvaient alors le secrétaire du Conseil de sécurité russe, Vladimir Poutine, et le magnat du pétrole et des médias, Boris Berezovsky. » Un peu plus, et on se croirait plongés dans l'univers de John Le Carré, où personne ne peut faire la part des choses entre fiction et réalité, ce qui est vrai et ce qui est inventé.

Le romancier, qui a travaillé pour les services de renseignement britanniques, n'a pas son pareil pour emmener le lecteur au plus près des secrets les mieux gardés de ce monde et de son imagination débordante. « Certaines compagnies pharmaceutiques sont des marchands d'armes en blouse blanche », écrit-il, disséminant ici et là sa vision cynique et un peu crue de ce monde.

Nombre de ses romans ont inspiré des réalisateurs et producteurs, comme la récente adaptation en série de *The Night Manager*. Jonathan Pine, un ancien soldat reconverti directeur de nuit d'un luxueux hôtel au Caire puis en Suisse[52], est recruté par une branche des services secrets afin d'infiltrer le réseau de Richard Roper, un criminel tout puissant qui passe aux yeux du monde entier pour un homme d'affaires philanthrope. Brillamment interprété par Hugh Laurie, ce personnage a de faux airs de Berezovsky, touchant à la politique, aux femmes et aux armes avec le même sourire carnassier depuis sa villégiature espagnole. « Quand *Bab* parlait, tout le monde écoutait », poursuit le taximan russe de Sotogrande. « Je ne sais pas si Poutine est venu ici, mais ce que je sais, c'est que Berezovsky s'arrangeait pour que personne ne sache qui venait lui rendre visite. »

Dans le cas de Poutine, *La Razon* pense qu'il a voyagé sous une autre identité. Un vol Moscou-Londres, puis un autre avion, direction Gibraltar. De là, il a amarré un bateau jusqu'au port de Sotogrande, distant d'une vingtaine de kilomètres. « Mais cela n'a pas pu passer inaperçu aux yeux

52. Dans la série, Pine officie dans un hôtel au Caire, puis à Zermatt, dans le Valais. Dans le livre, l'intrigue débute dans un hôtel de Zürich mais revient sur son passé au Caire.

des autorités britanniques et de leur service secret, le MI6, Gibraltar étant un territoire britannique », expliquent les deux journalistes, qui ont contacté le ministère de la Défense espagnol et le porte-parole du gouvernement britannique : ceux-ci n'ont pas démenti les informations, mais se sont refusés à tout commentaire.

De retour en Russie, Poutine vaque à ses occupations politiques. Il sait que son heure va venir, ainsi que celle de Berezovsky, mais ça, le *Kingmaker* ne s'en doute pas. Pour l'instant, il dirige depuis Antibes ou Sotogrande le journal le plus influent de son pays, ainsi que la chaîne de télévision la plus regardée. Ses idées sont amplement diffusées et décrédibilisent Ievgueni Primakov, qui se retrouve évincé de son poste de Premier ministre[53]. Ironie du sort, Poutine sera nommé Premier ministre trois mois plus tard, ce qui sera fêté en Andalousie par une « orgie au Cucurucho », l'ancien nom du Trocadero, où Berezovsky arrose ses invités avec des magnums de champagne, des litres de vodka, des boîtes de cigares cubains, du caviar beluga et la charmante compagnie des hôtesses « venues spécialement des pays Baltes ».

Au final, la stratégie de *Dr. Evil* s'avérera payante. Primakov ne sera jamais chef de l'État

53. Il a été remplacé le 12 mai 1999 par Sergueï Stepachine, lui-même remplacé le 9 août 1999 par Vladimir Poutine, dont la nomination est attribuée en partie à l'influence de Berezovsky.

tandis que Poutine devient président intérimaire suite à la démission de Boris Eltsine le 31 décembre 1999. Quatre mois plus tard, le 7 mai 2000, il est officiellement élu président avec plus de 71 % des suffrages au premier tour. Boris jubile au loin, avec un bon cigare dans la bouche et un toast à la main ; le *Kingmaker* adore quand un plan se déroule sans accroc.

Cependant, accroc il y aura, et rapidement. « Poutine convoque les oligarques les plus puissants pour une réunion, hormis Roman Abramovitch, qui bénéficiait déjà de sa confiance », détaille Alban Traquet. « Poutine leur dit en substance : “Restez en dehors de la politique, et tout se passera bien. Vos dérives, ça suffit. Maintenant, c'est moi qui commande.” Évidemment, pour Berezovsky comme pour d'autres oligarques, ça ne peut pas se passer comme ça. » Aussi puissants soient-ils, les oligarques qui ne se plient pas aux nouvelles règles vont tomber un à un. Qu'importe si Mikhaïl Khodorkovski dispose de la plus grande fortune du pays, il est emprisonné en 2003 pour blanchiment et évasion fiscale. Envoyé dans une prison moscovite, il est transféré dans une geôle au fin fond de la Sibérie jusqu'en 2013 où il obtient la grâce de Poutine, ainsi que sa liberté. Quant à Berezovsky, il est contraint de s'exiler dès 2001 en France (Antibes), puis en Angleterre (Londres), où il demande et obtient l'asile politique deux ans plus tard car « sa vie est en constant danger ».

Bien sûr, les médias qu'il possède se déchaînent contre Poutine, mais c'est peine perdue. L'État russe oblige peu à peu Boris et ses associés à revendre toutes leurs possessions, que ce soit dans les médias ou dans l'industrie. Quelle ironie quand même : le *Kingmaker* est bouté hors du Kremlin par son ancien disciple devenu roi.

Accusé de malversations financières et de quantité d'autres crimes allant jusqu'à la préparation d'un coup d'État, Berezovsky se retrouve de nouveau sous le coup d'un mandat d'arrêt. La justice russe réclame son extradition, mais l'Angleterre la refuse. Boris passe donc son temps entre son manoir du Surrey et Londres, où il dispose de plusieurs appartements et bureaux dans les quartiers les plus onéreux (Belgravia, Kensington, Chelsea). De là, il prépare sa « revanche » sur Poutine et continue de gérer ses affaires, épaulé par son fidèle ami et bras droit, Badri Patarkatsichvili, qui a dû lui aussi quitter précipitamment Moscou.

Suite au rachat des *Blues* par leur ancien partenaire, Roman Abramovitch, avec qui les relations se sont tendues eu égard à sa proximité avec Poutine, une idée émerge alors : pourquoi Badri et Boris n'investiraient-ils pas eux aussi dans le football ? Tous deux aiment ce sport, surtout Berezovsky, qui a l'habitude de parler ballon même en marge de réunions où se jouent des contrats à des centaines de millions ; il prendra d'ailleurs une loge dans le nouveau stade d'Arsenal, l'Emirates. Quant à Badri, il est depuis peu le propriétaire du Dinamo Tbilissi.

Trois mois après l'arrivée d'Abramovitch à Chelsea, l'un des hommes de confiance de Roman, Eugene Tenebaum, part retrouver Badri chez lui, en Géorgie. En bon vivant, la plus grande fortune géorgienne organise un barbecue gigantesque ; les négociations, dit-on, sont toujours plus constructives le ventre plein. Au menu, des discussions sur une compagnie d'aluminium rachetée par Roman, pour laquelle Badri et Boris réclameront plus tard 50 % des parts devant la justice. Néanmoins, selon Tenebaum, ce n'était pas là l'unique point à l'ordre du jour, loin s'en faut. Badri a en réalité convoqué cette réunion « pour l'achat d'un club de football brésilien[54] » et a requis la présence de Stephen Curtis, « l'avocat des oligarques », celui-là même qui a proposé dix ans plus tôt un passeport gibraltarien à Abramovitch ; Dieu que le monde des oligarques est petit.

Ensemble, ils discutent de Chelsea et des futurs projets de Badri et Boris, dont celui que Berezovsky baptisera, par l'intermédiaire d'un de ses avocats[55], *The Brazilian Football Project*. Un projet ambitieux et top secret passant par l'acquisition d'un club, son

54. Citation issue de son témoignage au procès Abramovitch-Berezovsky devant la Haute Cour de Londres.

55. Maître Pietro Marcello Marino, défenseur de Berezovsky lors du procès concernant l'héritage de Badri Patarkatsichvili. Le 10 novembre 2009, il détaille tous les points réclamés par son client, dont le *Brazilian Football Project*.

financement par le recours à l'emprunt et l'achat de droits économiques de joueurs. Vaste entreprise, à laquelle Stephen Curtis ne pourra participer à cause d'un tragique accident survenu à bord de son hélicoptère. Le 3 mars 2004, alors qu'il rentre tranquillement dans son château, Pennsylvania Castle, situé sur un îlot dans le sud de l'Angleterre, l'appareil se crashe malencontreusement, emportant Curtis et son pilote. Un accident ? Quand on est « l'avocat des oligarques », surtout des oligarques dans le viseur de Vladimir Poutine, il est difficile de ne croire qu'à l'infortune ou à un coup du destin. Il y a forcément une part d'ombre, et probablement beaucoup de secrets ; ses proches ne le surnommaient-ils pas « l'avocat qui en savait trop » ?

Complot, fantasmes et théories en tout genre sont murmurés à son enterrement ; comment pouvait-il en être autrement, dès lors que Curtis lui-même, une semaine avant la tragédie, avait glissé à un proche : « Si quelque chose m'arrive ces prochaines semaines, ce ne sera pas un accident. » Coïncidence, folie ou prophétie, nul ne le sait, mais l'avocat souffre depuis des mois de dépression chronique et de crises de panique. Sa vie n'est plus la même. D'autant plus qu'avec l'emprisonnement de Khodorkovski, l'oligarque qui finira bientôt empoisonné, et de l'un de ses hommes de confiance (Platon Lebedev), c'est désormais lui qui doit gérer les innombrables actifs de l'oligarque, ainsi que l'avidité de ses rivaux industriels, prêts à tout pour mettre la main sur sa compagnie pétrolière et son fourre-tout de sociétés périphériques, dont une banque, Menatep.

Lui qui adorait festoyer dans les *night clubs* les plus prisés de Londres, distribuant des pourboires à qui voulait un billet, vit désormais caché. Les semaines précédant sa mort, l'ancien épicurien n'ose plus travailler près des fenêtres, de peur de recevoir une balle… Il déserte même les stades de foot, où il avait autrefois l'habitude de retrouver ses clients, puisqu'il s'était débrouillé pour obtenir des loges privées à Old Trafford, l'antre de Manchester United, à Berezovsky ainsi qu'à des directeurs de Ioukos, la compagnie pétrolière de Mikhaïl Khodorkovski. Immensément riche, voyageant habituellement aux quatre coins du globe, hormis en Russie « où [il] serait immédiatement arrêté », Curtis est désormais reclus dans sa chambre d'un hôtel gibraltarien ou dans l'une de ses propriétés anglaises. Mais deux mois avant sa mort, son service de sécurité découvre un aimant semblable aux appareils d'écoute dans son château du Dorset. Et son angoisse augmente encore le jour où il reçoit un message vocal en anglais, prononcé par une voix teintée d'accent russe : « Curtis, où es-tu ? Nous sommes là. Nous sommes derrière toi. Nous te suivons. »

Perdu, désabusé, il tente selon le livre *Londongrad : From Russia With Cash* de se rapprocher du Bureau des Affaires étrangères et du NCIS, le National Crime Intelligence Service, qui était peu ou prou à l'époque l'équivalent du FBI au Royaume-Uni. Deux réunions sont organisées avec un des responsables du NCIS, à qui Curtis propose sa coopération en échange d'une protection. Or, « le responsable en question a été transféré vers une autre opération. Curtis a demandé à être assigné à un autre responsable, mais avant que ce ne soit fait, il était mort », commentent les deux auteurs, Mark Hollingworth et Stewart Lansley.

Personne n'en sait davantage aujourd'hui, même si des notes confidentielles de Curtis ont été sorties par le clan Berezovsky lors de son procès contre Abramovitch – des notes dont la véracité a été contestée par les avocats de Roman… Qui croire, alors ? Boris ou Roman ? Accident ou sabotage ? Chacun se fera son propre avis, comme dans les romans de John Le Carré où la fiction se mêle à la réalité sans savoir laquelle des deux se substitue à l'autre. Finalement, comme le disait justement le *coroner* diligenté sur les lieux du crash de l'hélicoptère, « cette histoire a tous les ingrédients d'un thriller d'espionnage ». Le pauvre n'avait même pas idée : le *Brazilian Football Project* débute, et gare à ceux qui s'en approchent trop ; la mort n'est jamais bien loin.

CHAPITRE 11

Je suis Kia Joorabchian

Starring : Kiavash Joorabchian, alias « Kia », « Kia Joorabchian », « The Fixer », « Le playboy de Téhéran », « The Asset », « Little Pini », « The Frontman », « The New Super-agent »
Iranien, Anglais et Canadien à la fois, Kia a tout connu : l'exil, les déménagements d'un continent à l'autre, les petits boulots, les voitures, le pétrole, la bourse, les oligarques et le football. Bien qu'il ait souvent déclaré « ne pas être un agent », il conseille aujourd'hui Coutinho, David Luiz, Ramires, Willian, Oscar ou Carlos Tévez. Établissant une vraie relation d'amitié avec ses joueurs, Kia a développé un réseau qui s'étend de l'Amérique du Sud à la Chine, en passant par l'Europe et le Moyen-Orient. Considéré par certains comme le successeur de Pini Zahavi, il oscille entre agent et businessman, facilitant les rachats et s'intéressant en parallèle à d'autres sphères (restauration, courses hippiques, secteur énergétique, politique).

« Je n'exerce pas comme agent. Nous avons une entreprise conseillant les joueurs sur leurs

droits. Nous les conseillons sur leur image, leur stabilité financière, nous les conseillons sur tous les aspects. Beaucoup d'agents bossent pour nous et, finalement, ils font juste les transferts de joueurs. Nous fournissons la structure, ils bossent pour nous. »

Kia Joorabchian à Duncan Castles,
The Guardian, *5 octobre 2008*

24 août 2004, São Paulo. Le conseil d'administration de Corinthians se réunit à la demande du président Alberto Dualib. L'ordre du jour est crucial. Asphyxié par les dettes, l'ancien club de Rivelino et de Socrates a besoin d'une solution et surtout de cash, immédiatement. Un fonds d'investissement dirigé par Kia Joorabchian, Media Sports Investments, a proposé d'investir 35 millions de dollars, notamment pour couvrir les 20 millions de dettes, en échange de 51 % des profits sur les dix prochaines années.

Pour Dualib, l'offre est irrécusable, mais il a besoin d'une majorité de votes au conseil d'administration. Il œuvre donc discrètement en coulisse pour passer le mot à ses collègues, insistant sur cette « unique opportunité ». Un travail de lobby en quelque sorte, même si le président sait qu'il n'a pas besoin de forcer : le C.A. est déjà sous son influence. Et de fait, 264 des 271 membres votent en faveur de la proposition de Media Sports Investments, connu au Brésil comme MSI. Les réfractaires rentrent inquiets et passent des appels. Qu'est-ce que MSI ? Qui sont les gens derrière cette structure ? Pas de réponse encore, mais un député de São Paulo, Romeu Tuma Júnior, s'empare de l'affaire.

Romeu s'appuie sur « une longue expérience d'investigation des mafias brésiliennes et étrangères », selon le mensuel *Caros Amigos* (« chers amis ») daté du 1er février 2005. Il active immédiatement ses contacts au sein d'ABIN, le service de renseignement brésilien, et Interpol, « où il a travaillé ». Fin août, il reçoit le rapport d'ABIN : « L'Iranien de MSI (Joorabchian) a toujours agi comme figure de proue de Berezovsky et d'autres hommes liés à la mafia russe et tchétchène, tous étant sous le coup de mandats d'arrêt décrétés par le gouvernement de Poutine. » Quelques semaines plus tard, Interpol confirme toutes les informations.

Le député poursuit alors son enquête et prend contact avec la famille du président de Corinthians, par l'intermédiaire de sa petite-fille, Carla. Selon *Caros Amigos*, celle-ci se déclare « très préoccupée » mais ne pourra rien faire. La réunion finale du 23 novembre 2004 entérine le partenariat MSI-Corinthians pour dix ans. Quelques jours plus tard, Kia Joorabchian est présenté à la presse et se fend de déclarations fracassantes : « Notre plan, c'est de construire une équipe de *Galácticos*. Notre but, c'est de faire ce que Man United et le Real Madrid ont fait. » Des journalistes lui demandent la provenance de l'argent et l'identité des différents investisseurs, mais Kia réplique qu'il ne répondra pas : « C'est une pratique commune pour les fonds d'investissement. »

Ne lâchant pas le morceau, un reporter brésilien lui évoque les rumeurs venues du quotidien sportif espagnol *AS* selon lesquelles Roman Abramovitch détiendrait 15 % des parts. « Nous n'avons aucun lien avec Chelsea », coupe Joorabchian, immédiatement alpagué sur ses liens avec Boris Berezovsky. Le qualifiant d'« ami », Kia conclut en affirmant qu'« il n'est pas derrière MSI ». Une version qu'il confirmera à divers médias, comme le *Sunday Telegraph* en 2006 : « Tout ce que je peux dire, c'est qu'il n'y a aucun Russe impliqué et que je n'ai jamais agi comme homme de paille pour personne. Roman Abramovitch n'est pas impliqué, Boris Berezovsky n'est pas impliqué et Badri Patarkatsichvili n'est pas impliqué. Les financements viennent d'une organisation et d'un secteur complètement différents. » Pour un mensonge, c'en est un joli, mais il ne faut pas juger sévèrement Kia : dans le monde qu'il fréquente, ce sont ceux qui disent la vérité dont le nez s'allonge comme par enchantement.

Téhéran, février 1979. La capitale iranienne bouillonne, la révolution islamique touche à sa fin. Deux semaines auparavant, le monarque, le Chah, a été contraint à l'exil. Ce n'est plus qu'une question de jours avant que l'Iran ne tourne un nouveau chapitre de sa riche histoire, emmené par Rouhollah Khomeini, son futur Guide Suprême.

Bien sûr, ce basculement ne plaît pas à tout le monde, comme l'explique Safinaz Jadali, professeur à l'université Azad de Téhéran, dans son ouvrage *L'Iran, pays d'accueil*. « La vague d'émigration directement liée à la révolution de 1979 a concerné des gens proches du régime du Chah, des militaires, des minorités religieuses comme les Baha'i, les juifs et les Arméniens, des gens de gauche et des libéraux. » Parmi cette vague d'émigration, la famille Joorabchian, intimement liée au pouvoir. C'est à la demande du Chah que Mohamed, le père de Kia, a aidé à la création et au développement du premier centre de construction automobile en Iran. « En 1979, on était en vacances en Angleterre », raconte Kia à *The Independent*. « Pendant qu'on était ici, la révolution est revenue en Iran. Mon père a tout perdu, tout. » Toujours selon Kia, dans une autre interview au *Telegraph*, l'oncle de son père « était le plus grand manufacturier automobile du Moyen-Orient ».

Les Joorabchian émigrent en Angleterre, où ils s'établissent dans le Kent, au sud-est de Londres. La nouvelle entreprise familiale, toujours liée à l'automobile, fera long feu : sans que l'on sache exactement pourquoi, Mohamed la revend pour chercher meilleure fortune au Canada avec sa petite famille. Là, ils ouvrent un restaurant de hot-dogs et de hamburgers, mais retournent rapidement en Angleterre voguer à leurs premières amours : l'automobile. Kia a alors douze ans selon ses dires, ce qui signifie qu'il n'a pas vécu plus de quatre ans au Canada ; il allait sur ses huit ans au moment de la révolution islamique. De fait, il n'a pas accompli les cinq années pleines nécessaires à l'obtention de la citoyenneté canadienne ; un détail qui aura son importance.

En attendant, il poursuit sa vie comme n'importe quel jeune découvrant les joies de l'adolescence. À la maison, il soigne ses devoirs en compagnie de sa petite sœur, Tannaz Rose, sous le regard de leur mère, Shahrzad, mais dès que celle-ci a le dos tourné, Kia déguerpit avec ses copains. « Il a la bougeotte, c'est un hyper-actif », rigole un intermédiaire le connaissant bien. Certains murmurent également qu'il a fait les quatre cents coups à ses parents ; mais qui ne les a pas faits, surtout en grandissant dans le Londres bruyant et orageux des années 1980 ?

Cela n'entame de toute façon en rien la détermination de Mohamed et Shahrzad Joorabchian. Depuis leur retour en Angleterre, ils ont économisé afin d'envoyer Kia dans une école privée pour passer son *A-level*, l'équivalent du baccalauréat. Comme tant de familles iraniennes, l'éducation et l'avenir des enfants sont prioritaires. Qu'importe si Mohamed passe ses journées dans sa concession automobile (Medway Autos dans le Kent) ou si

Shahrzad n'arrête pas une seconde, ils ne le font pas pour rien : leur Kia deviendra peut-être dentiste, pourquoi pas même docteur, et il n'aura plus jamais besoin de s'exiler ou de se cacher tous les quatre ans pour subvenir à ses besoins.

Pour cela, ils l'envoient à Shiplake College, un établissement à l'ouest de Londres jouissant d'une flatteuse réputation. Son coût d'admission est évidemment élevé, bien que raisonnable en comparaison des plus grandes écoles londoniennes. Kia ne reste cependant qu'une année, puis termine son *A-level* dans le nord de Londres, à Golders Green College, pas si loin de Wembley. Sans être particulièrement brillant ou intéressé par les études, il obtient une place à la prestigieuse Queen Mary University of London, souvent classée dans le top 50 ou 100 des universités à travers le monde entier ; les sacrifices de Mohamed et Shahrzad n'ont pas été vains.

Kia suit donc des « études de chimie et de business », ce qui peut sembler difficile à concilier sur le papier, mais les études secondaires ont surpris plus d'un homme ; comme les questions de certains journalistes. Lors de sa conférence de presse moscovite pour *Kommersant*, il a expliqué détenir un *bachelor*, soit l'équivalent d'une licence. « Il a ensuite commencé une carrière de trader international de pétrole avant la Guerre du Golfe ; il était donc âgé de 19 ans », poursuit la chronique du *Moscow Times*. Très bien, mais en 2006, Kia explique « avoir abandonné en deuxième année ». *What ?* « Je ne pouvais pas me concentrer en chimie… » L'argument est recevable, mais c'est bien le problème de Joorabchian : il a toujours une excuse pour chaque événement et une version différente pour chaque journal. Au *Telegraph*, il explique avoir vécu « en Thaïlande, à New York et au Brésil », tandis qu'il assure au *Guardian* « avoir travaillé au Moyen-Orient pendant beaucoup, beaucoup d'années ». Soit Kia a vraiment fait l'école buissonnière à chaque leçon de géographie, soit il s'amuse avec les journalistes, mais il y a une raison derrière ce jeu de pistes. « L'histoire réelle de Kia, qui peut la connaître à part lui-même ? » questionne un autre intermédiaire du marché anglais. « Entre nous, ça parle parfois de lui, de ses contacts, de comment il en est arrivé là. Il a plein de qualités, mais quand tu abordes son sujet, il y a toujours une question qui revient : c'est qui Kia Joorabchian ? Je veux dire, c'est quoi la véritable histoire ? Boris Berezovsky serait arrivé dans sa vie comme par enchantement ? »

Après avoir mis prématurément un terme à ses études, Joorabchian travaille un temps avec son père comme vendeur de voitures, en particulier de Mercedes Benz. Il dit avoir ensuite rejoint International Petroleum Exchange où il aurait officié comme « trader de pétrole », puis est parti à New York créer des fonds d'investissement, dont le fameux American Capital, qui est d'ailleurs lui-même divisé en deux entités légales réparties entre les îles Vierges britanniques et les États-Unis : American Capital Investments, LTD et American Capital (USA), LLC. Voilà pour la version officielle, soigneusement répétée avec son sourire irrésistible et son rire communicatif. Kia parvient aisément à convaincre son assistance, certains assurant même qu'ils « seraient capables de lui donner le Bon Dieu », mais en fouillant de plus près, personne n'est dupe : on ne devient pas « ami » avec Boris Berezovsky par l'opération du Saint-Esprit. Il y a une raison, une personne, un entremetteur, mais qui, quoi, comment ? « Ils se sont connus en vacances », jure un journaliste britannique ayant enquêté sur les diverses affaires de Joorabchian. « La famille de Kia était aisée et n'hésitait pas à le montrer, comme les nouveaux riches de l'ancienne URSS. » Pour d'autres, c'est « une banque privée londonienne » qui aurait joué les intermédiaires. Dans tous les cas, ce sont simplement des rumeurs, sans aucun témoignage direct ou moyen de recouper les informations. Des pistes embrouillées, des on-dit, il ne reste que ça avec Kia : ses secrets sont si bien gardés que personne ne semble les connaître, et à écouter son avocat ou le journaliste Jeff Randall, c'est peut-être mieux comme ça. « Sortant de nulle part, il ressemble étrangement à Tony Montana, joué par Al Pacino dans le film *Scarface*. » Sans le pistolet à la ceinture évidemment, mais avec le même charme et cette manie de ne pas boutonner le dernier bouton de sa chemise. Kia, c'est Tony avec plus de chic ; Montana, c'est Joorabchian avec plus de rage : « Je dis toujours la vérité. Même quand je mens, c'est vrai. »

CHAPITRE 12

L'espion qui venait du désert

Starring : Roy Azim, alias « Orazakun Faizievich Seidazimov », « Chaldovarsky Ruslan », « Ruslam », « Le prince de Belovodskoye », « Le prince du désert », « Le Don King kirghize »

Businessman originaire du Kirghizstan, Roy Azim est connu sous différentes identités. Il a mené une vie épique : emprisonné à tort, émigré aux États-Unis, il a dirigé diverses sociétés allant des médicaments pour chien à d'obscurs fonds d'investissement, en passant par la représentation de boxeurs. Ces dernières années, il a été cité dans la presse kirghize à propos de ventes d'armes et de mystérieux rendez-vous sous des yourtes avec des personnalités pour le moins sulfureuses.

« Il s'approche de votre famille, joue avec
vos enfants et pendant que vous dormez,
il vérifie tous vos numéros de compte, qui est qui,
qui fait quoi, qui est votre sœur, votre frère…
C'est ce genre de gars. »

Roy Azim à propos de Kia Joorabchian
dans une interview à Caros Amigos *en 2005*

« Il s'appelle Azim… Roy Azim, voilà ! C'est lui qui a présenté Kia à des hommes d'affaires russes, dont Berezovsky. » Des affirmations avec des noms précis concernant Joorabchian, il y en a peu, très peu même, ou alors ce sont des affabulations. Une de plus, une de moins, quelle différence au fond ? La vie de Kia est un jeu de pistes et il ne faut négliger aucun indice, encore moins celui donné par le fils d'un diplomate ayant travaillé en Russie.

Roy Azim ? La recherche internet n'est guère fructueuse, même en écrivant son nom en cyrillique. Et puis, tombe une archive du *Times*, datée du 2 septembre 2006. Gabriele Marcotti écrit « qu'à un moment, Kia a rencontré Roy Azim, un homme d'affaires du Kirghizstan qui l'a présenté à plusieurs contacts russes, incluant Boris Berezovsky, l'oligarque ». Serait-ce enfin la bonne voie ? « J'ai déjà entendu ce nom », confirme un intermédiaire désireux de garder l'anonymat. « J'ai travaillé avec des gens connectés aux oligarques et ils ont tendance à parler quand ils sont bourrés *(rires)* […] Je ne sais pas ce qu'il a fait, ni qui est ce monsieur, mais ils sont liés, c'est une certitude. » Plus qu'une seule chose à faire désormais pour s'en assurer : retrouver Azim. Une mission aussi fascinante qu'ardue, et pour cause : Roy Azim n'existe pas, il s'agit simplement d'un alias pour un individu nommé Orazakun Faizievich Seidazimov, également connu comme Chaldovarsky Ruslan, emprisonné dans une geôle du KGB en 1981 pour le meurtre de Sultan Ibraimov, président du conseil des ministres de la République socialiste soviétique kirghize. Trois identités, deux villes de naissance selon les coupures de presse, des accusations d'assassinat et de multiples crimes, cela fait beaucoup pour un seul homme – et encore plus pour l'auteur qui tente de retracer son histoire.

Officiellement, Seidazimov est né en 1957 à Belovodskoye, une (petite) capitale régionale au nord du Kirghizstan. « Ici, les gens travaillent dans les champs. Ils sèment du blé, récoltent les légumes, élèvent des animaux. Beaucoup partent tenter leur chance en Russie aussi », explique Olga, une locale donnant de son temps à l'orphelinat financé par Seidazimov pour s'occuper des enfants malades. « Il est très difficile pour les parents d'élever des enfants malades sans un soutien de l'État. Ils perçoivent l'équivalent de quarante dollars par mois, mais c'est peu. Si la maman ne travaille pas, cet argent ne suffit pas pour nourrir l'enfant. »

Dans ces cas, c'est l'orphelinat qui se substitue. La structure accueille 230 enfants de quatre à dix-huit ans, dont quatre-vingts souffrant de paralysie cérébrale. Passé cet âge, ils rejoindront un autre établissement pour le reste de leur vie, ou malheureusement le peu qu'il leur en reste. « Nous sommes tous très reconnaissants envers monsieur Azim », poursuit la responsable, Svetlana, qui le connaît personnellement. « Depuis de nombreuses années, lui et ses proches nous aident considérablement. » Sans mécène, pas de nouveau bâtiment pour les enfants condamnés à vivre couchés toute leur existence, ni même de bâtiment tout court. Ils ne connaissent probablement pas leur bienfaiteur, encore moins son nom ; mais chaque soir, le marchand de sable passe à Belovodskoye, et c'est tout ce qui compte.

Engoncé entre le Kazakhstan, l'Ouzbékistan, le Tadjikistan et la Chine, le Kirghizstan est une nation d'un peu plus de cinq millions d'habitants, dont 30 % vivent en dessous du seuil de pauvreté. Ici, pas de richesse ostentatoire, même si les mines d'or pullulent un peu partout. Pas non plus de mégalopole comme Astana ou Almaty, mais simplement deux grandes villes, dont une capitale verdoyante, Bichkek, et des bourgs disséminés là où la terre ne s'élève pas au-delà des cieux. « Quand Dieu distribuait la terre entre les peuples, le Kirghize dormait », raconte une légende rapportée par l'association franco-kirghize d'écotourisme. « Il s'est réveillé quand tous les gens avaient déjà reçu leur pays. Le Kirghize a dit : "Mais Dieu, moi, où vais-je aller ?" Dieu y pensait depuis longtemps et a dit : "Voilà, le Kirghize, je t'offre ma datcha (la petite résidence secondaire où il y a toujours les beaux paysages)". » Dieu est généreux, il est amour après tout, mais il aime aussi son intimité. Il a donc toisé le Kirghizstan de monts dépassant les 7 000 mètres, de peur que les impudents s'aventurent dans ses terres sacrées. Derrière ces montagnes sans fin, couvrant plus de 90 % du territoire, s'étale un paysage authentique, pur, rude, à l'image de ses habitants. Le peuple kirghize n'est pas partageur, c'est là son moindre défaut, mais c'est bien normal ; il veille sur le secret le mieux gardé d'Asie centrale.

Au fond, Seidazimov n'est pas différent de ses congénères. Il a appris à garder sa langue et à ne jamais se livrer entièrement. Pour preuve, selon un article de *Kirghize Today* publié en juillet 2013, il ne serait pas originaire de Belovodsoye, mais de Chaldovar, un village frontalier avec le Kazakhstan. Cela ne change pas grand-chose au fond puisque Ruslam, un de ses surnoms, se rapproche de la capitale après son adolescence.

Au tournant des années 1980, le Kirghizstan poursuit sa mue entamée depuis la soviétisation et la sédentarisation forcée de nombreuses tribus nomades. L'économie reste précaire et totalement dépendante des récoltes et de l'URSS, où se concentrent toutes les exploitations. Au gouvernement, quelques hommes tentent de faire bouger les choses, comme Sultan Ibraimovich Ibraimov, président du conseil des ministres, soit l'équivalent du Premier ministre.

Militant pour une plus grande autonomie kirghize, sa popularité est importante ; en témoigne aujourd'hui encore une rue de la capitale renommée en son honneur. Le 4 décembre 1980, il rejoint ses quartiers gouvernementaux dans l'une des stations balnéaires prisées des pontes de l'URSS : Cholpon-Ata. Tranquillement couché dans son lit, il s'apprête à s'endormir quand il est abattu de deux balles en pleine tête. Qui l'a assassiné ? Et qui a commandité son exécution ? Les autorités n'ont pas de réponse. Les semaines passant et les suspects défilant, il faut attendre un bon mois pour trouver le coupable : Seidazimov, immédiatement jugé et condamné.

Envoyé dans une taule du KGB, il y reste près de deux ans. « C'est alors qu'ils ont retrouvé le véritable meurtrier[56] », explique son avocat dans une interview à *Ekhokavzaa*. « Sauf qu'ils ne l'ont pas libéré. Ils ont mis de la drogue dans sa cellule et lui ont infligé une peine de huit ans de prison. Il y restera finalement six ans avant de sortir. »

Selon le compte-rendu du procès de 2008 auprès de la Cour d'appel fédérale des États-Unis pour son visa, Seidazimov a effectivement été emprisonné de 1981 à 1988, mais pas uniquement pour une histoire de drogue. « Possession d'armes non enregistrées ; obtention frauduleuse de pépites d'or ensuite échangées en violation des lois monétaires ; responsable de sérieuses blessures physiques ; détention et usage de substances narcotiques », peut-on lire.

À sa sortie de prison, Seidazimov veut laver son nom. Sa requête acceptée par un tribunal, la Cour Suprême du Kirghizstan efface son casier judiciaire en 1998 pour « manque de preuves et grossières

56. Divers ouvrages évoquent cette affaire, qualifiée de « mystérieuse » et « non élucidée ».

erreurs de procédure ». De quoi démarrer une nouvelle vie, mais le prince du désert a un temps d'avance. Trois ans auparavant, il avait en effet obtenu un visa pour les États-Unis sous une autre identité : Roy Azim.

Devenu homme d'affaires, Ruslam vogue entre la Floride, New York, Moscou et Londres où il entretient des relations avec divers oligarques ou businessmen implantés en Russie, comme les frères Reuben, David et Simon, dont la richesse est aujourd'hui estimée à 15 milliards de dollars.

Nés en Inde, à Bombay, les Reuben ont émigré dans les années 1950 en Angleterre où ils ont grimpé rapidement les échelons. Investissant dans la métallurgie, ils font fortune à l'effondrement de l'URSS, principalement dans la production d'aluminium. C'est à cette période qu'ils font connaissance de… Roman Abramovitch, qui deviendra leur fidèle partenaire et ami et les invite régulièrement dans sa loge privée à Stamford Bridge ; entre milliardaires, tout le monde semble se connaître.

En 1997, l'aîné de la fratrie, Simon, présente Roy Azim à un jeune homme sympathique et ambitieux : Kia Joorabchian. C'est donc à partir de là que leur association débute, mais encore faut-il le vérifier auprès des principaux intéressés. Problème, Kia ne répond pas, et son avocat non plus, si ce n'est pour envoyer de grands messages « confidentiels » où il ordonne de ne plus jamais contacter son client… Reste donc Azim. Appels, mails et bouteilles à la mer sont lancés entre la Floride, l'orphelinat au Kirghizstan et divers contacts russes. Après quelques semaines arrive une réponse, précise, lapidaire : il faut appeler Crosspoint, une société de consulting présente dans une vingtaine de pays et bénéficiant d'un bureau à Moscou, où Azim semble officier.

Au bout du fil, une secrétaire décroche en russe, puis passe immédiatement à l'anglais : « Je peux lui transmettre le message, bien sûr ! Envoyez-moi un mail. » Enfin ! Après tant de péripéties, Roy Azim est bien là, tout près, à une boîte mail d'intervalle ! Le mystère va-t-il se dissiper ? Connaît-il bien Kia Joorabchian ? Est-ce lui qui l'a initié dans le cercle privé des oligarques ? « M. Azim dit que cet homme (Kia) est un voyou, et que beaucoup de temps a passé, alors il n'y a pas matière à en parler. Merci ! » répond quelques heures plus tard la secrétaire de Crosspoint.

Malgré les relances, le Kirghize n'en dira pas plus ; il y a des souvenirs qu'il ne vaut mieux pas ressasser. Heureusement, il s'était épanché une fois, une seule, dans un magazine de São Paulo, *Caros Amigos*, il y a treize ans de cela. À l'époque, Natalia Viana commençait sa carrière de journaliste d'investigation. Elle avait rencontré Azim dans ses bureaux à Miami pour les besoins de son enquête autour du rachat de Corinthians.

Désormais une référence mondiale dans son domaine, Natalia a accepté de partager ses archives et son dossier riche de vingt-trois pages, publié en février 2005 par l'ensemble de la rédaction de *Caros Amigos* sous le titre : « La scandaleuse histoire du nouveau Corinthians ». Au fil des témoignages et des preuves irréfutables émerge la vraie vie de Joorabchian, Berezovsky, Patarkatsichvili et Azim, dont l'entretien est lunaire : « Ce bâtard d'Iranien ? Il m'a volé 21 millions de dollars ! Où qu'il soit, je le détruirai ! Comme un cafard ! » On est loin du simple « voyou » employé aujourd'hui, sauf qu'Azim n'a toujours pas digéré : le temps adoucit les mœurs, oui, mais il ne restitue pas 21 millions de dollars. Comme quoi, il aurait mieux fait d'écouter son vieux copain, Simon Reuben. « Tu ferais mieux de t'éloigner de Kia », lui avait-il conseillé quelques mois après les avoir mis en contact et avoir assuré à Ruslam « qu'il pouvait avoir confiance en ce jeune homme parlant très bien anglais. » « J'ai découvert des choses sur lui, il n'est pas fiable. Il demande de l'argent à beaucoup de gens et ne le rend pas. » Kia a évidemment nié les faits, expliquant que Simon Reuben, dont l'empire financier qu'il a bâti avec son frère lui vaut d'avoir été classé en 2016 à la 60e place des hommes les plus riches de la planète par *Forbes*, serait en réalité « un jaloux ». Par l'intermédiaire de son attaché de presse, Simon a fait parvenir quelques mots : « Je connais Kia, mais je ne le considère pas comme un ami. »

Quoi qu'il en soit, Joorabchian sympathise avec les proches de Roy Azim, qu'il accompagne de partout, tantôt comme traducteur, tantôt comme assistant, et toujours comme compagnon de soirée. Ensemble, ils écument les lieux branchés de Las Vegas, Londres ou Saint-Tropez, mais passent aussi des moments plus intimes, comme un Noël dans la famille de Roy. Sur des photos prises au tournant des années 2000, la complicité entre les deux hommes est évidente. D'un côté le massif Ruslam, la quarantaine pétante, le teint hâlé et le regard protecteur. De l'autre, le jeune Kia, la démarche assurée, la silhouette frêle et le sourire ravageur. Sur l'un des clichés, il est accompagné de sa petite amie de l'époque, la ravissante Leila Rafi, qu'il emmène dans des restaurants tous plus chics les uns que les autres et dans des boîtes fermant toujours plus tard que les autres. Amateur de cigares, de costumes sur mesure et de salles de jeux, Kia est un playboy et vit comme tel. La journée, il aide Roy Azim et ses millionnaires d'associés, puis le soir, il change d'habit, réajuste sa chemise et s'en va jusqu'au bout de la nuit. « Je suis le premier Russe[57] qu'il ait rencontré, il ne connaissait personne », continue Azim, qui raconte la genèse du rachat de *Kommersant* suite à un appel de Lev Chernoy, un businessman en lien avec le joyeux monde des Reuben, de Berezovsky et de leurs pairs : « Roy, je dois acheter un journal pour Berezovsky. Peux-tu me donner un coup de main ? » C'est ainsi

57. Mot exact de Roy Azim, qu'il faut entendre comme « issu de l'ex-URSS ».

que Joorabchian apparaît à la face du monde et à celle des oligarques, ce qui lui vaut rapidement une réputation : « Si vous ne voulez pas apparaître dans un business, vous pouvez l'embaucher. » Un peu comme l'Agence tous risques dirigée par le colonel John « Hannibal » Smith, Kia Joorabchian est un homme offrant ses services très spéciaux à qui peut se l'offrir. Pour *Kommersant*, il a réclamé une commission de 3 millions de dollars avant de réviser un peu ses tarifs à la baisse, mais pas trop ; il a un train de vie à maintenir. « Il est très doux, mais aussi très dangereux », s'emporte Azim. « Il s'approche de votre famille, joue avec vos enfants et pendant que vous dormez, il vérifie tous vos numéros de compte, qui est qui, qui fait quoi, qui est votre sœur, votre frère… C'est ce genre de gars. »

Découvrant la supercherie et le micmac dans ses fonds d'investissements aux îles Vierges britanniques gérés par Kia, Roy lui intente un procès en octobre 2001 à la Cour Suprême de New York pour la disparition de 19 millions de dollars et une liste de crimes impressionnante, incluant fraude, vol et même refus de retourner le mobilier et le matériel de bureau ! « Nous n'avons pas pu aller au tribunal parce que nous ne l'avons pas trouvé pour le convoquer », se lamente l'avocat d'Azim.

Bizarrement, aucune trace de cette action en justice ne peut être trouvée dans la base de données *JUSTIA US Law*, et le procès n'a visiblement jamais eu lieu. Nouveau mystère, qui en entraîne un autre : comment un homme aussi puissant que Roy Azim a-t-il pu échouer à retrouver Kia Joorabchian ? Selon diverses enquêtes, Kia se serait réfugié à Londres, avec la bénédiction d'un ami de Roy : Boris Berezovsky. « Je lui ai dit que c'était un homme dangereux », souffle Azim. « Mais Boris m'a dit de ne pas m'inquiéter, qu'il l'utilisait pour héler un taxi, faire des réservations au restaurant, payer des factures, ce genre de trucs. » Au fond de lui, Boris a même une autre idée : faire de son jeune ami la figure publique de son fameux *Brazilian Football Project*. Et à partir de là, tout s'explique, même les quelques mots un peu gênés de Fernando Mello, le conseiller d'image de l'Iranien à Corinthians :

« Pourquoi Kia n'aime-t-il pas parler de sa vie personnelle ?

– Pour des raisons de sécurité. »

Un homme averti en vaut deux ; surtout dans le monde du football.

CHAPITRE 13

Les poupées gigognes

Starring : Gustavo Arribas, alias « El Negro », « El Señor Cinco », « El Rey de la trampa », « Le chef des espions », « L'homme de paille »
Avocat sorti de l'université de droit de Buenos Aires, Arribas passe également le diplôme de notaire. Fondateur de diverses entreprises (restauration, véhicules nautiques, conseil juridique), il entre dans le milieu du football en 1995 grâce à l'entremise du président de Boca Juniors, son ami Mauricio Macri, devenu depuis chef de l'État argentin. Condamné en 1999 pour exercice illégal de la profession d'agent de joueurs lors du transfert de Diego Garay, qui lui-même disposait d'un faux passeport lors de sa venue à Strasbourg, Gustavo Arribas a ensuite cofondé d'autres compagnies liées au football et aux droits économiques des joueurs. Aujourd'hui à la tête des services secrets argentins, son nom est ressorti lors de l'affaire des Panama Papers et des affaires de corruption de la société de BTP brésilienne Odebrecht.

« Il n'y a rien à raconter. »
Gustavo Arribas, présent en Russie lors du Mondial 2018, alors que le président Macri avait interdit aux fonctionnaires de s'y rendre. La presse argentine s'était moquée du peu de discrétion dont avait fait preuve celui que l'on surnomme « le chef des espions ».

Carlos Tévez (Boca Juniors), Javier Mascherano (River Plate), Carlos Alberto (Porto), Roger (Benfica), Gustavo Nery (Werder Brême), Sébastian Dominguez (Newell's) : en quelques semaines, Corinthians est métamorphosé. Adieu la déprime et les fins de mois difficiles, Joorabchian s'occupe de tout. Il signe des joueurs auparavant inaccessibles pour une équipe brésilienne, puis organise un show lors de la présentation des recrues en continuant ses déclarations fracassantes. Une fois sa besogne finie, il parade dans les soirées en vogue de São Paulo avec les autres dirigeants de Corinthians. Chaque soir, les notes comptent un zéro de plus, sans savoir s'il s'agit des pourboires pour le dernier transfert ou le dernier dîner, mais ce n'est pas un souci pour Kia : c'est MSI qui régale.

Forcément, la presse internationale s'intéresse au renouveau de ce club mythique, marqué par son riche passé et sa fameuse *democracia corinthiana* au début des années 1980. « Poussés par un joueur extraordinaire du nom de Sócrates, qui était, il y a quelques années de cela maintenant, à l'époque de la dictature militaire, le plus respecté et le plus aimé d'entre eux, les joueurs brésiliens conquirent la direction du club Corinthians », écrit Eduardo Galeano en 2003 dans les colonnes du *Monde diplomatique*. Nombre d'auteurs ont rendu hommage à cette époque dorée, mais personne ne l'a fait comme l'écrivain uruguayen, dont la conscience politique et la sensibilité footballistique se marient avec les principes de Sócrates et d'Adilson Monteiro Alves, le sociologue nommé président du club. « Insolite, jamais vu : les joueurs décidaient de tout, entre eux tous, à la majorité. Démocratiquement, ils discutaient et votaient les méthodes de travail, les systèmes de jeu en s'adaptant au mieux à chaque adversaire, la répartition de l'argent récolté et tout le reste. Sur leurs maillots, on lisait : “Démocratie corinthiane”. Au bout de deux ans, les dirigeants évincés récupérèrent les manettes et mirent le holà. Mais tant que dura la démocratie, le Corinthians, gouverné par ses joueurs, offrit le football le plus audacieux et le plus spectaculaire de tout le pays, attira dans les stades le plus vaste public et fut deux fois vainqueur du championnat de São Paulo. »

Unique dans l'histoire du *beautiful game*, cette philosophie a auréolé les *Paulistas* d'une noblesse que les autres clubs n'ont pas et n'auront sans doute jamais. Bien sûr, les blanc et noir ont aussi eu leur lot de dirigeants corrompus et de personnes peu recommandables, mais il n'empêche : on ne peut pas faire n'importe quoi à Corinthians, ce serait juste criminel. Toutes les deux semaines, *la banda de loucos*, littéralement la bande des fous, se donne rendez-vous à l'Estádio Pacaembú[58] pour encourager son équipe, « celle du peuple » ; et quel peuple ! Joorabchian sait évidemment la responsabilité qui lui incombe et ne se débine pas. Il a promis une équipe de galactiques et tient parole, avec en prime un « cadeau » comme il dit en souriant, l'arrivée de Carlos Tévez en provenance de Boca Juniors pour une somme record en Amérique du Sud : 22,6 millions de dollars.

Considéré comme l'un des meilleurs attaquants de sa génération, Carlitos a repoussé les appels des grands clubs européens pour poursuivre sa carrière au Brésil. Un choix curieux, mais pas autant que les rouages du transfert. « Ce qu'il s'est passé, c'est une honte », souffle Roberto Digon, l'ancien vice-président de Boca. « Ils l'ont obligé à aller là-bas ! » Ils ? En l'occurrence Mauricio Macri, l'actuel président de… l'Argentine, qui a officié comme président de Boca au tournant des années 2000, ainsi que ses hommes de confiance, ceux que Digon surnomment « les hommes de paille » : Gustavo Arribas et Fernando Hidalgo, deux agents de joueurs. « La relation entre Arribas et Macri

58. Stade des Corinthians de 1940 à 2014, pouvant contenir plus de 40 000 personnes. L'enceinte était située dans la ville, dans le quartier de Pacaembú.

remonte aux années 80 », raconte Rodis Recalt, un journaliste argentin travaillant à l'hebdomadaire *Noticias*. « Macri étudiait au *colegio Cardenal Newman*. Avec plusieurs amis, ils ont organisé un petit voyage aux États-Unis pour disputer quelques matchs. Un de ses meilleurs amis, Pablo Clusellas, connaissait un bon joueur avec qui il a étudié à l'université de droit de Buenos Aires. Cet homme, c'était Arribas, qui était surnommé à cette époque *el Negro* alors qu'il est blanc [...] Ils sont tous partis ensemble pour ce tournoi de football amateur, et c'est à partir de là que Macri et Arribas ont développé une relation d'amitié. »

Moralité, lorsque Mauricio Macri accède à la présidence de Boca Juniors en 1995, il demande à Gustavo Arribas, notaire de profession, d'examiner les contrats des joueurs et des futures recrues. « Puis, en peu de temps, il est devenu agent de joueurs afin de réaliser lui-même les opérations », poursuit Roberto Digon. Quant à Fernando Hidalgo, il a débuté avec l'un des super-agents du continent sud-américain, Gustavo Mascardi, avant de prendre son indépendance et quelques joueurs de son ancien patron, dont Juan Sebastian Veron et Hernan Crespo[59]. « Dans les années 90 et 2000, Mascardi était sans doute le numéro un en Argentine », juge Rodis Recalt. « Il avait tellement de joueurs, tellement de succès... Il sortait également beaucoup.

59. Mascardi a porté plainte contre Hidalgo en mars 2004.

Hidalgo était un de ses collaborateurs, qui passait beaucoup de temps avec les joueurs et les clubs quand Mascardi ne pouvait pas. Donc, quelque part, il y a eu une certaine logique. Il a profité d'une situation. »

En 2003, Hidalgo s'associe officiellement avec Arribas en créant une société commune : H.A.Z. Football World Wide Limited, basée officiellement à Gibraltar, un paradis fiscal. Cette compagnie fait référence à une autre, domiciliée en Argentine : HAZ Sports Agency. HAZ ? H comme Hidalgo, A comme Arribas et Z comme… Zahavi ? « Je n'ai rien à voir avec ça », coupe Zahavi. « Ils ont ajouté mon nom afin de faire croire aux gens que j'étais un de leurs partenaires. C'est la vraie histoire, *my friend.* »

Selon le registre du commerce et des documents officiels, Pini a raison : Arribas et Hidalgo sont les seuls propriétaires des deux sociétés, ce qui n'empêche pas de faire du business ensemble. H.A.Z. Football World Wide Limited va par exemple s'offrir un club en Challenge League, la deuxième division suisse, Locarno. Ici, pas de stars, pas de millions en caisse, ni même un millier de spectateurs au vénérable Stadio del Lido. Locarno est un havre de paix, bordé par le lac Majeur et entouré par les Alpes. « Tu n'es pas dérangé pour bosser, il n'y a pas vraiment de pression populaire », constate Stefano Maccoppi, un entraîneur italien ayant exercé ici deux saisons.

Avec une fiscalité avantageuse, même si le canton du Tessin ne vaut pas celui de Zoug[60], Locarno est l'endroit idéal pour investir discrètement, sans avoir de comptes à rendre à personne. « Tout le monde se fout un peu de ce qui se passe ici, pour être honnête », lance Maccoppi. Alors, lorsque River Plate a un impératif besoin de liquidités pour équilibrer son budget, jaillit une idée dans l'esprit de Fernando Hidalgo : profiter de l'aubaine et racheter une bonne partie des droits économiques des meilleurs espoirs argentins. Le 29 août 2006, le président de River, José Maria Aguilar, se rend ainsi à Londres pour rencontrer… Zahavi, qu'il a vu pour la première fois quelques mois auparavant, pour le transfert de Javier Mascherano à… Corinthians.

De cette entrevue aux Ambassadeurs, ce fameux club de jeu privé à Mayfair, naît un accord entre les deux formations : 50 % des droits économiques de Gonzalo Higuain, 40 % des droits économiques de Fernando Belluschi et 30 % des droits économiques de trois autres jeunes (Juan Antonio, Mateo Mussachio et Augusto Fernandez) appartiendront désormais au petit club suisse en échange de

60. Quantité de milliardaires et oligarques, comme Viktor Vekselberg, se sont établis fiscalement dans le canton de Zoug. Vekselberg, par l'intermédiaire d'une filiale de sa société Renova, a acheté en 2006 les droits TV et l'organisation de vingt-quatre matchs amicaux de la sélection argentine contre 18 millions de dollars ; la moitié payée à la signature du contrat. L'homme ayant permis cette opération se nomme Pini Zahavi.

13 millions de dollars. Tout le monde y trouve son compte, surtout Zahavi qui a glissé quelques clauses dans les contrats dont seul son avocat, Udi Shochatovitch, a le secret[61]. Aguilar le sait, mais il n'en a que faire : il ne reste même pas 48 heures avant la fin du mercato et il y a un chèque de 13 millions sur la table.

De retour à Buenos Aires, il informe ses collaborateurs de cet accord providentiel et des possibles dividendes à venir. Le cœur léger, le président de River rêve un instant : et s'il avait vu son ange gardien à l'étage des Ambassadeurs ? Avec son sourire angélique, sa chemise soyeuse, sa montre suisse, sa boîte de cigares et ses millions, son hôte en a le parfait costume, mais attention : le diable s'habille aussi en Prada.

Les mois et années qui suivent, River Plate et d'autres clubs argentins, comme le Racing, vendent une partie des droits économiques de certains de leurs joueurs à Locarno. Bien sûr, les joueurs en question ne poseront jamais le pied dans le Tessin, mais qu'importe : la triangulation est un équilibre

61. Lors du futur transfert de Higuain, les 6 premiers millions de dollars nets reviendront à Locarno, et donc à l'entreprise détenant le club, HAZ. Ensuite, River Plate et Locarno se partageront le reste de la somme. Higuain sera transféré quatre mois plus tard pour 12 millions d'euros (20 millions de dollars à l'époque) au Real Madrid ; HAZ a donc récupéré 13 millions de dollars, en sachant que la mise de départ sur Higuain était de 6 millions.

ne nécessitant pas l'accord de l'homme en short courant derrière un ballon. « Je n'ai jamais été propriétaire de Locarno », peste Zahavi. « Je n'ai jamais été là-bas de toute ma vie ! C'était le projet de Hidalgo et Gustavo. » Soit, mais ce n'est pas la version du président de River. « Tous les clubs européens connaissent ce groupe, mené par *el señor* Zahavi », dit-il à Télam. En 2008, des rumeurs ont d'ailleurs fait état d'une dispute entre les deux hommes, mais Aguilar a immédiatement démenti, citant encore *Mister Fix-it* comme la tête pensante : « La relation avec Pini Zahavi ne s'est pas terminée et n'est pas brisée. »

En Argentine, la presse s'est offusquée des diverses transactions, en particulier celle de Gonzalo Higuain. « Le scandaleux transfert de Pipita[62] au Real Madrid avec Locarno comme passerelle », titre par exemple *La Nacion*. L'opinion publique est elle aussi choquée, surtout que le pays se remet passablement de la crise traversée au tournant des années 2000. « Je comprends les gens qui perdent confiance dans nos dirigeants politiques et sportifs », lance Roberto Digon, lui-même politicien aujourd'hui à la retraite (83 ans). « La corruption touche absolument toute notre société. Dans le football par exemple, je connais tellement de journalistes écrivant ce qui arrange telle personne, tel agent ou tel président

62. Le surnom de Gonzalo Higuain.

de club car il est payé en échange. Ça fonctionne comme ça, mais personne ne va le dire, la soupe est trop bonne ! » Un constat partagé par Rodis Recalt, journaliste d'investigation spécialisé dans les affaires politiques, mais aussi footballistiques eu égard à son amour pour ce sport et pour son cher Boca. « Il y a toujours des affaires chez nous, ça n'arrête pas… Malheureusement, le public n'est pas au courant de tout, parfois car il ne s'y intéresse tout bonnement pas. C'est pourquoi le football est aussi puissant : c'est une échappatoire. Les gens voient ce qui se passe sur le terrain et défendent vaille que vaille leurs dirigeants, qui utilisent parfois leur poste pour d'autres aspirations. » Comme le synthétise Digon : « Je n'ai jamais eu autant de pouvoir et d'accès que lorsque j'étais vice-président de Boca Juniors. J'ai eu une certaine carrière politique, mais je n'ai jamais connu quelque chose d'équivalent. Si Mauricio Macri a été élu président du pays, c'est aussi en partie pour ça. »

Intronisé le 10 décembre 2015, Macri a ramené avec lui sa garde rapprochée, et notamment Gustavo Arribas, nommé responsable des services secrets argentins. « Arribas n'a aucune expérience dans le domaine, même le président le sait, mais c'est un homme en qui il a toute confiance », explique Rodis Recalt, auteur de nombreux articles sur le sujet. « Quelque part, ça peut se comprendre. Le service de renseignement était en décrépitude depuis des années, il fallait un changement et une restructuration. » Reste que les interrogations sont nombreuses. Comment un notaire de formation, reconverti dans les transferts de footballeurs, peut-il prétendre réorganiser et diriger les services secrets d'un pays comme l'Argentine ? La question de l'inexpérience d'Arribas a été posée à de nombreuses reprises à Macri, qui s'est justifié dans un ouvrage de Laura Di Marco[63] intitulé *Macri* : « J'ai pensé : de tous mes amis, quel était le plus coquin, le plus méfiant et le plus habitué à la triche ? Il y en avait justement un qui s'était construit une bonne situation économique dans le football ; un qui a débuté avec un statut humble dans la vie… Il m'a semblé qu'il cumulait toutes les qualités. » Le concept d'un homme disposant de « toutes les qualités » selon Macri prête à sourire, mais le président parle d'une situation précise, celle d'un service d'espions et d'informateurs dissimulés sous diverses couvertures. On n'est pas si éloigné, finalement, du monde du football et de la Mano Negra où s'entrechoquent oligarques, milliardaires, politiciens, industriels, anciens repris de justice, entremetteurs et agents, secrets ou non, mais livrés avec passeports multiples et prête-noms. Lors des transferts, les négociations sont un jeu de dupes, qui voit certains intermédiaires communiquer exclusivement avec des téléphones

63. *Macri : historia íntima y secreta de la elite argentina que llegó al poder.*

mobiles jetables et des applications garantissant une confidentialité absolue. « Ça peut paraître anormal ou suspect, mais ça ne l'est pas tant que ça », confirme un intermédiaire français. « Quand je fais un deal, j'aime bien parler d'argent sans laisser de trace. Ça ne veut pas dire que je vais arnaquer les gens, mais on parle de plusieurs millions et il faut de la discrétion. » Comme pourrait le dire le proverbe, un bon business est un business discret, et le président argentin le sait bien : « Il a un compte aux îles Vierges britanniques au nom de ses hommes de paille, Fernando Hidalgo et Gustavo Arribas », tonne Roberto Digon, qui a également parlé d'« un compte en Suisse » dans une interview à Radio 10.

Quand tout ce petit monde officiait à Boca Juniors, des dizaines de millions ont vogué de banque en banque, sans que personne ne puisse retracer le chemin exact, même les principaux intéressés. De tous les cas, celui de Carlos Tévez est le plus intéressant, car chaque partie a quelque chose à cacher. Rapidement, la somme annoncée, 22,6 millions de dollars, est démentie par une enquête du quotidien argentin *Clarin*. 16 millions pour les uns, 17 pour d'autres, le montage du transfert est d'une opacité rare. Deux certitudes : l'argent déposé n'a jamais transité par le Brésil, ce qui pose souci vu que le club acheteur se trouve à São Paulo ; et certaines des parties prenantes se donnent un mal de fou pour couvrir leurs traces. Pour résumer, Corinthians, par l'intermédiaire de MSI, a déposé un premier versement sur un compte bancaire de la Royal Bank of Canada que celle-ci détient dans une autre banque, JP Morgan Chase, basée à New York. Ce compte est en réalité affilié à RBC Dominion Securities INC, un programme d'investissement de la Royal Bank of Canada. Comme si ce n'était pas assez tarabiscoté, le second versement ne provient pas de MSI, ce fonds d'investissement des îles Vierges britanniques dont personne ne connaît les propriétaires, mais « d'une entité financière ou entreprise avec un nom étranger », dixit le directeur financier de Boca. Le contrat entre Boca Juniors et Corinthians stipule également que « les commissions des intermédiaires, le salaire du joueur, *et cætera*, seront versés par H.A.Z. Football World Wide Limited », cette société détenue par Gustavo Arribas et Fernando Hidalgo et immatriculée à Gibraltar. « Je n'ai pas fait ce transfert », réfute cependant Hidalgo, qui a consenti à répondre après plusieurs relances. « C'est Zahavi qui l'a fait avec Kia [...] Zahavi n'a rien à voir avec H.A.Z. Je n'ai jamais été partenaire de Zahavi et je ne veux pas l'être. Pour terminer, ce que dit Zahavi tient pour le compte de Zahavi. Moi, j'ai répondu à ce que vous m'avez demandé, je ne sais pas si j'ai été clair. » Plus que clair, Fernando : transparent. C'est donc l'histoire d'un agent israélien ne parlant pas vraiment espagnol qui transfère la star argentine au Brésil avec l'aide d'un homme d'affaires iranien représentant un fonds d'investissement basé aux îles Vierges britanniques et dont personne ne connaît les propriétaires, qui paye ensuite le transfert en plusieurs versements à travers le programme d'investissement d'une banque canadienne qui a ouvert un compte dans une banque new-yorkaise. Le salaire du joueur ne sera pas payé par le club brésilien mais par une société basée à Gibraltar et appartenant à deux agents argentins qui ont avoué « ne pas avoir fait le transfert » et qui ont servi d'« hommes de paille » de l'actuel président de l'Argentine. Pour être clair, c'est tout à fait clair !

Cette opacité et la nouvelle fortune de Corinthians ne laissent pas indifférent. Les dirigeants des autres clubs brésiliens évoquent une concurrence déloyale, tandis que les médias s'interrogent sur la provenance des fonds et le passé de Joorabchian. Dans le même temps, un partenariat est entériné en toute discrétion avec le Dinamo Tbilissi, propriété de Badri Patarkatsichvili, le bras droit de Boris Berezovsky. Trois joueurs brésiliens partent en Géorgie, tandis que quatre espoirs géorgiens viennent parfaire leur formation à São Paulo…

Chaque jour, les suspicions croissent. Un mois seulement après la reprise officielle de Corinthians par MSI, le gouvernement britannique envoie un courrier à ses collègues américains et brésiliens, demandant « aux services de renseignement de chaque pays de surveiller les ressources financières de Kia Joorabchian ». Le FBI et l'ABIN dépêchent leurs agents et le ministère public de São Paulo ouvre une enquête pour « soupçons de blanchiment d'argent ».

En février 2005, soit trois mois après l'arrivée de Kia et MSI à Corinthians, José Reinaldo Guimaraes Carneiro, le procureur de GAECO[64], va plus loin : « Il existe des indices et des accusations gravissimes sur le fait que cet argent soit lié au trafic de drogue et de ventes illégales d'armes. » Les dirigeants *paulistas* sont convoqués au tribunal, comme Joorabchian, dont le témoignage dure plusieurs heures. Avec son beau costume et son sens de la rhétorique, il reste imperturbable et réclame le droit « aux investisseurs de rester inconnus ». C'est un droit, en effet, mais quid du premier versement de 2 millions de dollars effectué au profit de Corinthians à l'aide d'une autre société basée aux îles Vierges britanniques, Devetia Limited ? Un certain Zaza Toidze s'est présenté à la Bank of Georgia le 21 décembre 2004 pour transférer les fonds à un compte de la Bank of America de New York, qui les a ensuite envoyés à la banque centrale brésilienne. « Je ne le connais pas », répond Kia, qui ne se débine pas, précisant que l'homme en question a un accord de prêt avec la compagnie Devetia Limited. « Zaza récupérera son argent et avec intérêts », s'exclame-t-il, avant de lâcher sans aucune pression : « Son nom est

64. Groupe d'action spécial pour la prévention du crime organisé, spécialisé dans les affaires liées à la Mafia et appelé à la rescousse sur le dossier MSI-Corinthians.

là pour donner plus de transparence à ce prêt. » Joorabchian n'a pas forcément tort : Zaza Toidze est transparent, totalement même, puisque personne n'a pu le retrouver ou déterminer s'il est en vie. « Malgré tous les efforts que nous avons mobilisés lors de notre enquête, Zaza Toidze n'a pu être localisé et nous ne sommes pas parvenus à obtenir son identité exacte car il existe même un soupçon que cette personne n'existe pas », a communiqué le ministère public de São Paulo.

Présenté dans la presse comme « un politicien géorgien » ou « un proche de Badri Patarkatsichvili », Toidze a donné un numéro de passeport à la banque (0103458) qui correspond en réalité à un autre Zaza : Giorgi Imedaishvili, ou Imedishvili selon les versions. Un journaliste géorgien, Giorgi Sepashvili, a donc mené l'enquête avec la coopération de la Bank of Georgia. Il a retrouvé le domicile supposé de Giorgi Imedaishvili à Tbilissi, mais là encore, il paraîtrait que l'homme n'y habite plus…

Même aujourd'hui, plusieurs journalistes locaux ont essayé de se renseigner, en vain. Les Zaza gardent leur mystère, et pourquoi pas leurs intérêts, à moins qu'ils ne soient une simple invention : un Zaza en cache toujours un autre en Géorgie – on dit même qu'ils cacheraient un Badri.

CHAPITRE 14

Morts sans indication

Starring : Arkadi Shalvovich Patarkatsichvili, alias « Badri », « Badei », « The Original Oligarch », « Le bienfaiteur de Tbilissi », « The Director », « Le bras droit de Berezovsky », « The Man in control », « L'homme le plus riche de Géorgie », « Daddy Warbucks », « The Sin-Eater », « Le Robin des bois géorgien »
Né à Tbilissi le 31 octobre 1955 dans une famille aisée de confession juive, Arkadi a rapidement été connu de tous comme Badri. Perdant rapidement son père (arrêt cardiaque), il amassera par la suite une fortune considérable après l'éclatement de l'URSS en formant avec Boris Berezovsky un tandem qui n'a pas d'équivalent chez les oligarques. Bon vivant, amoureux du vin, des grands restaurants et des traditions d'antan, il a donné quantité de millions à des projets sociaux, sportifs et pour la recherche contre le cancer ou la leucémie. Propriétaire du Dinamo Tbilissi, avec qui il remportera trois championnats et trois coupes nationales, il a également tenté d'acheter West Ham en 2006.

« Vous ne le savez probablement pas,
mais c'est moi qui ai amené Poutine en politique.
Il travaillait auprès du maire de Saint-Pétersbourg,
Anatoli Sobchak, et procurait ***krysha*** (protection)
pour mon business là-bas [...] Quand Sobchak
a perdu les élections, Vladimir a démissionné.
Puis il m'appelait deux fois par jour,
me suppliant : "Badri, emmène-moi à Moscou.
Je ne veux pas rester ici." Plus tard, au moment
où devait être décidé qui serait le prochain
Premier ministre, nous avons réalisé que celui-ci
serait le futur président – et il est devenu
notre candidat. Donc, c'est nous qui l'avons fait. »
Badri Patarkatsichvili en 2008
au quotidien géorgien Alia

Patarkatsichvili est reconnaissable entre tous les oligarques. Déjà, il en est l'un des premiers, *« The Original Oligarch »* comme le titrait *The Telegraph*. Et puis il y a sa moustache, « sa marque de fabrique » dixit un de ses anciens collègues. Blanchâtre, copieusement fournie, elle prend la forme d'un guidon de vélo, même si on peut aussi y voir une ressemblance avec la fameuse moustache du maréchal Plekszy-Gladz dans les aventures de Tintin. Heureusement, la comparaison s'arrête ici : Badri n'a jamais été un tyran ou un despote, ni même roi de son pays ; il s'est contenté d'en être le mécène.

La légende raconte que sa fortune dépasse le budget de l'État géorgien et que, l'hiver venu, c'est lui qui règle la note de gaz de la capitale, Tbilissi, pour éviter que les familles ne meurent de froid ou ne puissent plus chauffer leur nourriture. Le phénomène s'est produit à deux reprises, en 2001 et 2004, mais Badri n'en a jamais parlé publiquement. « Ce n'est pas son truc », poursuit son ex-collègue, désireux de rester anonyme. « C'est un gentleman, quelqu'un de très discret. Il n'aime pas être dans la lumière. » Bien sûr, le bienfaiteur de Tbilissi n'en demeure pas moins un businessman, qui plus est un oligarque ; en 2004, il a payé la note en consentant un prêt d'un million de dollars sur trois ans au conseil municipal de la capitale géorgienne. Alors oui, il n'a pas pu s'empêcher de glisser 5 % d'intérêts dans le contrat, mais ce n'est pas de sa faute : les milliardaires aussi ont des faux frais.

Depuis le tournant des années 1990, il est le plus fidèle partenaire de Boris Berezovsky. « Ils ont forgé une grande amitié », continue leur connaissance commune. « L'expression "meilleur ami" n'est pas galvaudée avec eux. Boris va avec Badri, et réciproquement. » Décrit par un autre partenaire comme « deux frères », le tandem fonctionne à la confiance. Badri et Boris ont convenu qu'ils feraient 50-50 sur tous leurs investissements, alors à quoi bon le répéter et le formaliser avec un papier et un stylo ? « C'est un *homo sovieticus* », pointe Berezovsky dans une interview accordée à Suzanne Andrews pour *Vanity Fair*. Profondément marqué par sa jeunesse en Union Soviétique et son engagement au Komsomol, l'Union des jeunesses léninistes communistes, Patarkatsichvili est un homme issu de la vieille école, des soubresauts de la Géorgie et de l'éclatement de son URSS. Évidemment, sa richesse amassée en pillant les secteurs-clés de la Russie n'a plus rien à voir avec ses idéaux de jeunesse, mais il a gardé certains codes tacites appris dans les rues de Tbilissi, comme l'importance de la parole. C'est peut-être un cliché, sûrement même, mais la parole de Badri est toute sa vie : il n'en a qu'une, et s'il la trahit ne serait-ce qu'une fois, c'en est fini. « Nous sommes une combinaison parfaite », continue Berezovsky. « Tout d'abord, c'est une affaire de confiance […] Badri a un cœur absolument incroyable. Je suis très… Comment vous dites ça ? Extrême ! J'ai beaucoup d'ennemis ; j'ai beaucoup d'amis aussi. Mais Badri n'a pratiquement que des amis. Même mes ennemis, s'ils rencontrent Badri, ils seront sans arme. Ils ne seraient pas capables de se battre contre lui. »

Derrière le rideau de fer, Patarkatsichvili a cultivé une réputation d'entremetteur ultime. Si l'un de ses partenaires a un souci, n'importe quel souci, il appelle Badei, un de ses surnoms. Joint de culasse – il réparait des voitures durant son adolescence contre quelques roubles –, factures impayées, négociations complexes, grogne des salariés, pression politique ou groupe mafieux en bas de votre entreprise ? Badri règle tout. Comment ? C'est une bonne question, très bonne, mais qui pourrait répondre ? Soit les intéressés sont introuvables, soit ils sont morts, ce qui signifie bien souvent la même chose. Quant aux autres, ils ne parleront pas comme ça. « Je vais raccrocher », s'énerve la relation de Badri et Boris. « C'est un homme d'une rare intelligence, toujours capable de débloquer les situations. Il sait s'adapter à son interlocuteur. »

Pourtant, en le voyant porter un toast lors des dîners privés en entonnant quelques notes lui rappelant sa belle Tbilissi, personne ne pourrait croire qu'il serait capable de tenir en respect des criminels, chefs de guerre et autres mafieux. Il y a des oligarques qu'il vaut mieux ne pas croiser dans une ruelle après minuit, mais pas Badri ! Par les moustaches de Patarkatsichvili, la seule chose qu'il pourrait faire, c'est vous payer une nouvelle tournée ou vous demander une cigarette ; une Parliament de préférence.

Président du Dinamo Tbilissi et du comité olympique géorgien[65], il finance quantité d'athlètes, joueurs d'échecs et programmes sociaux. Pour beaucoup d'habitants, Badri est un saint, du moins la version humaine s'en rapprochant le plus. Mais

65. Il a par exemple financé à hauteur de 2,25 millions de dollars l'équipe géorgienne aux J.O. d'Athènes en 2004 et offert 225 000 dollars à chacun des deux médaillés d'or.

les saints aussi commettent des péchés ; certains s'en nourrissent pour absoudre ceux commis par d'autres. Ceux d'un acolyte par exemple, d'un associé, d'un ami ou d'un frère. Boris Berezovsky est tout cela à la fois pour Badri. « Je sais que j'ai fait des erreurs », soupire le *Kingmaker*. « Mais il a accepté mes erreurs comme les siennes, et j'ai accepté ses erreurs comme les miennes. » On dit que le plus grand ennemi d'un homme réside dans ses forces les plus obscures. Chez Berezovsky, elles ont un nom : Badri Patarkatsichvili. Chaque crime, chaque méfait de Boris, Badri les a absorbés ; effacés comme s'ils n'avaient jamais existé.

Lorsque le parrain du Kremlin se retrouve dans une situation impossible, c'est sa face sombre qui agit en activant ses réseaux de la mafia tchétchène. Ni vu, ni connu, les rivaux disparaissent et les charges judiciaires également[66]. Badri aurait pu solliciter d'autres relations, mais il est trop malin pour cela, et trop prudent. Il a beau contrôler une flopée de journaux et avoir fondé le premier média non dirigé par le gouvernement en Géorgie, *Imedi* (« espoir » en géorgien), la presse détenue par

---

66. Badri a été interrogé par la justice en 1995 pour le meurtre de Vlad Listiev, présentateur et directeur de la chaîne de télévision ORT détenue par Berezovsky. Bien qu'ils aient tous deux été fortement suspectés à l'époque, aucune charge n'a été retenue contre eux. Aujourd'hui, l'assassinat de Listiev n'a toujours pas été résolu, et les dernières enquêtes semblent s'orienter vers des réseaux n'ayant rien à voir avec ceux de Badri et Boris.

ses rivaux profitera de la moindre bribe d'erreur, du plus petit faux pas pour l'exposer. Un seul journaliste, Stefan Lemieszeski, spécialisé dans le monde souterrain de Moscou, a eu l'outrecuidance d'écrire sur Mareb Patarkatsichvili, un des frères présumés de Badri et qui, dit-on, ferait partie des *Vory y zakone*, littéralement « les voleurs dans la loi ».

Ce groupe mafieux, à forte consonnance géorgienne, dont le secteur d'activité oscille du racket au kidnapping en passant par le cambriolage, le meurtre et le blanchiment, est connu mondialement, notamment pour les tatouages de ses membres. Mareb serait un référent, tandis que Levan, le troisième frère, serait plus bas dans la hiérarchie *vory*. Il n'y a aucun moyen de savoir si les allégations sont vraies, mais Mareb et Levan ne sont en tout cas jamais cités dans les procès impliquant les membres de sa famille[67] ; pire, aucune preuve de vie n'a pu être retrouvée au cours de l'enquête. Cela dit, qu'ils existent ou non, Badri serait là pour eux, de cela au moins on est certain. Il ne pourrait peut-être pas sauver leur âme, mais puisqu'aucun homme n'est parfait, il leur conseillerait de faire

67. À la mort de Badri, son héritage a été au centre d'un rocambolesque imbroglio juridique. Dans le procès tenu le 22 janvier 2010 devant la Haute Cour Suprême de New York sont répertoriés les divers bénéficiaires et membres de sa famille, dont ses deux sœurs, sa mère et un frère du nom de Yacob. Aucune trace de Mareb ou Levan.

Techouva[68] en se rendant chaque semaine à la synagogue.

Toujours dans l'ombre de Berezovsky et de ses plans politiques, *the original oligarch* finance en grande partie la Révolution des Roses qui conduira à la démission du président géorgien Edouard Chevardnadze. Arrive au pouvoir Mikhail Saakachvili, un jeune avocat formé dans de prestigieux établissements américains (Columbia et l'université George Washington). Le rapprochement avec les États-Unis est immédiat ; en 2005, Tbilissi inaugure une rue au nom de George W. Bush, tandis que les troupes envoyées en Irak doublent en 2007, faisant de ce petit pays du Caucase la quatrième nation présente sur le terrain en termes d'unités militaires !

Ce rapprochement ne fait pas que des heureux, surtout au Kremlin. Mais pour Badri, c'est parfait. Depuis 2002, il a obtenu l'asile politique en Géorgie suite à de multiples poursuites et enquêtes diligentées contre lui en Russie. Protégé à Tbilissi, il partage sa vie entre son jet privé, ses yachts, son manoir anglais, Downside Manor, situé à quelques kilomètres de la résidence de Boris, et sa villa à Eilat, la station balnéaire israélienne donnant sur la Mer Rouge. Une drôle de vie, mais collant avec

---

68. Un terme signifiant « repentance » dans la religion juive. *Techouva* est surtout utilisé pour les juifs non religieux qui retrouvent peu à peu leur religiosité.

le personnage, un businessman hyperactif, joyeux, toujours à chercher ses cigarettes ou le meilleur restaurant pour célébrer un nouvel investissement.

Badri pourrait ainsi couler des jours heureux jusqu'à la fin de son existence. Sauf que lorsque vous pénétrez dans le monde de Boris Berezovsky, vous n'en sortez plus : c'est un aller simple sans billet de retour, hormis celui menant au cimetière. Bien sûr, ce sont aussi les fastes de la grande vie, des millions de dollars, des voyages à travers le monde et des conquêtes toujours plus belles. Vivre dans le monde de Boris promet mille merveilles. Certaines restent une chimère, comme le Darius, un yacht de 110 mètres avec une salle de cinéma, deux piscines, une infirmerie, un canon à eau pouvant couler un bateau à cent mètres, des canons sonores et un hors-bord à turbocompresseur au cas où une exfiltration d'urgence s'avère nécessaire, revendu 358 millions de dollars avant même sa finalisation ! Néanmoins, en général, les promesses de Boris se réalisent pour qui travaille avec lui. Dans ces cas, il faut en profiter, mais aussi avoir le palpitant bien accroché.

Le 12 juin 2001, l'avocat des oligarques, Stephen Curtis, finalise le fameux payement de 1,3 milliards de dollars de Roman Abramovitch à Boris Berezovsky[69]. Il est aidé par un autre avocat

69. Berezovsky a soutenu au procès que ce paiement correspondait aux parts qu'il détenait dans Sibneft, cette compagnie

britannique, Stephen Moss, qui opère comme conseiller juridique de Badri. Ce tour de passe-passe, connu comme l'accord de Devonia, mériterait un livre à lui seul.

Pour schématiser, Curtis et Moss ont organisé un montage avec un membre de la famille royale d'Abu Dhabi : Sheikh Sultan bin Khalifa Al Nahyan. Ce dernier a facilité le transfert de fonds à travers une de ses compagnies, récupérant au passage une commission de 20 %, soit près de 260 millions de dollars ! Lors du rendez-vous finalisant l'accord, auquel Boris et Roman étaient présents, le responsable de la Clydesdale Bank demande le passeport du Sheikh ainsi qu'une garantie. En guise de réponse, celui-ci jette quelques dirhams sur la table : « C'est mon visage dessus. » Éclats de rire, à la grande joie de Curtis, qui empoche 18 millions. Quant à Moss, il devient lui aussi millionnaire, mais pas pour longtemps : le 22 septembre 2003, il succombe d'un arrêt cardiaque.

Comme pour Curtis, décédé l'année suivante dans ce sombre accident d'hélicoptère, le MI6, le service de renseignement extérieur du Royaume-Uni, demande aux services secrets américains s'il y a suspicion de meurtre. Selon une colossale enquête

---

pétrolière que Roman Abramovitch, sur ordre du Kremlin, lui aurait intimé de vendre. Le propriétaire de Chelsea a toujours soutenu qu'il s'agissait en réalité d'une somme payée pour sa protection (« *krycha* »).

en sept parties de *BuzzFeed News*, intitulée *From Russia With Blood,* quatre sources ont confirmé que les services américains disposaient de dossiers complets sur Curtis et Moss. Ces rapports, conservés dans une base de données strictement confidentielle, nécessitent « une autorisation au plus haut niveau gouvernemental », témoigne un officiel du contre-espionnage américain. Cela ne prouve aucune implication du Kremlin, comme certains dans les cercles de Boris le suggèrent ouvertement, pas plus qu'un assassinat déguisé ; mais tout de même : les amis de Badri tombent un à un, en pleine force de l'âge.

Quelques mois plus tard, le 3 février 2005, le Premier ministre géorgien, Zourab Jvania, trépasse d'une intoxication au monoxyde de carbone dans l'appartement d'un de ses amis politiciens, Raul Usupov, lui aussi décédé. Au pays, beaucoup doutent de cette version, et notamment la famille des défunts. Badri aussi est circonspect ; en 2010, son avocat dira au quotidien *Asavali-Dasavali* que son client lui a confié que Jvania a été tué par le président de la Géorgie lui-même, Mikhail Saakachvili.

Entre-temps, Patarkatsichvili assiste aux obsèques et à la commémoration tenue à la grande synagogue de Tbilissi. Terré sur son siège, il ne dit mot, perdu dans ses pensées : dans le monde de Berezovsky, la mort guette depuis l'un des recoins de la pièce, sans que Badri ne puisse savoir si elle est un écho du passé ou une promesse du futur.

Dans ce contexte si noir, l'extrême prudence et les multiples affabulations de Kia Joorabchian s'entendent mieux, comme les « raisons de sécurité » évoquées par son conseiller d'image à São Paulo. Le secret derrière MSI ne doit pas s'ébruiter, il n'y a pas d'autre option possible. Alors, pour dissimuler l'identité des véritables propriétaires et leurs objectifs, on camoufle les pistes avec des contre-feux médiatiques, une équipe de galactiques et le système de poupées russes dans lesquelles de multiples sociétés se greffent. Déjà, il n'y a pas qu'un MSI, mais trois : le fonds d'investissement aux îles Vierges britanniques, une compagnie brésilienne MSI Licenciamentos e Administracao Ltd (elle-même détenue par trois sociétés, dont Devetia et MSI Group Limited), et une société londonienne fondée le 31 août 2004 avec 1 000 livres de capital et deux directeurs : Kia Joorabchian et Nojan Bedroud, un homme d'affaires iranien qui suivra Kia dans toutes ses aventures, passant sa licence d'agent de joueurs auprès de la fédération anglaise en 2008. Fait curieux, ce MSI londonien a été créé une semaine après le préaccord signé avec Corinthians, mais s'il fallait s'interroger sur toutes les dates et tous les détails anormaux, les enquêteurs n'auraient pas fini d'avoir une migraine…

En commençant son investigation, le ministère public de São Paulo s'aperçoit effectivement qu'il n'y a pas qu'un seul Kia. Selon les documents signés par sa main et enregistrés à la chambre de commerce anglaise, l'Iranien a changé de prénom, de nom, de date de naissance ou de nationalité d'une entreprise à l'autre, et parfois même à l'intérieur d'une d'entre elles[70]. On recense ainsi :

– un Kia Joorabchian né le 14 juillet 1971, de nationalité anglaise ;

– un Kiavash Joorabchian né le 14 juillet 1971, de nationalité anglaise (et canadienne selon l'enquête de *Voetbal International*) ;

– un Kiavash Joorabchian né le 25 juillet 1971, de nationalité anglaise ;

– un Kia Kiavash né le 25 juillet 1971, de nationalité canadienne.

Quatre identités, et peut-être cinq selon les informations du journal *Lance* signalant que Kia a signé des papiers au Brésil avec 1970 comme date de naissance ! « C'est assez dingue, ses passeports », rigole un intermédiaire du milieu footballistique. « Après, il faut faire attention car il y a beaucoup de légendes et de racontars. Certains te racontent qu'il a récupéré récemment un passeport asiatique, d'autres te disent qu'il en a également un brésilien… La seule vérité, c'est qu'il a déjà signé avec diverses dates de naissance et qu'il dispose de plusieurs nationalités, mais combien, c'est autre

70. En l'occurrence Sports Invest UK, son actuelle société conseillant et représentant divers joueurs.

chose. » Combien et surtout comment ? De son propre aveu, Kia n'a pas passé plus de quatre ans au Canada alors qu'il faut cinq années pleines pour en obtenir la citoyenneté. « Il l'a obtenue en tant que réfugié politique », soutient une de ses connaissances. Une théorie recevable : son père, Mohamed, a présenté un passeport canadien pour s'enregistrer à la chambre de commerce anglaise. Néanmoins, cela ne résout pas les autres questions : pourquoi des noms et des dates de naissance différents ? « Il y a plein de possibilités », résume une personne travaillant au service des passeports en Israël. « Cela dépend des pays. Contre une somme d'argent suffisante, tout est possible parfois *(rires)*. Dans certains pays occidentaux, il existe une pratique que l'on m'a racontée : soudoyer quelqu'un d'important qui ne remplira pas un passeport avec de vraies informations. Il gardera le prénom ou le nom, mais modifiera un petit peu l'un des deux. Pareil pour la date ou le lieu de naissance. Ce sera un passeport avec grosso modo 50 % de bonnes informations. Après, ça peut être tout simplement une procédure logique, n'impliquant aucune corruption, et avec des raisons propres au demandeur du passeport. »

Quelques intermédiaires, ainsi que des journalistes d'investigation, se demandent si ses multiples identités ne seraient pas une couverture mise en place par un service de renseignement, probablement le MI6. Et l'on serait donc face à Kia Bond ou James Joorabchian, une sorte de 007 du football venu d'Iran. Sur le papier, c'est un excellent script, et l'acteur principal a effectivement un charme à la Sean Connery avec son costume trois-pièces. Problème, le gouvernement britannique a expressément demandé à ses homologues américains et brésiliens de surveiller Kia, rendant caduque la théorie. Évidemment, certains esprits matois rétorqueront qu'il peut s'agir d'une énième couverture destinée à protéger la véritable identité de l'espion de Téhéran, mais dans ce cas, il n'y a plus grand-chose à dire ou à faire, si ce n'est leur conseiller d'éteindre la télé ; il paraît que ça rend zinzin.

Comme si ce mystère-là n'était pas assez épais, la structure MSI présente d'autres zones d'ombre propices à tous les complots. Déjà, l'intermédiaire utilisé pour les contacts avec Corinthians, Renato Duprat, est un habitué des tribunaux. Ancien médecin reconverti homme d'affaires, il était l'un des dirigeants du grand hôpital Unicor qui a développé tout un système de santé dans les années 1990 à grands renforts de publicité et de sponsoring maillot de l'équipe de Santos. Or, Unicor a terminé en faillite, laissant plus de mille personnes au chômage sans indemnité et plus de cent mille personnes sans assurance maladie…

Duprat a rencontré Kia à Londres. Ensemble, ils ont échafaudé un plan afin d'être pris au sérieux par les divers acteurs du football brésilien. Débarquant dans un cinq étoiles de São Paulo, le Fasano, le tandem se déplace uniquement dans une limousine Mercedes louée pour la durée du séjour.

Au début, les discussions portent sur les droits de retransmission du championnat, mais Kia montre rapidement son intention d'acheter un club. C'est par Duprat qu'il rencontre le président de Corinthians, Alberto Dualib, mais un doute persiste encore sur sa prétendue richesse. Alors, un soir, la limousine Mercedes, mal garée devant le restaurant du Fasano, reçoit une contravention de la police, à hauteur de 5 000 réaux, soit un peu plus de 1 000 euros. Embarrassé, Duprat ne sait que faire, mais Kia arrive et sort de sa poche une liasse de livres sterling pour payer l'amende et présenter ses excuses aux forces de l'ordre.

Toujours charmeur, le playboy de Téhéran convainc Dualib de l'accompagner à Londres dans le plus grand des secrets pour rencontrer ses partenaires. C'est ainsi que le 7 août 2004, le président de Corinthians, sa petite-fille Carla et deux autres dirigeants (Nesi Cury et Andres Navarro Sanchez) rencontrent Boris Berezovsky, qui vit depuis peu sous une autre identité fournie par le gouvernement anglais : Platon Elenin.

C'est avec ce nouveau passeport qu'il a rendu visite à Badri et sa femme en Géorgie, à la barbe du Kremlin. Taquin, Boris n'a pas choisi ce nom par hasard, Platon étant le prénom du personnage inspiré de sa vie dans le roman *La Grande Portion*, adapté au cinéma par Pavel Lounguine dans *Un Nouveau Russe*.

Quoi qu'il en soit, la délégation *paulista* ne demande pas de carte d'identité à Boris. Les invités dînent de bon appétit et écoutent l'oligarque, qui les escorte à son jet privé. Quelques heures de vol plus tard, ils rejoignent le Wedding Palace de Tbilissi, la demeure célébrant les mariages durant l'époque soviétique et accueillant les personnalités en visite comme Margaret Thatcher.

Depuis son retour en Géorgie, Badri a acheté le lieu et entamé des réparations. Son personnel le plus proche, comme sa secrétaire privée Maya Motserelia ou son « ombre » Otari Dabrundachvili, vivent avec lui. Ce petit monde accueille Kia et l'état-major de Corinthians, charmés par les moyens mis à leur disposition. « Il y avait même une grande douche dans le jet », s'enthousiasme Dualib. Le reste du voyage finit d'impressionner les Brésiliens, surtout que Badri s'efforce de communiquer le plus possible avec son anglais rudimentaire. Bien sûr, des traducteurs facilitent les échanges, dont Kia qui passe du portugais à l'anglais sans souci, mais le geste compte, comme les 500 000 dollars dépensés pour ce séjour de cinq jours selon le magazine *Caros Amigos*. Reste toutefois une condition : conserver la plus grande discrétion possible. Les dirigeants de Corinthians acceptent, mais de toute façon, ils n'avaient déjà plus leur mot à dire : Boris Berezovsky ne régale pas un demi-million sans contrepartie.

Alors, forcément, quand les enquêtes menées par le ministère public trouvent un large écho dans la presse brésilienne et internationale, les quatre personnes ayant voyagé à Londres et Tbilissi ont des sueurs froides. Bien sûr, Corinthians a retrouvé une équipe victorieuse et de grands joueurs, mais personne n'a envie de finir en prison. Romeu Tuma Junior, le député à l'origine de l'investigation, part en Russie s'entretenir avec ses homologues et divers représentants de la justice pour constituer un dossier complet sur les prévenus et « ce blanchiment d'argent pour la mafia russe ».

Cela n'empêchera pas le *Timão* de remporter le titre, dans une saison entachée par un scandale généralisé d'arbitres achetés et de matchs truqués en première et seconde divisions. Les résultats de onze rencontres de l'élite ont été annulés, parmi lesquels deux matchs de Corinthians, qui s'étaient soldés par deux défaites. Les *Paulistas* remportent finalement le championnat pour trois petits points devant l'Internacional. Moralité : sans cette intervention juridique, MSI n'aurait pas obtenu le sacre ; certain que Badri et Boris ont dû apprécier l'ironie.

En attendant la participation à la prochaine Copa Libertadores, Kia Joorabchian poursuit ses emplettes. Son recrutement est pour le moment couronné de succès : Javier Mascherano domine l'entrejeu, tandis que Carlos Tévez a compilé trente et un buts toutes compétitions confondues.

Même le petit dernier, Nilmar, est décisif avec sept réalisations ; autant que lors de ses quarante-six apparitions avec l'Olympique Lyonnais.

Venu en France avec la sempiternelle réputation du crack brésilien rappelant ses glorieux aînés, Nilmar n'a pas eu la réussite espérée ; même s'il y avait bien penalty sur lui contre le PSV Eindhoven en quart de finale retour de Ligue des Champions. Prêté à Corinthians, il est ensuite acheté contre 10 millions d'euros. Mais si l'on regarde de près le contrat, rédigé en anglais et en portugais, il y a un souci. Le 15 mai 2006, Jean-Michel Aulas et Alberto Dualib entérinent l'accord. Les présidents paraphent le contrat, comme le joueur. Sauf qu'apparaît également une autre signature, celle de MSI GROUP LTD. En remontant un peu plus haut, on peut d'ailleurs lire au paragraphe G que « MSI Group Ltd sera propriétaire de 100 % des droits économiques du joueur ». Autrement dit, Nilmar transite de l'OL à Corinthians, mais c'est bien MSI le bénéficiaire. Ce qui pose évidemment pas mal de questions.

Pourquoi l'OL a-t-il accepté de vendre un joueur à MSI, alors sous le coup d'une enquête du ministère public de São Paulo pour blanchiment d'argent au profit de la mafia russe ?

Jean-Michel Aulas savait-il avec qui il était réellement en train de négocier et d'où allait venir l'argent ?

Contacté, le président rhodanien n'a pas répondu. Même si la médiatisation des soucis de Corinthians s'est répandue dans le monde entier, la presse française n'en a effectivement pas trop parlé, hormis une (belle) double page dans *L'Équipe*. Il est donc plausible que JMA ne connaisse pas le dossier à l'époque, même si l'OL bénéficie d'un recruteur sur place, le fameux Marcelo, responsable des arrivées d'Edmilson, Caçapa, Cris ou Juninho.

Néanmoins, dans cette affaire, ce sont bien les Lyonnais qui sont victimes, l'argent promis n'arrivant pas totalement. L'OL porte plainte à la FIFA et obtient gain de cause, comme devant le TAS (Tribunal arbitral du sport). Finalement, le 14 décembre 2007, les Gones publient un communiqué : « Transfert Nilmar : accord avec Corinthians. » Enfin ! Le texte précise que le nouveau président du club brésilien, Andres Sanchez, celui-là même qui a été reçu au Wedding Palace de Tbilissi, a « immédiatement manifesté une volonté affirmée de mettre un terme à ce différent en proposant un échéancier de règlement de l'arriéré, agrémenté des intérêts de retard et des honoraires et frais de procédures divers, pour un total de 6,5 millions d'euros ». Jean-Michel Aulas en profite pour déclarer : « La priorité de Corinthians était de régler tous les problèmes en cours dont l'un des principaux, celui afférant au transfert du joueur Nilmar […] Nous nous sommes engagés à aller disputer un match contre les Corinthians dans leur stade pour faire en sorte que la relation fraternelle historique redevienne d'actualité. » Ah, la communication d'entreprise, ce n'est jamais évident ! L'OL a pactisé avec le diable, et même si les dirigeants ne le savaient pas, mieux vaut ne pas trop s'épancher : il y a six millions et demi à récupérer. Les « problèmes » de Corinthians évoqués par Aulas sont en réalité un mandat d'arrêt international émis par un juge brésilien à l'encontre de Kia Joorabchian, Nojan Bedroud et Boris Berezovsky…

Réfugié à Londres, le trio n'a pas perdu de temps. Kia, conseillé par… Pini Zahavi, a négocié avec les dirigeants de West Ham d'un possible rachat. L'acquéreur ? Badri Patarkatsichvili. Entre-temps, Joorabchian et Zahavi ont déjà placé Javier Mascherano et Carlos Tévez chez les *Hammers* à travers diverses sociétés off-shore, ce qui a scandalisé la presse et le public anglais, alors à l'abri de la TPO.

Les droits économiques de Mascherano n'appartenaient donc pas à un club de football, mais à Mystere Services (ce n'est pas une blague) et Global Soccer Agencies, une compagnie gibraltarienne liée à Zahavi et impliquée dans de nombreux transferts à Porto (Lucho Gonzalez, Lisandro Lopez, etc.). « C'est du passé maintenant », élude *Mister Fix-it*.

Comme avec Leiston Holdings, Pini a agi comme conseiller et a toujours démenti en être le propriétaire malgré les affirmations de certains médias, voyant derrière GSA une association Zahavi-Mendes[71]. Pour l'anecdote, Corinthians a également travaillé avec GSI, Global Soccer Investments, qui est intervenue dans la vente de Jô au CSKA Moscou en 2005 ; un club à l'époque sponsorisé par Roman Abramovitch. Le même Abramovitch dont le yacht, *Le Grand Bleu*, était amarré à Puerto Madero, le port de Buenos Aires, le jour des négociations entre Boca Juniors et Corinthians pour Carlos Tévez... Par les moustaches de Patarkatsichvili, c'en est trop ! On nous dirait que MSI envoie des petits hommes verts pour signer des chèques qu'on serait prêt à le croire ! C'est tout le souci avec les oligarques, les super-agents, les hommes d'affaires à identités multiples et les montages off-shore : lorsqu'on s'intéresse à leurs affaires, il y a le risque de devenir complotiste et de les voir de partout. « Nous savons qui est derrière GSI », a déclaré Fernando Gomes, à l'époque dirigeant de Porto et aujourd'hui membre

71. GSA a par ailleurs été impliquée dans un potentiel rachat du Polonia Varsovie. Ce projet a été mené par Zahavi, mais n'a pas abouti. GSA a également été présente dans de nombreux transferts de joueurs portugais représentés par Jorge Mendes, notamment ceux partis au Dynamo Moscou. Notons que GSA aurait été renommée Rio Football Services Limited, une société déclinée en plusieurs noms et pays (Rio Football Services Holland BV, Rio Football Services Malta, etc.). D'après le procès entre Corinthians et le Werder Brême au sujet du transfert de Carlos Alberto, Rio Football Services Limited serait basée en Israël mais domiciliée fiscalement à Gibraltar.

du comité exécutif de l'UEFA. « Sauf que je ne suis pas autorisé à le dire… »

Dans le cas de Carlos Tévez, ses droits économiques sont partagés entre MSI et Just Sports Inc. MSI revendra par la suite ses parts à une autre société des îles Vierges britanniques, Harlem Springs, par laquelle s'effectueront les transferts à Manchester United, puis Manchester City, avec Kia Joorabchian comme conseiller.

Très bien, mais cela ne résout pas l'équation : pourquoi ces gens se donnent-ils autant de mal pour brouiller les pistes ? « C'est une toile d'araignée logique avec divers paradis fiscaux, sociétés écrans et hommes de paille », explique une personne travaillant dans la lutte contre le blanchiment d'argent en France. « Il n'y a rien de choquant ou de spécialement anormal. On retrouve ce genre de schémas dans beaucoup d'autres domaines manœuvrant des dizaines de millions. L'idée est juste de ne pas remonter aux vrais propriétaires, mais ils ne sont pas les seuls à faire ça. » Même avec des accès privilégiés, personne n'est en mesure de savoir qui se cache derrière toutes les sociétés. À part s'en remettre à la providence, il ne reste pas grand espoir, à moins que… Une piste gibraltarienne en entraîne une autre, puis une seconde. Et un soir arrive le précieux sésame : un document émis par Hassans, la prestigieuse société d'avocats régnant sur le rocher et les montages off-shore. « Ce sont des magiciens », glisse un avocat ayant travaillé avec eux. « C'est simple, à Gibraltar, les décisions se prennent au parlement et chez Hassans. Parfois, c'est même ici qu'on décide avant d'aller au parlement *(rires)*. »

En ouvrant les pages, le rythme cardiaque s'accélère. L'excitation est présente, quoique teintée de fébrilité. C'est donc ici que va apparaître le fin mot de l'histoire ? Durant un instant, le regard se perd dans le vide et l'imagination s'emballe : l'arrêt cardiaque de Stephen Moss, l'accident d'hélicoptère de Stephen Curtis, les quatre balles reçues par Paul Klebnikov[72]... La paranoïa est un drôle de sentiment, mais il y a bien une raison à tous ces morts.

Au fil des paragraphes apparaît la vérité, du moins une partie. MSI n'est en réalité pas le sommet de la pyramide ; loin de là. Ses actions sont détenues par LMC Nominees Limited, immatriculée Suite 834, Europort, Gibraltar. Deux autres compagnies, LMC Management (administrateur de MSI) et LMC Secretaries (secrétaire de MSI), sont situées à la même adresse. Cet ensemble, nommé LMC

72. L'auteur du livre *Le parrain du Kremlin* a été assassiné en sortant des bureaux de Forbes à Moscou. Les coups de feu, tirés depuis une voiture, ne lui ont pas été fatals sur le coup, mais il a été transporté à l'hôpital dans une ambulance sans bouteille d'oxygène. Arrivé sur place, l'ascenseur le menant à la salle d'opération est tombé en panne... De nombreux suspects ont été arrêtés depuis son meurtre, sans savoir qui a réellement effectué et commandé l'opération ; Klebnikov ayant réalisé de nombreuses enquêtes dérangeantes, pas uniquement sur Berezovsky.

Companies, fait lui-même partie d'une autre entité plus importante, LMC Group, également appelé LMC Parties. C'est à l'intérieur de cette poupée russe que se cachent divers fonds d'investissement à travers le monde :

– The Rizarro Trust et ses intérêts dans quatre radios russes ;

– The Lever Trust et ses propriétés immobilières au Royaume-Uni ;

– The Colorado Trust et son terrain en Lettonie.

Au milieu de ce tohu-bohu se dresse le fameux *Brazilian Football Project*. On y est ! Il ne reste plus qu'à lire le nom du bénéficiaire au sommet de la pyramide LMC : Badri Patarkatsichvili. Et qui dit Badei dit Boris Berezovsky, jamais présent sur les papiers mais détenteur de 50 % des actifs du duo. « Pour moi, Zahavi a toujours été avec eux », rajoute Romeu Tuma Junior, le député brésilien ayant travaillé des années sur le dossier avec les autorités brésiliennes et russes. Une version déjà donnée par le président de Corinthians, Alberto Dualib, avant de se rétracter. Cependant, le nom de Zahavi n'apparaît dans aucun document ou transaction directe avec MSI ou le club brésilien.

Quoi qu'il en soit, le 11 avril 2007, Badri et Boris ont accordé un prêt de 50 millions de dollars chacun à Devetia Limited, la compagnie détenant le MSI brésilien et faisant transiter l'argent jusqu'au compte de Corinthians. Lors de l'assemblée tenue ce jour-là à Gibraltar, deux autres sociétés des îles

Vierges britanniques (Jolet Trading Limited et Limber Technology Inc) ont prêté respectivement 50 et 5 millions. L'opération nommée *« Football Loans »* équivaut donc à un prêt de 155 millions de dollars, juste pour des opérations footballistiques !

Avec cet argent, pas étonnant que les arriérés du transfert de Nilmar aient pu être payés. Dans le fond, l'Olympique Lyonnais n'est pas fautif : personne n'était réellement en mesure de savoir d'où provenait cette manne financière. Et encore, il subsiste toujours un mystère, des zones d'ombre. On ne connaît jamais toutes les histoires des oligarques ; elles sont sans fin. Même après la mort, surtout après la mort, elles se poursuivent et ressurgissent sans prévenir. En juillet 2010, un associé de Boris Berezovsky, Rafael Filinov, le détenteur des cent actions à un dollar chacune de MSI Group Limited, arrive à ses bureaux londoniens avec un paquet. À l'intérieur, un t-shirt noir contenant deux inscriptions. De face : « *POLONIUM-210 LONDON, HAMBURG To Be Continued* ». De dos : *« CSKA Moscow Nuclear Death Is Knocking At Your Door »*. Polonium-210, Londres, Hambourg, CSKA Moscou, une mort nucléaire tapant à la porte : l'histoire de MSI n'est effectivement pas finie.

CHAPITRE 15
Au bout d'une corde

Starring : Pairoj Piempongsant, alias « Mr Pairoj », « Le lobbyiste thaïlandais », « L'homme des rachats »
Né le 12 juin 1955, Pairoj est un homme d'affaires étroitement lié à la politique extérieure de son pays. Membre du Sénat thaïlandais dans les années 1990, il est l'un des relais privilégiés avec les États-Unis et l'administration de Bill Clinton. Conseiller des ministres, donateur pour des projets sociaux dans sa région de naissance (Rayong), il est également impliqué dans le football. C'est lui qui a permis le rachat de Manchester City par l'ancien Premier ministre thaïlandais, puis plus tard la revente à Sheikh Mansour. Entremetteur pour d'autres rachats (Portsmouth, Leicester, Reading, Sheffield Wednesday), il sponsorise la Coupe de la Ligue anglaise, renommée Carabao Cup, du nom d'une boisson énergisante thaïlandaise. Fin mars 2018, Piempongsant a agi en son nom et racheté un club de première division belge, Mouscron, mais en a déjà ouvert l'actionnariat pour une future revente, tout en négociant un rachat du Panathinaïkos.

« Les sponsors asiatiques sont désormais présents dans le football mondial. Je veux faire profiter Mouscron de mes connections avec l'Asie […] Je veux pouvoir apporter une plus-value à l'Excel Mouscron dans l'avenir, comme j'ai notamment pu le faire à Manchester City et à Leicester […] C'est un projet sur le long terme qui doit venir en aide aux jeunes du cru, mais aussi à de jeunes talents venant de Chine, de Thaïlande, du Japon, de Corée et d'Australie. »

Pairoj Piempongsant lors de sa conférence de presse officialisant le rachat de Mouscron le 8 mai 2018. En septembre, le club négocie déjà l'entrée au capital d'un nouvel investisseur

Yom Kippour, la plus sainte des fêtes juives. Vingt-cinq heures durant, les pratiquants jeûnent, ne se lavent pas et ne peuvent avoir de relations sexuelles ou porter des chaussures en cuir. Ils se rendent à la synagogue toute la journée et prient pour le grand pardon. C'est le cas de Badri, très attaché à sa religion, mais pas fermé aux autres ; en témoignent ses nombreux dons pour l'église orthodoxe fréquentée par sa femme, Inna.

Installé à la Grande Synagogue de Tbilissi, Arkadi Shalovich Patarkatsichvili prie. Dieu seul sait ce qu'il lui dit, mais il est certain qu'il a une pensée pour son père, Shalva, mort bien trop tôt. « Quand on est retournés en Géorgie, nous sommes allés avec ses deux sœurs visiter la tomber de son père », témoigne son adjoint Otari Dabrundachvili. « C'était un moment très émouvant. Il s'est tourné vers moi et m'a dit qu'il allait rester en Géorgie pour toujours. »

Dans son agenda d'oligarque, Badri essaye toujours d'être en Israël ou en Géorgie lors des fêtes juives. Il peut être au milieu de négociations à plusieurs centaines de millions, il ne ratera aucune procession ; un milliardaire a le luxe de choisir ses priorités.

Alors, pour Yom Kippour, il se rend comme n'importe quel Géorgien de confession juive à la Grande Synagogue. Discret, Patarkatsichvili déteste attirer l'attention inutilement, surtout dans un lieu saint. Sauf que lorsqu'une fortune estimée entre 6 et 12 milliards de dollars se balade à Tbilissi, ça ne passe pas inaperçu, surtout avec une aussi belle moustache et un aussi imposant service de sécurité.

Jour du grand pardon ou non, les gardes du corps escortent leur patron jusqu'à destination. Affectés à l'intérieur et l'extérieur de la synagogue, ils ne font pas de bruit et essayent de se fondre dans la masse en cachant du mieux possible leur identité et leur pistolet semi-automatique ; ça ferait mauvais genre devant un rabbin. « Badri a toujours senti que sa vie était en danger », raconte son ancienne connaissance. À cause de son association avec Boris Berezovsky, le bienfaiteur de Tbilissi est un homme recherché. Le Kremlin le surveille, ainsi que des groupes mafieux et une autre pelletée de personnes plus ou moins fréquentables. « Badri m'a dit plusieurs fois qu'il s'attendait à être tué par les personnes les plus proches de lui », confesse Sofia Kay, l'ex-femme de Joseph Kay, un cousin éloigné de Badri avec qui il est en affaire.

Les deux témoignages de Sofia, obtenus par le *Moscow Telegraph* en 2009 et 2010 via Skype, sont des documents à eux seuls, permettant de cerner un peu mieux la personnalité du *Sin Eater*. « Je connais Badri depuis 1997. On est allés ensemble en vacances en Suisse, à Saint-Martin, Paris, Nice, Moscou, on s'est vus souvent à New York... J'ai été chez lui en Géorgie, à la veillée funèbre de son père [...] Badri m'a toujours aidée. Financièrement mais aussi grâce à ses connaissances, ses conseils ou simplement un mot gentil. » Présenté comme un gentleman, Patarkatsichvili est aussi un épicurien vivant sous une pression constante, aux prises avec des menaces de mort et des relations épouvantables avec le président géorgien, Mikhail Saakachvili ; celui-là même dont il a financé l'élection en 2004.

Pour ne rien arranger, Berezovsky appelle en janvier 2006 à un « coup d'État » contre Vladimir Poutine, histoire de « transformer la Russie en État démocratique... » La démocratie selon Boris, voilà un sujet de recherche pour les étudiants de Sciences-Po et de philosophie, surtout vu ses déclarations l'année suivante au *Guardian* : « Nous devons utiliser la force pour changer ce régime, c'est impossible de le changer par des moyens démocratiques. » Là, il faut s'arrêter un instant et imaginer le co-propriétaire de Corinthians et de multiples joueurs de football, également détenteur d'une loge à l'Emirates Stadium où il se rend dès que possible, préparer dans le même temps une « révolution » armée pour botter le cul de Vladimir Poutine hors de Russie. *Beautiful game.*

Vivant sous alias entre l'Angleterre et Israël, Boris est régulièrement alerté par Scotland Yard des possibles tentatives d'assassinat contre lui. Ainsi le Yard l'informe-t-il un jour, par exemple, que s'il se rend au tribunal, quelqu'un tentera de le tuer à l'aide d'un stylo plume empoisonné[73]. Pour les autorités anglaises, MI5 et MI6 en tête, le risque d'empoisonnement est omniprésent. Elles listent donc toutes les faiblesses de l'oligarque susceptibles de se révéler propices à un piège, notamment sa consommation disproportionnée de Viagra, et lui conseillent en termes choisis de tempérer ses ardeurs s'il souhaite encore connaître le plaisir de l'érection, même éphémère.

Les positions politiques de Boris ont un effet désastreux sur les affaires de Badri. Les témoins de l'enquête de Suzanna Andrews dans *Vanity Fair* parlent même d'« influence nucléaire ». L'argent de Patarkatsichvili est refusé dans plusieurs banques

73. Information contenue dans la retranscription du témoignage de Mark Hastings, avocat de Boris Berezovsky.

occidentales, et il doit redoubler de subterfuges avec ses associés, notamment son cousin éloigné Joseph Kay, à qui il donne plusieurs millions en cash afin de les enregistrer sur des comptes bancaires à son nom. « Ça a été le tournant de sa vie de businessman », pointe sa connaissance. « Un mois plus tard, Badri a déclaré publiquement qu'il divorçait de Boris sur le plan financier. » Officiellement, ils ne sont donc plus associés, mais restent amis. Officieusement, selon le parrain du Kremlin, c'est un simple effet d'annonce permettant à Badri de pouvoir investir de nouveau en Occident…

Le danger croissant autour de Badri et Boris atteint son paroxysme le 1er novembre 2006 à l'occasion de la quatrième journée de la phase de poules de Ligue des Champions entre Arsenal et le CSKA Moscou. Une affiche attendue par tous, les Moscovites s'étant imposés 1-0 deux semaines auparavant, s'octroyant ainsi la place de leader du groupe.

La communauté russe d'Angleterre se rue sur les billets, et les amis de Berezovsky ne cessent de lui demander s'il lui reste des places dans sa loge. Grand supporter du CSKA, Andrei Lugovoy, un ancien agent du KGB reconverti dans la sécurité privée[74], passe par l'intermédiaire du gendre de

74. Il était le responsable de la sécurité de la chaîne de télévision ORT détenue par Badri et Boris dans les années 1990.

Berezovsky, Yegor Shuppe, afin de savoir s'il peut obtenir des tickets. La loge étant complète, Shuppe s'arrange pour lui trouver des places ailleurs dans le stade. Or, selon le rapport du détective Craig Mascall, l'acquisition des billets a été réalisée dès septembre, soit bien avant la date du match ; un détail qui aura son importance.

Dans l'après-midi du 31 octobre 2006, Lugovoy atterrit à l'aéroport d'Heathrow avec sa femme (Svetlana), une de ses filles (Galina), son jeune fils (Igor) et un partenaire d'affaires (Vyacheslav Sokolenko). Arrivée par un vol Moscou-Londres de British Airways, la petite troupe se rend immédiatement au Millenium Hotel, un quatre étoiles de Mayfair, l'un des quartiers les plus prisés par les oligarques, milliardaires ou agents de football ; le QG de Pini Zahavi, les Ambassadeurs, se trouve à dix petites minutes à pieds.

Au Millenium les attendent Tatiana, l'autre fille de Lugovoy, et son petit ami Max, arrivés le matin. Trois chambres ont été réservées (la 101, la 382 et la 441) pour une bonne nuit de sommeil avant une journée tourisme, shopping, football et réunion d'affaires. Max, lui, a réservé dans un autre hôtel.

Le 1er novembre au matin, à 10 h 42 précisément, Lugovoy appelle les bureaux de Berezovsky situés à Mayfair. Personne ne connaît l'objet du coup de fil, mais le détective Mascall explique dans son rapport qu'il pourrait s'agir d'une visite en coup de vent afin de récupérer les billets du match. Ce qui est certain, c'est que les deux hommes ont eu une entrevue autour de cette date[75] à propos de la sécurité de la journaliste Yelena Tregubova, auteur de deux ouvrages à charge sur la politique de Vladimir Poutine.

Cette dernière a demandé à Boris sa protection, considérant sa vie en danger depuis le meurtre quelques semaines plus tôt d'une de ses collègues, Anna Politkovskaya[76]. Par deux fois ces dernières années, la journaliste a déjà échappé à une tentative d'assassinat et à l'explosion d'une bombe juste à côté de la porte de son appartement moscovite ; mais aujourd'hui, c'en est trop pour elle seule. *Dr. Evil* est d'accord et a appelé Lugovoy pour dresser un dispositif.

Sans être l'un de ses meilleurs amis, Lugovoy étant plus proche de Badri, Berezovsky le tient en haute estime et l'a même invité à son soixantième anniversaire célébré au Blenheim Palace. La raison de cette confiance (totale) ? Son travail à ORT, mais aussi une légende urbaine, comme les oligarques les aiment tant.

Un mois après l'exil de Bab en Angleterre, Nikolai Glushkov est emprisonné. Souffrant d'un

75. Selon Lugovoy, la réunion a eu lieu le 26 octobre, en rentrant du manoir de… Badri. Berezovsky et deux autres personnes (son fidèle partenaire Nikolai Glushkov et Yelena Tregubova) affirment que la rencontre a eu lieu la semaine d'après, le 31 octobre ou le 1er novembre.

76. Journaliste russe assassinée le 7 octobre 2006 à Moscou.

problème sanguin, il est hospitalisé au Scientific Hematological Center de Moscou. Surveillé par des agents du FSB, le successeur du KGB en Russie, il est parfois autorisé à dormir chez lui la nuit en échange de quelques roubles – ce n'est pas tellement légal, mais allez dire ça à un malade.

Le 11 avril 2001, Glushkov franchit tranquillement la grille du centre pour rejoindre la voiture d'un de ses anciens associés (Vladimir Skoropupov). Pour le ramener chez lui pour la nuit, ou pour le conduire ailleurs, afin de rejoindre ensuite son ancien patron, Boris, en Angleterre ? Personne ne sait. Mais au moment où il s'apprête à monter dans le véhicule, un groupe du FSB fait irruption et arrête les deux hommes. Le lendemain, Lugovoy est également arrêté pour sa participation à cette « tentative d'évasion ». Verdict : quatorze mois de prison. « Après sa sortie, il est devenu un ami proche de Boris Berezovsky », peut-on lire dans le rapport de 328 pages du juge britannique Sir Robert Owen, qui a interrogé toutes les personnes liées à ce petit monde. L'une d'entre elles ajoutera : « Berezovsky s'est senti mal par rapport à tout ça [...] La question, bien sûr, est de savoir si Lugovoy était effectivement en prison, et ça, j'en doute. »

De retour à Londres ce 1er novembre 2006, Andrei Lugovoy est rejoint par un ami d'enfance, Dmitri Kovtun, un ancien agent du KGB affecté à la neuvième direction, une unité en charge de la protection des dirigeants soviétiques. Kovtun est arrivé tôt ce matin-là, en provenance de Hambourg, par un vol de la Germanwings. Les raisons de sa visite sont mystérieuses, et l'intéressé a donné plusieurs versions (transmission de documents à l'un des dirigeants de Continental Petroleum Ltd, simple « coïncidence » suite à des soucis de passeport, etc.) alors que certains de ses proches soutiennent qu'il est « venu pour le match de football ».

Cela dit, Lugovoy et Kovtun rencontrent effectivement le dirigeant mentionné (Dr Shadrin), avec qui les discussions ont essentiellement porté sur le « football ». Même topo avec deux autres personnes citées dans le rapport de Sir Robert Owen : « Ce n'était pas à propos de business, c'était juste à propos de sport. »

Après le déjeuner, suivi d'un autre rendez-vous, les deux hommes rentrent au Millenium Hotel vers 15 h 30. Il reste encore quelques heures avant de partir à l'Emirates, alors Andrei Lugovoy appelle de nouveau Alexandre Litvinenko, avec qui il a échangé plusieurs appels dans la journée. « Viens le plus vite possible, je t'attends. »

Litvinenko est un des personnages centraux du petit cercle d'expatriés rassemblé autour de Berezovsky à Londres. Avec l'aide de Boris, il a réussi à quitter la Russie au tournant des années 2000. La manœuvre, réalisée avec des faux passeports entre la Géorgie, l'Andalousie (où sa femme et son fils ont officiellement pris des vacances avant d'être exfiltrés par le jet privé de Berezovsky),

Istanbul et l'aéroport de Heathrow est un modèle d'évasion que John Le Carré ne renierait pas.

Ancien agent du KGB et officier du FSB, Litvinenko obtient en 2001 l'asile politique au Royaume-Uni, où il vit dans un appartement payé par Boris, qui lui verse en outre 5 000 pounds par mois et paye les frais de scolarité de son fils, Anatoly. « Mon père m'a dit de ne pas supporter Chelsea », témoigne ce dernier au *Guardian* en 2015. « Donc j'ai choisi Arsenal. » Grand amateur de football, le petit Anatoly est souvent invité dans la loge de Berezovsky à l'Emirates. Quant à son père, Alexandre, il vient de temps à autre avec un de ses meilleurs amis et presque voisin, Akhmed Zakaïek, ex-chef de guerre et l'un des leaders du mouvement indépendantiste tchétchène, lui aussi réfugié en Angleterre.

Vers 16 heures, ce 1er novembre 2006, Litvinenko arrive enfin au Millenium Hotel. Il se dirige au bar du rez-de-chaussée, le Pine Bar. Il s'assied avec Andrei Lugovoy, qui l'attend depuis un moment déjà et qui a commandé des boissons. Les deux hommes sont ensuite rejoints par Dmitri Kovtun. « Il avait l'air vraiment déprimé, comme s'il traînait une sale gueule de bois », raconte Litvinenko[77]. « Il a dit qu'il n'avait pas dormi de la nuit, qu'il avait dû prendre un avion depuis Hambourg, qu'il

77. Retranscription de son interrogatoire par la détective Bren Hyatt de Scotland Yard.

avait envie de dormir et qu'il n'en pouvait plus. Mais je pense qu'il est soit alcoolique, soit drogué. C'est un type extrêmement désagréable. »

Litvinenko n'a de toute façon pas accepté le rendez-vous pour le plaisir de la compagnie de Kovtun, mais pour Lugovoy ; ils se connaissent depuis quinze ans et ce dernier lui a proposé récemment une collaboration afin de convaincre des entreprises occidentales d'investir en Russie. Hélas, le temps est compté et au bout d'une vingtaine de minutes, la femme de Lugovoy fait son apparition, signifiant qu'il est temps de partir pour le match.

Plus de 60 000 personnes remplissent l'Emirates, dans une ambiance moins feutrée qu'à l'accoutumée. Dès l'entame, Arsenal confisque le ballon. Une passe, deux passes, trois passes, quatre passes, à toi, à moi, à droite, à gauche, les *Gunners* font courir les Moscovites, qui ont laissé le seul Wagner Love devant.

Après le quart d'heure de jeu, Tomas Rosicky adresse un amour d'extérieur du pied droit à Gilberto Silva qui centre pour Thierry Henry. Le Français devance la sortie du gardien russe, Igor Akinfeev, mais sa reprise passe à droite des cages. Un avant-goût d'une soirée nerveuse, tendue, où les maladresses (van Persie glissant devant les buts, Hleb loupant le cadre après avoir effacé toute la défense) côtoient les échauffourées. Le portier londonien, Jens Lehmann, va secouer son propre défenseur, Kolo Touré, suite à l'une des seules incursions offensives du CSKA, un long ballon à destination de Wagner Love, qui s'est amusé de William Gallas avant de perdre son duel contre Lehmann.

Depuis son banc de touche, Arsène Wenger lève les yeux au ciel, implorant une aide ou se demandant ce qu'il se passe. « Le score logique d'un match pareil, c'est 7-0, peut-être 7-1 parce qu'ils ont eu aussi une chance de marquer », peste l'entraîneur, en référence aux vingt-quatre tirs et aux multiples occasions immanquables de ses joueurs. Même l'un de ses techniciens les plus doués, Rosicky, a trouvé le moyen de rater le but vide à trois mètres des cages ; si même le petit Mozart bafouille sa partition, peut-être que Wenger a bien raison, que cette nuit n'est définitivement pas ordinaire. Confortablement installé en tribunes avec sa famille, Andrei Lugovoy peut acquiescer en souriant : lui seul connaissait l'issue de la rencontre avant qu'elle ne soit jouée, mais il n'a rien dit ; à Londres, il y a toujours plusieurs matchs se déroulant en même temps.

Après sa réunion avec Lugovoy et Kovtun, Alexandre Litvinenko a demandé à son ami tchétchène, Akhmed Zakaïek, de le ramener chez lui. Les deux hommes conversent un moment, puis prennent congé ; ils se reverront bientôt, ils habitent dans la même rue. Deux heures plus tard, Litvinenko se tord de douleur. Pris de vomissements comme jamais auparavant, il comprend instantanément ce qui lui arrive. « Quand j'ai quitté l'hôtel, j'ai pensé qu'il y avait quelque chose d'étrange. J'avais senti ça tout ce temps… Je savais qu'ils voulaient me tuer. » Pourquoi les rencontrer dans ce cas ? Mais ce n'est plus le moment de se poser des questions : Litvinenko le sait, il est déjà mort ; ce n'est plus qu'une question de jours. Vingt-deux exactement, d'une agonie extrême. Pâle comme la mort, sans aucun cheveu, le regard vitreux, il est photographié « pour que le monde puisse voir la déchéance d'un homme ». À son chevet, sa femme, Marina, qu'il a rencontrée en juin 1993 ; treize ans déjà. Entre eux, ça a été « le coup de foudre », celui qu'on ne voit habituellement qu'au cinéma. Il l'appelait Marusya, et elle le nommait Sasha, comme tous ses proches. Alors, le 23 novembre au soir, avant de retourner veiller sur leur petit Anatoly, Marusya regarde Sasha :

« Ne t'inquiète pas, demain matin, je viens à l'hôpital.

– Je t'aime très fort… »

Une heure plus tard, elle reçoit un appel de l'University College Hospital. Sasha s'en est allé pour de bon ; il a dit tout ce qu'il avait à dire en ce bas monde[78].

---

78. Depuis son asile politique, Litvinenko s'est fendu de nombreuses chroniques (notamment sur des médias tchétchènes) dénonçant le régime de Vladimir Poutine et son implication dans divers crimes. Il a également publié deux livres sur le sujet.

Quelques mois après, le gouvernement anglais demande l'extradition de Lugovoy et Kovtun, jugés responsables. Le Kremlin refuse, entraînant une crise diplomatique entre les deux États, ainsi que l'expulsion de quatre diplomates russes. L'implication du FSB, et de Vladimir Poutine, est proclamée par le clan Berezovsky, qui se répand dans la presse internationale. À Moscou, les accusés nient les faits, tandis que le président réfute toute implication, parlant d'« une invention ».

Sauf que Scotland Yard découvre des traces de Polonium 210, le poison radioactif injecté dans le thé commandé au Pine Bar, dans divers lieux fréquentés par Lugovoy et Kovtun avant et après le meurtre, notamment à l'Emirates Stadium, expertisé par la police scientifique. Près de dix ans plus tard, l'investigation exhaustive de Sir Robert Owen confirmera les suspicions. Dans son long rapport, le juge ne néglige aucune piste et recense toutes les théories : suicide, implication de Berezovsky, poison versé par l'homme ayant déjeuné avec Litvinenko ce 1er novembre 2006, etc., avant de conclure : « M. Litvinenko a été tué par M. Lugovoy et M. Kovtun. Ils n'avaient aucun grief personnel contre M. Litvinenko. Je suis convaincu qu'ils l'ont tué pour le compte d'autrui. » Aujourd'hui, il est toujours impossible de déterminer à 100 % le(s) véritable(s) commanditaire(s) de cet assassinat, mais une chose est certaine : Lugovoy et Kovtun ont utilisé le match Arsenal-CSKA Moscou comme couverture.

Pour Badri et Boris, la mort de leur ancien protégé est un nouvel avertissement. Ils renforcent leur sécurité, Berezovsky s'adjoignant les services de deux nouveaux chauffeurs, ex-parachutistes de guerre, payés 100 000 pounds par an. Patarkatsichvili, lui, avouera avoir « cent vingt gardes du corps » au vu des menaces planant sur lui. « Mais je sais que ce n'est pas suffisant. Je ne suis en sécurité nulle part. »

Le 25 septembre 2007, en direct sur Imedi, la chaîne de télévision de Badri, l'ancien ministre géorgien de la Défense, Irakli Okrouachvili, donne une interview surréaliste : « Saakachvili (le président géorgien) m'a demandé de liquider Badri Patarkatsichvili. » Évoquant d'autres assassinats liés au président ou au pouvoir, dont celui de l'ancien Premier ministre, décédé des suites d'une intoxication au monoxyde de carbone, l'entretien l'emmène directement à la case « prison ». Sorti quarante-huit heures plus tard après avoir versé une caution de 6 millions de dollars, Okrouachvili déclarera que cette interview faisait partie d'un « plan » destiné à aider Badri à obtenir une plus grande adhésion de l'opinion publique en vue des prochaines élections présidentielles. Peut-être, mais l'ancien ministre part ensuite en cavale entre l'Allemagne et la France…

Tandis que Corinthians stoppe son partenariat avec MSI et officialise sa relégation en seconde division, Kia Joorabchian prend ses distances avec les oligarques. Il se marie avec une Brésilienne, Tatiana Alonso, et développe sa nouvelle société, Sports Invest UK Limited, qui représente divers joueurs et accompagne plusieurs clubs de Premier League et Championship[79]. Quant à Zahavi, il répète qu'il n'a rien à voir avec tout ça. « C'étaient les amis de Kia », dit-il. De toute façon, *the first and only super-agent* n'a pas le temps de badiner. En 2006, il conduit le rachat de Portsmouth, désormais propriété d'Alexandre Gaydamak, jeune businessman franco-israélien d'origine russe. Son père, Arcadi, est lui le propriétaire du Beitar Jerusalem, de cinq passeports différents (angolais, canadien, français, israélien, russe), d'une médaille de l'Ordre national du mérite et d'une future condamnation pour « vente illicite d'armes », qui sera transformée après moult rebondissements en « blanchiment d'argent » et divers mandats d'arrêt internationaux.

Pour Zahavi, cela ne change rien. Il n'a pas conseillé le père, mais le fils, dont le casier judiciaire est vierge. À l'été 2007, il est présent dans un autre rachat spectaculaire : Manchester City. L'ancien Premier ministre thaïlandais renversé par un coup d'État, Thaksin Shinawatra, investit plus de 120 millions d'euros pour acquérir 75 % des parts des Citizens. Pini, lui, amène un entraîneur, son vieil ami Sven-Göran Eriksson, et introduit Kia

79. Deuxième division anglaise.

dans le cercle des intimes du club. Il faut dire que le conseiller de Shinawatra n'est autre que Pairoj Piempongsant, « un très vieil ami », dixit Zahavi. « Je n'ai jamais eu de partenariat avec lui… Je n'ai pas travaillé avec lui, c'est juste un de mes amis, mais j'ai l'habitude de le conseiller. » Pini assure l'avoir rencontré « une année après le rachat de City par Thaksin », mais cela paraît impossible : comment l'agent de l'entraîneur de City pourrait-il ne pas avoir rencontré le conseiller et l'homme à tout faire du nouveau propriétaire ?

Piempongsant est un homme fascinant, issu d'une famille aisée – son oncle était ministre des Finances – installée dans la province touristique de Rayong, au sud de la Thaïlande. Après un diplôme d'ingénieur, Pairoj a démarré comme professeur, puis a embrassé une carrière de touche-à-tout. Partenaire commercial, impliqué en politique, il fait le lien avec des diplomates et industriels d'Arabie saoudite dans les années 1980. Immobilier, télécommunications, consulting, sa société (Ban Chang Group, qui fait partie du Ban Chang International) est de partout.

En 1997, le *New York Times* se rend à Bangkok pour un reportage sur une femme d'affaires américano-thaïlandaise faisant du lobby entre les deux pays. « M. Pairoj a décliné notre demande d'interview. Mais à ses amis, M. Pairoj n'a pas fait mystère de son désir de se rapprocher de M. Clinton », écrivent les deux journalistes, insistant sur le fait que les bureaux de Piempongsant affichent des photos le montrant en compagnie de Bill Clinton, alors président des États-Unis. « Il est très fier de ses relations, de sa proximité avec des sénateurs », raconte un de ses amis thaïlandais. « Pour nos politiciens, la valeur ajoutée de Pairoj, par rapport à nos compatriotes qui sont eux aussi dans le business, c'est qu'il est capable de les introduire dans les cercles politiques de Washington. »

Ancien vice-président de la fédération thaïlandaise de football, et même bref sélectionneur au début des années 1990, Pairoj Piempongsant est l'homme qui, une année après le rachat de City, supervisera sa revente. Son ami Thaksin Shinawatra aurait aimé rester plus longtemps, mais il a d'autres préoccupations. Vivant en exil au Royaume-Uni, il a été reconnu coupable de conflits d'intérêts dans son pays, qui a émis cinq mandats d'arrêt contre lui ; visiblement, c'est une condition *sine qua non* pour détenir un club de football. Après avoir vu ses avoirs (1,7 milliards !) gelés, le Thaïlandais, qui a été décrit comme « une personne violant les droits de l'homme », accepte la proposition de Sheikh Mansour.

Parallèlement, Badri et Boris ont vu un autre de leurs amis trépasser : Yuri Golubev, cofondateur du géant pétrolier Yukos. Parti en Chine pour une opération du genou, il était rentré à Londres après une escale à Moscou. « Se sentant mal », il est retrouvé inanimé dans son fauteuil. Rien de suspicieux selon Scotland Yard ; un procureur russe, en revanche, décèle dans sa mort « de nombreux éléments laissant penser qu'il a été tué ».

La vague de décès ne change rien aux habitudes de Berezovsky. Un de ses nouveaux chauffeurs, Mark Pendlebury, comprend rapidement que non seulement son patron n'a aucune peur du danger, mais que bien au contraire, ça l'excite. Au volant d'une limousine Maybach blindée, Boris oblige son chauffeur à rouler à plus de 220 km/h sur l'autoroute. Parfois, incapable d'attendre d'arriver à son hôtel ou dans l'un des appartements dont il est le propriétaire, il se livre à des actes sexuels avec de jeunes prostituées sur la banquette arrière. Certaines de ces filles ne sont même pas majeures (16/17 ans) et ont été ramenées depuis les pays Baltes en jet. « J'admets que j'ai apprécié ces vitesses à s'en rompre le cou et ces sensations de conduite », concèdera Pendlebury au tribunal. « Finalement, la plus grande menace pour Boris, c'était notre conduite [...] Je me sentais vraiment coupable à propos de la manière dont les filles étaient traitées, surtout que la plupart d'entre elles avaient le même âge que ma fille. » Pas rassasié, *Dr. Evil* doit cependant s'absenter en plein été 2007. Scotland Yard l'informe en effet qu'« un homme est venu pour l'assassiner » : Movladi Atlangeriev, un Tchétchène ayant des liens avec le FSB. Movladi est attendu dans les bureaux de Berezovsky, que les services secrets anglais exfiltrent immédiatement en Israël. Et à la place de Boris, le mercenaire, venu avec un pistolet, est accueilli par une troupe d'élite. Les autorités ne le traînent pas en justice, mais le renvoient en Russie. Quelques mois plus tard, Movladi sera enlevé dans un restaurant moscovite, Karetny Dvor, puis ramené en Tchétchénie. Personne ne peut dire avec exactitude ce qu'il est advenu de lui.

En Géorgie, Badri est devenu *persona non grata* ; un comble pour celui que l'on présentait une décennie auparavant comme le Robin des Bois national, celui qui s'en est allé voler l'argent des Russes pour le redistribuer aux Géorgiens. Accusé de corruption et de fomenter un coup d'État, il poursuit sa campagne politique entre son manoir anglais et ses propriétés israéliennes. Il subit une défaite logique aux élections, ne récoltant que 7,1 % des votes. Atterré, déprimé, ne pouvant plus retourner dans son pays, il achète un caveau dans un cimetière israélien, au cas où. « Il voulait être enterré ici », soutient Sofia Kay. « Il sentait que c'était très sérieux… Malheureusement, je n'ai pas suffisamment prêté attention à ça. »

Un mois après les élections, le 12 février 2008, Badri Patarkatsichvili est victime d'un arrêt cardiaque, comme son père. Héritage familial ? Ses proches n'y croient pas. L'homme le plus riche de Géorgie n'a jamais eu de souci au cœur et même s'il fumait un bon paquet par jour et ne faisait jamais de sport, il était en forme. Certains ont tout de même noté une perte de poids significative ces dernières semaines, mais elle semblait logique : Badri se relevait à peine de sa défaite aux élections. Et puis, le jour de sa mort, personne n'a rien remarqué d'anormal, hormis en rentrant au manoir. « Le chef de cuisine m'a dit que Badri avait prévu de dîner avec moi et d'autres personnes ce soir-là », témoigne Otari Dabrundachvili. « Quand je me suis approché de la table, Badri m'a demandé de bouger du siège qu'on m'avait attribué de l'autre côté afin de m'asseoir à sa droite. J'ai été surpris parce que cette place est normalement réservée à son beau-frère. Badri m'a recommandé de goûter à la nourriture, mais il n'en a pas mangé lui-même. Il était très fatigué, épuisé même, mais il n'a pas dit pourquoi. Après dîner, nous sommes allés dormir. Un peu plus tard, on m'a appelé et quand je suis entré dans sa chambre, j'ai vu un de ses chauffeurs lui effectuer un massage cardiaque. C'était un ancien soldat entraîné à ces procédures médicales. Mais il est vite devenu évident que rien ne pouvait l'aider et que Badri était mort. La police a fermé la maison pour la nuit et une grande partie du lendemain. Lorsqu'elle a été réouverte, plusieurs visiteurs sont arrivés, dont BB [Boris Berezovsky] et M. Glushkov. Ils ont dit qu'ils avaient attendu dehors pendant un long moment. Je me souviens que M. Berezovsky pleurait. » Entre deux sanglots, Boris souffle : « Ils ont eu Badri. Ils ont eu Badri. »

Des jours durant, la police scientifique mène une investigation poussée au manoir. Aucune substance radioactive n'est trouvée, pas plus que dans le corps du défunt, dont la police juge la mort « naturelle ». Un avis que beaucoup ne partagent pas : politiciens, espions, oligarques, amis, tous soupçonnent quelque chose. La rumeur que les Russes ont trouvé un moyen de provoquer des crises cardiaques sans laisser de trace ressurgit. D'autres assurent que ce sont les services secrets géorgiens qui ont eu la peau de Badri. « C'est stupide », coupe Sofia Kay. « Je peux simplement vous donner des faits et vous en tirez vos propres conclusions […] Inna, sa femme, était folle furieuse parce qu'il avait une seconde famille. » Une seconde famille ? Selon l'enquête de *Vanity Fair*, Inna a appris l'existence de cette autre femme, Olga Safonova, lors des premières tractations concernant l'héritage[80]. Badri s'est effectivement marié en secret avec Olga à Saint-Pétersbourg en 1997 et a eu un fils, David, âgé de 14 ans au moment de la mort de son père. « Badri m'a dit qu'Inna l'avait menacé plusieurs fois de le tuer, ainsi qu'Olga et David », poursuit Sofia Kay. « J'ai toujours bien aimé Inna, mais quelques jours avant les funérailles,

80. L'enquête est digne d'un thriller et implique le cousin éloigné de Badri, Joseph Kay, un avocat accusé de faux, un tour du monde, des pressions de part et d'autre, sans compter un kidnapping et un emprisonnement dans une prison en Biélorussie après un vol dans le jet privé de Berezovsky.

je l’ai appelée pour lui exprimer mes condoléances et… j’ai appris que Badri allait être enterré dans la cour de sa maison, ce qui m’a beaucoup surprise. On enterre les chiens dans sa cour, pas les gens que l’on aime […] Elle m’a dit qu’il ne méritait pas mieux. Elle a joué à la veuve inconsolable, mais je pense qu’elle était heureuse de la mort de Badri. Elle m’a dit : “Ce sera mieux ainsi pour tout le monde.” Elle en parlait comme de son ennemi. »

Toujours sous prétexte de mentionner seulement des faits et sans porter d’accusations directes, Sofia Kay va plus loin et explique que Badri et Inna étaient en réalité séparés depuis 1994. « Badri m’a dit qu’ils ont divorcé à Tbilissi en 1997, juste avant qu’il se marie avec Olga Safonova. » Néanmoins, Inna vivait bien avec leurs deux filles dans le manoir anglais de Patarkatsichvili, contrairement à Olga, cachée seul Badri savait où. « Il vivait à mi-temps avec Inna, à mi-temps avec Olga, et avec beaucoup d’autres… Et alors ? C’était un homme riche et un gars cool, donc bien sûr que les femmes adoraient sortir avec lui… Badri aimait le vin, il aimait les femmes, il aimait la vie. C’était un mec génial, mais ce n’était pas un saint, d’accord, mais qui l’est ? » Pas les dirigeants de Corinthians en tout cas, ni Rafael Filinov, présenté finalement à la justice brésilienne comme le propriétaire de MSI.

Après des années de mutisme devant la justice, Kia Joorabchian a en effet fini par admettre que

« l'investisseur désireux de conserver l'anonymat » était Rafael Filinov, dont la vie est aussi mystérieuse que celle de ses compagnons. Impliqué dans les télécommunications à la chute de l'URSS, il a collaboré avec le gendre de Berezovsky et d'autres très proches collaborateurs. Un temps directeur général de *Kommersant*, le journal racheté par Boris grâce à Kia, il a ensuite émigré en 2006 au Kirghizstan, sur les terres de Roy Azim.

Là, il dirige Global GOLD Holding GmbH, une compagnie détenue par les deux inséparables oligarques et qui exploite la deuxième plus importante mine d'or du pays. Comme dans beaucoup de pays, *Dr. Evil* a financé en partie la révolution nationale, dite « des tulipes », qui a conduit au changement de gouvernement. Manifestement reconnaissant, le nouveau président, Kourmanbek Bakiev, a permis à Badri et Boris d'obtenir le droit d'exploitation et la propriété de la mine. Ce sera le cas jusqu'en 2010 : chassé de son pays où il sera condamné par contumace à la prison à perpétuité, il se réfugie alors au Kazakhstan, puis en Biélorussie où il réside encore.

Quant à Filinov, il a également quitté le pays. Dans le giron de Berezovsky, il est parfois utilisé comme messager par Boris ou ses ennemis afin de transmettre un document, un mot ou ce fameux t-shirt au message explicite, probablement fourni par Lugovoy.

Désormais installé en Lituanie, où ses affaires opaques ont fait l'objet d'une enquête de l'excellent site veidas.it, il n'a évidemment jamais exercé une quelconque influence à Corinthians. Mais il fallait un nom, donc on sort du chapeau celui de Filinov, dans une procédure interminable et marquée par la destitution du juge Fausto Martin De Sanctis, l'un des magistrats les plus respectés du Brésil, qui avait émis les mandats d'arrêt contre Kia, Nojan et Boris. Obtenue par les avocats de Joorabchian et Berezovsky, sa mise à l'écart sera salvatrice : en 2014, la justice brésilienne innocente les prévenus de toutes charges. « Il n'y a aucune preuve du moindre délit, ni rien qui montre que ce groupe ait eu l'intention de commettre un crime », explique le nouveau juge, qui n'a rien trouvé de suspect dans les bandes des écoutes téléphoniques de Kia Joorabchian, même lorsque celui-ci lance à Renato Duprat : « On doit terminer cette situation de blanchiment d'argent maintenant. »

Soulagé, Kia retourne vaquer à ses affaires en Europe et en Chine, où il est devenu une des passerelles les plus importantes dans les rachats de clubs, conseils aux propriétaires et transferts de joueurs. Il faut être né sous une bonne étoile et avoir un sacré caractère pour rebondir ainsi. Par chance, Joorabchian a les deux, ainsi qu'un charisme naturel. Sans cela, il ne serait peut-être plus de ce monde, du moins celui qu'il fréquente.

Toutes les autres personnes liées directement à MSI et au *Brazilian Football Project* peuvent en témoigner. Si l'ancien président Alberto Dualib continue d'écumer les plateaux télé au Brésil malgré son âge avancé (98 ans), son vice-président, Nesi Cury, est mort en 2011. Renato Duprat, lui, s'est reconverti en apporteur d'affaires pour Doyen Sports, un fonds d'investissement nébuleux dirigé par Nelio Lucas, un ancien élève de… Pini Zahavi. C'est Lucas lui-même qui l'a confirmé dans sa seule grande interview, accordée à Mathieu Grégoire pour *Libération* : « On a travaillé ensemble pendant neuf ans […] On s'est mis d'accord en deux minutes. Pini est très classique, il n'a pas de bureau, pas de secrétaire, il bosse dans le lobby de l'hôtel. Je voulais de l'organisation, une structure, des observateurs aux quatre coins du monde. Il m'a dit récemment : "Nelio, tu avais raison, je te félicite." Deux ou trois fois, sa femme m'a demandé de revenir avec lui. »

Quant au cerveau du projet, Berezovsky, il a été retrouvé pendu dans sa baignoire le 23 mars 2013, peu après avoir perdu son spectaculaire procès contre Roman Abramovitch. « Suicide », paraît-il, même si le *coroner* parle d'un verdict « ouvert », en référence au rapport du médecin légiste admettant la possibilité que les traces retrouvées sur le cou de Boris soient dues à un « étranglement ». Une fin digne de la vie et de la réputation du personnage, qui voit le « docteur du mal » emporter avec lui dans la tombe ce qu'il a de plus cher : ses secrets.

CHAPITRE 16
Le transfert du siècle

Starring : Humberto Paiva, alias « l'œil du Brésil », « l'ombre des Neymar »
Polyglotte, discret et gentleman, Paiva accompagne souvent le clan Neymar. Après avoir travaillé pour le joueur, dont il négociait les contrats publicitaires, il est depuis quelques années au service de Pini Zahavi. Selon le journaliste de L'Équipe *Alban Traquet, ce serait grâce à l'amitié que son père entretient avec le patriarche des agents. Intermédiaire, conseiller, directeur sportif, Humberto a tout connu grâce à Pini. Installé désormais à Paris, il passe de temps à autre dans les bureaux du PSG (la Factory) et assiste à des rencontres de jeunes. Refusant toute sollicitation médiatique et répondant évasivement à ses proches quant à la véritable nature de son travail, il était l'un des premiers à être au courant du transfert de Neymar.*

« Vous donnez l'impression que M. Zahavi est le propriétaire du club. Moi, je vous dis que le club est dans les mains d'une compagnie. »
Humberto Paiva, alors directeur sportif de Mouscron, en première division belge

« Il y a des transferts parfois bizarres, des équipes au fonctionnement douteux, mais il y a aussi tous les autres. Ceux qui ont un véritable projet sportif et une structure en adéquation avec les moyens, les ambitions et la philosophie de l'entraîneur, du club. » Antonio Salamanca est dithyrambique quand il peut évoquer son métier. Scout, puis directeur du recrutement en Premier League et en Liga (Tottenham, Liverpool, Villarreal, Valencia), le Français a également travaillé comme agent. Actuellement sans club, il donne un coup de main à Arturo Canales, l'un des grands noms de la profession en Espagne. « J'aime parler ballon, jeu… C'est ma drogue. J'aime confronter mon point de vue, découvrir de nouveaux joueurs, d'autres méthodes de fonctionnement. Mais je suis loin d'être le seul. Quand j'étais à Villarreal, on a joué la Ligue des Champions avec un budget bien plus limité que les top clubs espagnols. Sauf qu'on avait une cellule sportive travaillant en harmonie, avec une hiérarchie claire. Notre directeur sportif, Antonio Cordon, coordonnait les attentes et les demandes de l'entraîneur, tout en écoutant ses recruteurs et en leur accordant sa confiance. Ce n'est pas une surprise si Monaco a été champion quand il était là. Comme Monchi, comme d'autres, c'est la crème des directeurs sportifs car ce sont des gens humbles, bosseurs – surtout bosseurs – et qui ont cette passion pour le football. »

Si le recrutement d'un joueur passe souvent par les contacts de son agent, de nombreux autres paramètres, sportifs, financiers ou humains interviennent. « Un jour, je suis allé manger avec un joueur et sa compagne ; c'est une donnée importante, surtout avec les jeunes. Sportivement, il était très bon, avec un sacré potentiel. On mange et à chaque fois que je lui posais une question, c'était sa femme qui répondait à sa place. À un moment, je lui dis : "J'ai bien compris, mais c'est à lui que je pose la question." Il ne disait rien, c'était elle qui s'occupait de tout. En revenant de ce déjeuner, j'ai dit au club qu'on stoppait là. Il n'avait pas assez de caractère pour s'imposer sur et en dehors du terrain. Je ne dis pas que sa femme ne peut pas avoir d'avis, mais ce n'est pas elle qui doit décider de la carrière de son conjoint. Et, surtout, qu'est-ce qu'il se passera lors d'un match à grosse pression lorsqu'il sera seul sur le terrain ? »

De même, si beaucoup d'intermédiaires sont des parasites, que dire des joueurs qui se lient avec un agent puis cassent leur engagement sans prévenir afin de signer avec un autre entremetteur leur apportant une soi-disant meilleure offre ? « Les joueurs, ce sont les plus grosses prostituées qu'il puisse exister », raconte un intermédiaire français opérant entre le Moyen-Orient et l'Asie. « Ils se vendent, te trahissent, veulent faire croquer leurs frères, leurs cousins ou je ne sais qui. Ils ne sont pas tous comme ça, et il y a des agents qui font pareil, mais c'est la jungle. Un jour, ça va se tirer dessus pour un transfert. Ça va se finir en règlement de compte avec tout l'argent en jeu. » Un intermédiaire camerounais, lui, n'est pas loin de franchir le pas. « À force de me faire voler par un agent licencié par une fédération, surtout la française, ou les joueurs, je vais finir par sortir une arme. Je vais régler ça à l'ancienne [...] J'ai travaillé sur un dossier, j'ai ramené l'offre d'un club, on a signé un papier, donc j'ai un pourcentage de la commission, c'est normal, non ? Mais vu que nous ne sommes pas vraiment protégés légalement, on se fait baiser [...] Un jour, j'ai dû venir à l'hôtel avec mes gars pour choper un joueur. Je lui ai tout fait et il m'a niqué en signant avec un autre agent qui a partagé la commission avec ses frères. Mais mon ami, tes frères n'ont rien fait et ils encaissent mon argent ? Quand l'agent m'a vu, il a pris sa mallette et il s'est enfui de l'hôtel en courant. Avec mes gars, on ne l'a pas retrouvé, même en fouillant les buissons. Mais un jour, on va se retrouver. »

On trouve de tout chez les intermédiaires, même des joueurs professionnels en activité exerçant comme conseillers. L'international suisse Gelson Fernandes tient ainsi ce rôle auprès de Giovanni Sio, attaquant de Montpellier. Cet été, le joueur a reçu des approches de Turquie, amenées par divers intermédiaires. Mais Sio a refusé de signer un mandat à l'intermédiaire, même temporaire (48 heures), sur les conseils de Fernandes, qui a immédiatement réclamé 50 % de la future commission pour les frères de Sïo. Gelson dit ne rien toucher et offrir simplement son expérience à un ami. Pourquoi pas après tout, il parle en connaissance de cause : il a évolué dans six championnats et dix clubs différents, et a pu faire le tour de toutes les escroqueries pouvant arriver à un joueur…

Seule une infime minorité de tous ceux qui gravitent autour de l'industrie du football parviennent à vivre de leur activité. Beaucoup de jeunes agents ont un autre emploi, tandis que certains intermédiaires offrent leurs services dans d'autres domaines. Entre ces deux catégories, les tensions sont vives, les premiers reprochant aux autres de travailler sans être surveillés (sous-entendu : contrairement aux agents détenteurs d'une licence et devant rendre des comptes) tandis que les seconds ronchonnent sur les privilèges accordés à certains agents incompétents mais licenciés par une fédération. Il y a du vrai des deux côtés, même s'il faut replacer cette guéguerre dans une perspective plus large : licenciées ou non, les personnes habilitées pour interférer dans des transactions à plusieurs millions ne sont jamais choisies au hasard.

Juan Figer et Jorge Cyterszpiler ont incarné cet entremetteur ultime, facilitant avec brio un dossier ardu. Parfois, on l'appelle pour un contact, pour un conseil, pour sa faculté à négocier ou pour la confiance que les décideurs peuvent lui accorder. Il peut rentrer au milieu de l'opération, puis sortir une fois celle-ci finalisée, discrètement. « C'est ce que fait parfaitement Zahavi », commente un intermédiaire ayant travaillé avec lui à plusieurs reprises. « C'est le modèle. C'est tout sauf un agent, on se le dit entre nous. C'est un businessman, un courtier, un apporteur d'affaires… C'est lui qui régule le marché ! Il est présent sur tellement de trucs. Le public n'a aucune idée de sa puissance, de tout ce qu'il contrôle avec les mecs qu'il a formés et qu'il a mis en place en leur donnant des responsabilités. » Un autre intermédiaire français abonde : « Pini est paradoxal. Il ne s'occupe pas vraiment des joueurs, ce n'est pas un agent, même s'il est très humain avec ses clients […] Il n'a pas perdu la flamme. J'ai fait une réunion avec certains de ses collaborateurs il y a quelques mois et ils étaient estomaqués de constater que Pini a toujours cette passion pour le football, le jeu. Il y a des super-agents, ils ne regardent pas de match, ils s'en foutent. Lui, il est multimillionnaire, c'est le numéro un du *game*, et s'il y a un match de D2 à la télé, il va le regarder avec des cacahuètes et une bière ! »

À 76 ans, *The Whip* est une énigme. Il faudrait des dizaines de vies à un individu normal pour accomplir ce que Pini a réalisé en seulement quelques décennies. Il a fait tout ce qui était possible dans le monde du football, mais pour lui, ça ne semble jamais assez. « Il se fixe toujours de nouveaux défis », juge Teni Yerima. En *off,* certains agents se demandent même s'il « ne se met pas des challenges impossibles juste pour voir ce qu'il serait capable de réaliser ».

Harcelé quotidiennement par des gens voulant collaborer avec lui – certains étant même prêts à payer juste pour le rencontrer ne serait-ce qu'un quart d'heure –, il répond normalement à chaque demande, même pour refuser. « C'est un homme très poli, qui ne se fait pas remarquer », détaille un membre du service de sécurité du Parc des Princes l'ayant vu à plusieurs reprises dans la loge réservée aux VIP et invités de marque, le Carré. « Une fois, à la mi-temps d'un match, il a posé ses téléphones devant lui. Je ne me souviens plus combien il en avait, mais c'était au moins trois. Il avait un appel en même temps par téléphone, et passait d'une conversation à l'autre, d'une langue à l'autre. Ça paraissait facile pour lui, c'était surréaliste ! En partant, il a lâché un gros billet au personnel. Je l'appelle "le boss" quand il vient maintenant *(rires).* »

Le pas lent, la peau marquée par les années, Zahavi n'en suscite pas moins le respect. « Quand il vient à Belgrade, il n'a pas de garde de corps », raconte un agent local. « La plupart des personnes liées au football venant en Serbie ont un garde du corps, voire plusieurs, comme Fali Ramadani. Mais lui, non. Il n'en a pas besoin. »

Ces dernières années, il a tissé un empire dans les Balkans, avec l'aide de Ramadani, justement, son principal associé et probable successeur dans ce rôle hybride entre le football, son économie parallèle et la politique. Néanmoins, l'agent albanais risque d'attendre encore quelques années car Pini n'est pas décidé à arrêter. Qu'est-ce qui peut bien le faire encore courir à son âge ? L'argent ? Il a plus de millions qu'il n'en faut pour assurer l'avenir de ses arrière-petits-enfants. La passion, le pouvoir, la peur de l'ennui ? Peut-être un peu de tout ça, à moins qu'il n'y ait une explication toute simple : Zahavi a la vie dont il a rêvé adolescent, alors pourquoi arrêter ?

Adepte des nouvelles technologies, ne disant jamais non à une première partie de soirée à la table VIP d'un night-club (le XS Night & Day Club de Larnaca à Chypre par exemple), Pini est un grand-père qui n'a pas vieilli. Dans ses messages, il emploie souvent un langage SMS, parle de Neymar comme son « *brother* », et c'est même à se demander s'il n'est pas la reviviscence d'un universitaire qui regarderait un peu trop *Dragon Ball Z*. « Je ne veux pas agir pendant que je suis *on fire* », a-t-il par exemple écrit à son ancien élève, Nelio Lucas, suite à leur dispute liée aux droits d'image de Neymar. « Tu es le plus gros menteur que j'ai rencontré, mais tu vas être surpris Nelio. Je suis Israélien. À la guerre comme à la guerre[81]. »

Le 10 août 2010, Zahavi est à Manhattan. Il représente une délégation de Chelsea venue rencontrer

81. Cette conversation surréaliste sera publiée à l'automne 2018 dans la deuxième salve des *Football Leaks*.

le président de Santos (Luis Álvaro de Oliveira Ribeiro) et le clan Neymar : son père et Marcos Motta, le fidèle avocat. Installées dans un salon du Hilton, les parties échangent jusqu'au refus catégorique du président brésilien, malgré les 35 millions offerts par les *Blues*. Le soir, dans le New Jersey, au New Meadowlands Stadium, le nouveau stade des Giants et des Jets de New York, Neymar honore sa première sélection contre les États-Unis et ouvre la marque, dans un amical dominé par la Seleção (2-0).

Les mois suivants, Pini entretient le contact avec les proches du joueur. Le père, incontournable, Marcos Motta, un des hommes essentiels en coulisses, et l'agent officiel du joueur, Wagner Ribeiro. « C'est mon partenaire et un de mes amis », soutient Ribeiro dans le quotidien *Folha*, en référence à la visite de l'Israélien à São Paulo en décembre 2010.

Agent historique de Neymar, Ribeiro est le représentant à la mode au Brésil dans les années 2000. Associé avec Juan Figer par le biais de la société MJF Publicidade E Promocoes, c'est lui qui organise une rencontre entre la famille de Ney et les Figer (Juan et son fils, Marcel) alors que le gamin va sur ses 12 ans. Un contrat de représentation est signé et divers avantages sont accordés, comme un salaire mensuel, payé par la société.

Très fort dans le relationnel, excellent compagnon de soirée, Wagner Ribeiro s'occupe du suivi du joueur et de sa famille. Figer, lui, gère les dirigeants de Santos, les demandes de l'étranger et les divers soucis occasionnés par les attentes et sollicitations escortant Neymar.

Au fil des ans, le *chess master* prend de plus en plus de distance. Ce joueur, cette famille, c'est l'affaire de Ribeiro. Un bémol, tout de même : Wagner ne parle que le portugais. Incapable de tenir une discussion ou une négociation avec un club européen en anglais, il passe donc par un partenaire occasionnel sur certains gros deals (Robinho, par exemple) : Pini Zahavi.

Le duo n'est pas associé mais collabore volontiers. Ensemble, ils vont rendre visite à divers clubs anglais en 2011. Pini voyage aussi plusieurs fois au Brésil et apprend à mieux connaître Neymar, avec qui il dîne parfois en tête-à-tête, sans son entourage intrusif. Parlant le portugais, *Mister Fix-it* devient un intime du clan même s'il n'a pas participé au transfert à Barcelone. Dans l'ombre, il élabore cependant un plan pour les droits d'image du joueur en Asie avec l'aide de son ami thaïlandais Piempongsant. « Nous avons eu cette idée, mais rien n'est sorti de tout ça », souffle PZ.

Un été, lors des vacances de Neymar à Las Vegas, Zahavi est aussi du déplacement. Il est accompagné par quelques amis, comme le Chypriote Nicos Kirzis, président de l'Apollon Limassol, un club dirigé en sous-main par Pini qui détient des parts par l'intermédiaire d'une société nommée SILVA Trading Limited, comme l'ont révélé les

Football Leaks et l'enquête de Costin Stucan, l'un des meilleurs journalistes d'investigation footballistique au monde. *The Whip* n'a jamais répondu à ces accusations, et on le comprend : un agent ne peut être actionnaire d'un club. « Mon implication à Limassol s'explique parce que le propriétaire est l'un de mes meilleurs amis », répond-il aujourd'hui. « C'est beaucoup plus simple qu'il n'y paraît. »

Toujours est-il que Neymar se retrouve attablé dans un night-club de Vegas avec le président de l'Apollon. Il n'ira évidemment jamais jouer là-bas, mais les deux hommes passent une agréable nuit. Zahavi, lui, a déjà quitté les lieux ; il est un peu trop tard, même pour un homme habitué aux fêtes de Tel-Aviv.

Depuis son arrivée à Barcelone, il ne se passe pas une année sans que le père du joueur n'évoque ou ne tente un départ ou ne demande une augmentation de salaire. Déjà à Santos, il était coutumier du fait, faisant dire à quelques-uns qu'« il est tout bonnement ingérable ». N'ayant plus vraiment besoin de Wagner Ribeiro, Neymar Senior joue davantage en solo et s'en va rencontrer les dirigeants de Manchester United, Chelsea ou du PSG, notamment en 2016.

Paris entame les discussions par l'intermédiaire d'Olivier Létang, le directeur sportif adjoint de Leonardo, propulsé intérimaire à son départ, puis titulaire. « Le problème à cette époque, c'est que nous n'avions pas le bon intermédiaire pour réaliser la transaction », observe un proche de Nasser. « On pensait le faire à un moment, mais avec le père de Neymar… Un jour, c'est blanc, le lendemain, c'est noir. C'était très compliqué. Beaucoup d'agents ont essayé d'interférer, d'aider, mais c'était une situation impossible. » En octobre, le joueur prolonge finalement en Catalogne jusqu'en 2021, ce qui fait dire à certains : « Négocier ouvertement avec des clubs étrangers, faire fuiter les informations dans la presse, c'était aussi une bonne stratégie pour renouveler son contrat. »

Avec le PSG, Zahavi n'a pas encore servi d'entremetteur. Lui s'est occupé des clubs anglais, particulièrement Manchester United, mais n'a pas réussi son coup. « Trop cher », « pas le bon moment », les explications de cet échec sont multiples.

Lors de la saison 2016/2017, Ribeiro n'intervient presque plus dans la gestion de carrière du Brésilien. Neymar Senior vogue avec Marcos Motta et toute l'équipe derrière la « marque » de son fiston. « C'est une entreprise, Neymar, pas un joueur de football », pointe un intermédiaire ayant effectué quelques opérations commerciales avec eux. Sauf que malgré tout le marketing, la communication et le souci permanent de l'image, Neymar n'en reste pas moins un gamin jamais plus heureux qu'avec une balle au bout des crampons. « C'est quelqu'un qui aime profondément jouer au football », relate

Juan Carlos Carcedo, adjoint d'Unai Emery. « C'est ce qui le définit. »

Emberlificoté dans des soubresauts judiciaires datant de son transfert de Santos à Barcelone, le joueur essaye de faire abstraction et se concentre sur ses prestations. Habitué à gérer la pression, toutes les pressions même, Neymar voit cependant son ancien président, Sandro Rosell, être traîné devant les tribunaux pour « blanchiment ». Soupçonné d'être à la tête d'une « organisation criminelle transnationale », l'homme ayant signé le Brésilien est placé en détention en mai 2017. Aujourd'hui, il est encore emprisonné et l'étendue de l'enquête met d'autres personnes en cause, du Qatar à l'ancien président de la fédération brésilienne de football, Ricardo Teixeira. Et encore, Rosell a de la chance. Son amitié et ses affaires avec Nicu Gheara, accusé d'une bonne douzaine de crimes en Roumanie mais toujours blanchi par la justice, sont pour le moment passées sous silence.

Moins en réussite que lors des deux dernières saisons (vingt buts toutes compétitions confondues contre trente et un et trente-neuf), parfois brouillon, souvent individualiste, Neymar paye aussi la déliquescence d'un club gangrené par une direction inique, des recrues inadaptées (Lucas Digne, André Gomes…), les blessures récurrentes de certains cadres (Jordi Alba, Andrés Iniesta), un Sergio Busquets moins impérial et un entraîneur, Luis Enrique, en fin de règne. Malgré tout, le Barça remporte la Copa del Rey avec un but de Neymar en finale contre Alaves et termine seulement à trois petits points du Real en Liga.

Pas si mal pour un club malade de l'intérieur, qui réussit également ce match historique contre le PSG en huitième de finale retour de Ligue des Champions. Un 6-1 ayant fait le tour de la planète avec un Neymar déchaîné, prenant ses responsabilités lors d'une confrontation où Messi a été globalement bien contenu. Double buteur, mais aussi leader d'une équipe ayant réussi l'impossible, le Brésilien s'attend enfin à être reconnu à sa juste valeur ; du moins celle qu'il s'attribue. « Le lendemain, il n'était pas en une de la presse. Il y a même un journal ayant fait sa couverture avec Messi[82] », explique un intermédiaire connaissant de très près le dossier. « C'est à partir de là qu'il a compris. Quoi qu'il puisse faire, il ne sera jamais le numéro un ici. Il s'est toujours bien entendu avec Messi, il a des potes au Barça, mais il ne voulait pas se contenter de ça. » Un autre intermédiaire le connaissant va plus loin : « Il y a quelques années, Michael Emenalo, alors directeur sportif de Chelsea[83], avait soumis un projet au père : faire de son fils le Michael Jordan des *Blues*. Qu'il devienne une icône internationale, une marque à part

---

82. Il s'agit de *Olé*, un quotidien argentin. Or, le site officiel du Barça a publié une revue de presse célébrant la *remontada*. La photo d'illustration regroupe diverses unes de journaux, parmi lesquelles celle de *Olé* s'affiche en grand.

83. Il officie désormais à Monaco.

entière, un athlète ayant dépassé son sport. C'est quelque chose qu'ils ont gardé en tête. »

Depuis le refus de 2016, le PSG n'a jamais perdu contact avec l'entourage du joueur. Nasser Al-Khelaïfi et quelques personnes haut placées à Doha prennent toujours la température, sans montrer un intérêt trop prononcé. « C'est le père qui a réamorcé les contacts au cours de la saison », confirme-t-on. Quand exactement ? Aucune source ne s'accorde sur la date, mais ce n'est pas grave, l'équation alors insoluble a peut-être une solution : Pini Zahavi. « On va résumer la chose simplement. L'arrivée de Neymar au PSG, c'est l'œuvre de Pini Zahavi. Pas de Nasser, pas du Qatar – même s'ils ont payé –, pas du père, pas de Wagner Ribeiro, pas d'Antero Henrique. C'est lui qui a tout fait », pointe l'un des proches de Nasser, qui a souhaité garder l'anonymat. « C'est lui qui a incité les Qataris à placer Henrique comme directeur sportif, c'est lui qui s'est occupé de gérer le père – sans doute la partie la plus compliquée – et le montage financier. »

Avec l'aide de son avocat, Ehud Shochatovitch, et celle de Marcos Motta, l'avocat de confiance des Neymar, il élabore un plan. « C'était clair depuis le début : il n'allait pas signer sans clause libératoire. En Espagne, les joueurs disposent d'une clause dans leur contrat leur permettant ainsi de se libérer de leur engagement en échange de cette somme ; ce qu'on a fait avec Neymar d'ailleurs. Mais en France, c'est officiellement interdit, bien qu'il existe des clubs passant de tels accords sous seing privé », poursuit l'interlocuteur.

Le printemps passe, sans que toutes les parties ne s'accordent encore. Début mai, dans les bureaux de Mouscron, une formation de première division belge, se déroule une discussion curieuse entre l'un des directeurs sportifs, Humberto Paiva, et Nicolas Cornu, l'attaché de presse. « Qu'est-ce que tu vas faire l'an prochain ? » questionne ce dernier. « Moi, je suis tranquille. Je vais à Paris la saison prochaine. » Au club circule alors une rumeur parmi quelques employés : Paiva rejoindrait le PSG.

Le taiseux brésilien ne dit pas grand-chose et n'a d'ailleurs pas répondu aux multiples messages. « C'est quelqu'un de discret », détaille un salarié de Mouscron. « Contrairement à beaucoup, ce n'est pas un requin. Il dégage de la tranquillité, de l'intelligence. »

Jeune trentenaire, Paiva a fait des études de management du sport en Angleterre. Dans une de ses très rares interventions médiatiques[84], il précise également avoir été formé « en business international », puis avoir travaillé pour une agence brésilienne « représentant Neymar et Lucas [...] Je n'avais que 27 ans. Je travaillais pour Neymar quand il était à Santos. La plus grande partie du boulot était de bien négocier pour lui en termes de publicité. »

---

84. Le 24 mai 2016 à *Sudpresse*.

Devenu agent, intermédiaire et un temps conseiller de Reading, lorsque le club a été racheté à l'automne 2014 par un consortium thaïlandais mené par… Pairoj Piempongsant, Paiva a écrit sur son profil LinkedIn, aujourd'hui supprimé, être « *Head of international business* » à Gol Football International, la fameuse société gibraltarienne de Pini Zahavi. Or, Mouscron se trouve appartenir depuis juin 2015 à une compagnie maltaise, Gol Football Malta Ltd, dont les propriétaires sont en réalité… Pini Zahavi et Fali Ramadani. « C'est Yerima qui nous a trouvé Mouscron », commente *Mister Fix-it.* Yerima ? Teni Yerima ? Lui-même, qui a finalisé le rachat avec l'aide d'un Français, Jean-Luc Gripond, et qui s'est retrouvé intronisé directeur sportif avant de partir trois mois plus tard.

Paiva, lui, est arrivé l'été suivant pour épauler l'autre directeur sportif, Juri Selak. Officiellement, le Brésilien se charge du marché international et Selak de la Belgique. En réalité, ce sont Zahavi et surtout Ramadani qui décident de tout. Ce dernier en profite pour permettre à nombre de ses collègues agents de placer des éléments d'Europe de l'Est, principalement des Serbes. « J'ai vu des joueurs arriver et repartir une semaine après, c'est n'importe quoi », souffle l'employé mouscronnais.

Transformé en hall de gare de joueurs secondaires, Mouscron fait venir une trentaine de joueurs par saison, pour autant de départs. « Certains sont venus, le coach ne savait même pas leur nom », continue notre source à l'intérieur du club. « Le pire, c'est que le sujet est tabou. Il y a des noms qu'on ne prononce pas, on se surveille… »

Les échanges avec l'Apollon Limassol sont fréquents, même si leur intérêt laisse parfois perplexe : un jeune Uruguayen comme Agustin Cedrés ou l'Américain Shane O'Neill ont transité d'une équipe à l'autre, pour deux apparitions en cumulé ! Le summum étant atteint avec l'international roumain Cristian Manea.

Formé à l'académie de Viitorul, le club présidé par le légendaire Gheorghe Hagi, Manea est le plus jeune joueur à évoluer pour l'équipe nationale de Roumanie. Le défenseur n'avait alors que cinq matchs professionnels dans les jambes, mais qu'importe. Avant son dix-septième anniversaire, il débute contre l'Albanie en amical. La presse nationale et internationale s'enthousiasme pour le « nouvel espoir » roumain, sans savoir que son destin a déjà été scellé une semaine après sa sélection.

Dans le plus grand secret, Viitorul vend Manea pour 2,5 millions d'euros à l'Apollon Football (Public) Ltd Company, la dénomination complète du club de Limassol. Personne ne dit rien, quand bien même cette vente est la plus onéreuse de l'académie de Hagi.

Un an plus tard, le joueur est annoncé par des médias locaux et du monde entier comme un nouvel élément de Chelsea, pour un transfert estimé à 2,3 ou 3,2 millions de livres selon les journalistes.

Bizarrement, Viitorul, si prompt à communiquer le travail de sa formation, ne dit rien.

Le 28 août 2015, Mouscron annonce officiellement la venue de Manea. Un article est publié sur le site officiel : « Manea a été prêté par Chelsea pour une saison et il est l'un des meilleurs espoirs du football roumain. » Sauf que les *Blues* n'ont jamais signé le joueur ! Ses droits économiques appartiennent à l'Apollon Limassol, un club où il n'a jamais mis les pieds. « Il n'est même jamais allé à Chypre », souffle-t-on à Mouscron. « Il parlait de Chelsea, il y croyait vraiment. » Lorsque Manea a appris qu'il appartenait en réalité à Limassol, il a pleuré. Resté deux saisons en Belgique, il joue dix-huit rencontres et s'en retourne au pays, à Cluj, toujours en prêt.

Plusieurs équipes belges ont protesté vigoureusement contre le fonctionnement de Mouscron, un club « aux mains des agents » ; Malines déposant même une plainte. Avec des propriétaires cachés par des sociétés écrans maltaises et un membre du comité de direction exerçant la profession d'agent (Marc Rautenberg), le conflit d'intérêts est effectivement évident. En théorie, la licence de football professionnel nécessaire pour évoluer dans l'élite ou en seconde division devrait donc être refusée, mais le football belge n'en est plus à une anomalie près. « On a des clubs faisant faillite régulièrement, un passif de matchs truqués, des propriétaires étrangers venant on ne sait pourquoi et avec de l'argent qui transite on ne sait où, mais c'est l'omerta », s'emporte Pascal Scimè, journaliste et auteur de l'excellent *Trajectoires*. « Personne ne dit rien, car peut-être que tout le monde s'en fout au final. Mais ce n'est pas normal ce qui se passe chez nous. »

Contre toute attente, Mouscron obtient ainsi son précieux sésame chaque saison. Pour satisfaire la commission, les Hurlus ont rayé Marc Rautenberg du comité de direction et ont changé d'actionnariat. Gol Football Malta Ltd a donc revendu ses parts à Latimer International Limited, une autre compagnie maltaise, pour… dix euros ! Au regard de la loi, *Mister Fix-it* n'est donc plus impliqué puisque Latimer est détenue par Adar Zahavi, son neveu… Quant à son fils, Gil, professeur d'hébreu moderne à l'université d'Oxford, il est toujours membre du *board*, même si son emploi du temps ne lui permet pas de venir souvent. Belle pirouette juridique et fin de l'histoire a priori, mais prudence : là où Zahavi va, il y a toujours un agenda caché et une toile d'araignée en fond.

Latimer International Limited est donc une société maltaise fondée le 14 juillet 2015 avec un capital de 1 200 euros. Peu après, Latimer accorde un prêt à Mouscron pour un montant de 2,5 millions d'euros. Par quel tour de passe-passe ? Comme Corinthians et MSI, cette compagnie n'est en réalité pas celle au sommet de la pyramide. Premièrement, le gérant de Latimer est une société maltaise : RES Malta Limited, créée en avril 2009. Deuxièmement, l'actionnariat de Latimer est partagé : 99 % reviennent à Adar Zahavi, mais 1 % est détenu par une autre société maltaise nommée SOLV Ltd. Essayons de résumer :

Latimer International Limited

Basée à Malte

Créée en juillet 2015

Gérant : RES Malta Limited

Actionnaires :

- Adar Zahavi (99 %)
- SOLV Ltd (1 %)

RES Malta Limited

Basée à Malte

Créée en avril 2009

Gérants :

- Mariella Baldacchino
- Christian Ellul
- Karl Schranz

Actionnaires :

- Christian Ellul
- Karl Schranz

SOLV Ltd

Basée à Malte

Créée en octobre 2014

Gérants :

- Christian Ellul
- Florian Karrer
- Karl Schranz
- Mortimer John Walters

Actionnaires :

- Christian Ellul

• Karl Schranz

• SOLV International Ltd (50 %), elle-même détenue par une autre société (E&S Group Limited, à hauteur de 25 %), ainsi que par Mortimer John Walters (12,5 %) et Florian Karrer (12,5 %).

SOLV International Ltd fait partie d'une liste de 122 sociétés filiales basées en Estonie et à Malte. Parmi elles, une liée au football :

Dito Trading and Consulting Ltd

Basée à Malte

Créée en avril 2012

Gérant : Marc Rautenberg

Actionnaires :

• Christian Ellul

• Karl Schranz

Le site internet[85] d'Ellul et de Schranz détaille les services qu'ils proposent à qui souhaite ouvrir des sociétés maltaises et bénéficier des meilleurs taux d'imposition. Ils offrent également divers conseils, allant du juridique aux fonds d'investissement en passant par les jeux en ligne. Quant à Dito Trading, elle est en première ligne dans le transfert secret de Cristian Manea à l'Apollon Limassol.

Le 15 mai 2014, deux semaines avant les débuts du jeune Roumain en sélection, le président de Viitorul, Gheorghe Hagi, signe un accord avec Dito Trading pour évaluer les droits économiques de son joueur.

85. https://ellulschranz.com/

Une clause stipule que si le futur transfert dépasse 1,5 millions d'euros, le club de Hagi reversera le surplus à la société maltaise. Pourquoi, comment, personne n'a donné de détails, mais c'est peut-être ça, la Mano Negra.

Au final, l'Apollon Limassol a payé Manea 2,5 millions, et 1 million est donc revenu à Dito Trading, une société qui fait partie de la toile d'araignée reliée indirectement à Zahavi, Ramadani et leurs acolytes. Parmi eux, son gérant Marc Rautenberg, habitué à parler au nom de ses patrons dans le cadre de ses relations avec plusieurs directeurs sportifs d'Europe, notamment Antero Henrique lorsque celui-ci officiait à Porto et à qui il soumettait une liste des « meilleurs talents des Balkans et de Roumanie » suite à sa « conversation avec Pini et Fali à Londres ». C'est à se demander à quoi servent le scouting et les cellules de recrutement, pendant que les décideurs jouent à la bourse avec les joueurs. « Le foot d'aujourd'hui est comme un gros monstre accro à l'excitation et les joueurs sont des gladiateurs à qui on vend le rêve d'une carrière de millionnaire », remarque Shochatovitch, l'avocat de Zahavi, qui ajoute lors d'une interview en 2008 au journal financier israélien *Globes* : « Le foot, c'est du business, et ses grandes stars sont dans les loges. Ils fument leur cigare, parlent russe et font signer des jeunes pépites africaines pour des contrats de plusieurs millions. »

Adolescent, Shochatovitch servait les cocktails à Pini et à son oncle, Jacob Shachar, le copain d'enfance de *Mister Fix-it* à Ness Ziona, aujourd'hui propriétaire du Maccabi Haïfa. Des décennies ont passé et le neveu a bien grandi. Membre du barreau israélien depuis 1995, il est l'un des partenaires du prestigieux cabinet d'avocat AYR (Amar Reiter Jeanne Shochatovitch & co) et siège au conseil d'administration du Maccabi Haïfa. C'est également le cerveau derrière les montages de Zahavi, un ami plus qu'un client. Parfois, c'est Shochatovitch lui-même qui contacte les clubs, proposant des joueurs ou des solutions pour transférer les éléments indésirables.

Qualifié dans son entreprise d'« expert dans le domaine des investissements d'un tiers dans le football », il est demandé mondialement. Comme Pini, grappiller quelques minutes de son temps est un miracle. « Posez-moi vos questions », écrit-il sur WhatsApp, avant de ne plus répondre. Il ne faut pas mal le prendre, Udi n'a pas que ça à faire : chacun de ses appels, chacune de ses interventions peuvent décider de l'avenir de dizaines de clubs et de joueurs. Si Zahavi avoue lui-même « être le numéro un », ce n'est pas seulement grâce à son charisme et son intelligence, mais aussi parce qu'il s'est entouré de l'un des meilleurs avocats au monde. « C'est Monsieur Propre », juge un intermédiaire français ayant travaillé avec Shochatovitch. « Quand il rentre dans un dossier, il ne laisse aucune trace, rien. Tout a été étudié pour que ses clients ne soient jamais inquiétés par la justice. »

D'autres conseillers juridiques travaillent également avec Pini, notamment le duo Ellul-Schranz à Malte. C'est en utilisant leurs services que les pistes à Mouscron ont été brouillées. « On ne comprend rien à ce qui se passe », renchérit le salarié des Hurlus. Très peu de personnes, même au sein de la galaxie Zahavi, connaissent réellement le montage et les dessous de la reprise du club belge. Évidemment, ce n'est pas le cas de Humberto Paiva, directeur sportif rapportant à son boss tout ce qui peut se dire dans les couloirs. S'il y a bien un homme ayant accès aux mouvements de Pini, c'est le fidèle Humberto. Alors, quoi d'étonnant à ce qu'il puisse confesser au printemps qu'il rejoindrait Paris d'ici quelques mois ? Lui savait bien avant tout le monde ce qui allait advenir. « On a finalisé Neymar bien avant l'officialisation », lance-t-on au PSG. Un document émis par le Groupe ADP, une entreprise française construisant, aménageant et exploitant des plateformes aériennes, et daté du 30 juin 2017, a pour objet : « Arrivée de Neymar, joueur de foot international brésilien pour signature contrat au PSG. » Il est précisé le dispositif attendu lors de son arrivée, le type d'appareil et la date, le mercredi 2 août 2017. Le document est adressé à neuf personnes, parmi lesquelles Augustin de Romanet, le président-directeur général du Groupe ADP.

Finalement, Neymar arrivera deux jours plus tard, obligations contractuelles lors de la tournée du Barça en Chine obligent, mais tout le jeu de dupes, *se queda* ou non, était planifié. « On a quand même eu peur à un moment car il avait déjà fait volte-face dans le passé, mais tout était signé », confie un proche de Nasser.

Une fois le joueur présenté officiellement, se répand alors le fantasme du « montage financier ». Comment le PSG a-t-il pu faire ce coup, entre les 222 millions d'euros de la clause et le salaire pharaonique du joueur, sans parler des commissions ? Selon un journal portugais, *Correia de Manha*, six intermédiaires se seraient partagé le gâteau : Juan Figer, Wagner Ribeiro, Humberto Paiva, Pini Zahavi, Marcelo Simonian (agent argentin, notamment de Javier Pastore) et Mohamed Afzal, l'ancien beau-frère d'Antero Henrique. En France, *L'Équipe* avance le chiffre de 12 millions pour le seul Zahavi. Chacun y va de son idée, de son interprétation, et quelques-uns pensent que « la vérité éclatera un jour », sous-entendu : comme pour le bagnard Sandro Rosell.

Un jour, oui, peut-être, mais il faudrait percer les secrets de Doha, ce que personne n'a vraiment réussi à faire, pas même des émissaires du ministère des Sports saoudien offrant un million de dollars à qui leur apportera une preuve ou un document lié aux activités suspectes du Qatar dans le football. En attendant, il reste le fameux contrat de Neymar homologué à la Ligue de Football Professionnel. Un contrat dont certaines pages ont filtré dans le milieu très select des intermédiaires en tout genre. « Il y a eu une fuite », confirme une des personnes rattachées au dossier Neymar. « Elle est restée confidentielle, mais certains, bien qu'ils ne soient pas supposés se retrouver avec ce document, ont essayé de s'en servir pour montrer qu'ils avaient des contacts et de l'importance. » Ils ne pouvaient de toute façon pas faire grand-chose de plus car le contrat en lui-même ne présente pas grand intérêt. À l'intérieur, il n'y a aucune clause ou primes anormales. En revanche, il indique les noms des trois intermédiaires du transfert du siècle.

« The Brazilian Agent » : Mr. Neymar da Silva Santos

« Sports & Co » : Mr. Laurent Gutsmuth

« The Israeli Agent » : Mr. Pinhas Zahavi

Neymar Senior et Pini Zahavi ne détenant pas à l'époque « l'autorisation de s'établir sur le territoire français ou d'exercer dans le cadre d'une prestation de service », ils ont dû faire appel à un agent agréé par la FFF, en l'occurrence Laurent Gutsmuth, intervenu à plusieurs reprises pour ce type de prestation. « C'est un peu comme dans votre métier, le réseau et les relations sont primordiaux », dit-il. « Il n'y a pas de règle. Parfois, c'est le PSG qui me sollicite, parfois des agents ou représentants étrangers me demandant selon les cas une assistance. » C'est ainsi que Gutsmuth a accompagné à Paris les signatures de Javier Pastore, Angel Di Maria, Dani Alves, Giovani Lo Celso ou les prolongations de contrat de Thiago Silva, Marquinhos et Cavani ! « C'est un homme de confiance », soutient-on au club. Son extrême discrétion est effectivement un atout, comme son sérieux. « Il ne cherche pas de publicité », confirme un de ses amis. « Ce qu'il aime, c'est rentrer chez lui en famille et ne pas faire de vagues. Voir son nom dans la presse, ça ne l'intéresse pas ; c'est même l'inverse. » Traité d'« agent de paille » par Mediapart, Gutsmuth a effectivement tendance à fuir les médias. « Disons que je suis prudent, voire parano. » Même si Mediapart n'a pas totalement tort, il faut remettre les choses en perspective : la prestation fournie par Laurent Gutsmuth, même si elle ne consiste qu'en une présence symbolique, est obligatoire selon le règlement FFF.

Dans le cadre de l'opération Neymar, l'agent français ne dit rien quant à son rôle exact ; logique, ce n'est pas tous les jours qu'on participe au deal le plus cher de l'histoire du football (222 millions), alors mieux vaut tenir sa langue.

Sur le contrat, sa signature apparaît avec celle de ses prestigieux confrères, ainsi que du directeur général délégué du PSG, Jean-Claude Blanc, et bien sûr celle de Neymar. Il est d'ailleurs assez amusant d'observer le soin avec lequel chaque personne a paraphé le document et ajouté la mention « *read and approved, valid for agreement* »[86], hormis Zahavi, dont la signature et les quelques mots écrits en majuscule se rapprochent plus du gribouillis. *The first and only super-agent* n'allait quand même pas s'appliquer : le vrai contrat, celui qui importe vraiment, n'est pas là. « Il y a un autre deal passé entre le Qatar, Neymar, son père et Zahavi », assure-t-on chez plusieurs collaborateurs et proches de Nasser. « Il faut remettre la signature de Neymar dans son contexte. Depuis deux ou trois mois, le Qatar faisait l'actualité à cause de la crise du Golfe et de la rupture des relations diplomatiques avec divers États comme l'Arabie saoudite, les Émirats arabes unis, l'Égypte, Bahreïn et d'autres. Ces mêmes pays ont accusé le Qatar de soutenir des organisations terroristes, et même de les financer [...] Allumer un contre-feu spectaculaire était une priorité de l'émir. Il fallait donc finaliser le transfert comme il faut. C'était impératif de faire venir Neymar, c'était un des moyens d'arrêter de lier Qatar et terrorisme pendant un moment. C'est exactement ce qu'ils ont réussi. Ça a été un événement planétaire, un vrai show. Le monde entier a vu Neymar venir à Paris, au PSG, un club détenu par le Qatar et représenté par Nasser Al-Khelaïfi. Tout d'un coup, c'est ce qu'on a retenu. [...] Forcément, Zahavi est en position de force. Ce n'est pas lui qui a besoin du Qatar, mais l'inverse. Le PSG, c'est la

86. Lu et approuvé, bon pour accord.

meilleure ambassade du Qatar à l'étranger. C'est inestimable, sans compter leur besoin d'améliorer leurs relations avec des pays où l'Arabie saoudite a un temps d'avance sur eux. » Il n'y a qu'avec Pini Zahavi que le transfert du siècle est simplement un moyen, et non une fin en soi.

Après l'arrivée de Neymar, c'est Humberto Paiva qui fait des sauts réguliers dans les bureaux du club, la Factory. Il s'entretient avec Antero Henrique, va voir les entraînements et les rencontres de jeunes (U19 notamment), puis assiste aux matchs de l'équipe première avec le clan Neymar. Au club, certains se demandent ce qu'il fait vraiment et la rumeur bruisse qu'il travaillerait en sous-main au PSG. Un fantasme, un de plus, même si Paiva vit à Paris, quartier des Ternes, dans un appartement payé par la société de Zahavi, qui passe régulièrement dans la capitale française. Il séjourne principalement au Peninsula et au Royal Monceau, deux hôtels détenus par le Qatar, où il est invité. « On ne lui déroule pas le tapis rouge, mais c'est tout comme », remarque un employé du Peninsula. « Tout est pris en charge. M. Al-Khelaïfi fait très attention à M. Zahavi quand il séjourne chez nous. Il dispose d'un chauffeur et de ses collaborateurs. M. Paiva est un habitué lui aussi, il vient souvent boire un café chez nous [...] M. Zahavi n'est pas un client pénible, au contraire. Quand nous le voyons, il est décontracté. On lui sert du champagne millésimé, des petits fours, comme pour les autres invités de marque, mais ça semble le gêner parfois. » Modeste, toujours, avec un mot aimable en français aux serveurs, Pini n'est pas seulement impliqué sur le dossier Neymar, selon un dirigeant parisien. « Lorsqu'on avait des soucis pour négocier avec Monaco au sujet de Mbappé, il est intervenu. Il a dit à Nasser Al-Khelaïfi qu'il pouvait le faire, qu'il pouvait aider. »

L'arrivée de Mbappé au PSG est source de rumeurs extravagantes. Le joueur voulait venir, c'est certain, mais le patron de l'ASM, Dmitri Rybolovlev, ne voulait plus entendre parler des Parisiens une semaine avant la fermeture du marché. En vacances en famille à Skorpios, une île grecque qu'il a achetée à l'aide d'un de ses trusts, il s'emporte contre les décideurs parisiens n'ayant pas honoré leur promesse. À Monaco, son homme de confiance, Vadim Vasilyev, est lui aussi énervé. Se sentant baladé par le PSG depuis des semaines, le duo espère convaincre Mbappé de signer une prolongation de contrat ; Rybolovlev souhaite même l'inviter sur son île afin d'en parler tranquillement.

Au même moment, le 23 août au soir, le journal *Le Parisien* publie un article mentionnant que « selon nos informations et sauf retournement de dernière minute, le prodige monégasque devrait s'engager avec le club de la capitale ». Un des responsables de l'ASM en rigole : « Ils ont sorti ça le jour où les pourparlers entre les deux clubs se sont arrêtés. À cette date, le transfert était mort. Pour nous, Mbappé n'allait pas au PSG. » La volonté du joueur est pourtant claire, et ce n'est pas l'ultime tentative du Barça, qui pose 180 millions sur la table à 48 heures de la fin du mercato, qui changera quelque chose. Sauf qu'il y a un souci : comment convaincre Rybolovlev et Vasilyev d'ouvrir de nouvelles négociations ?

En privé, l'état-major de l'ASM confesse que Zahavi a passé quelques coups de fil. « Il veut se greffer au deal », souffle-t-on. Qu'a-t-il dit, qu'a-t-il fait, c'est autre chose. Pour les proches du joueur, il n'a rien à voir avec le transfert, mais tout Kylian Mbappé qu'il puisse être, cette affaire le dépasse. Une information confirmée par plusieurs interlocuteurs des hautes sphères du PSG et à Doha. « Sans Zahavi, il n'y a pas de Mbappé car c'est grâce à lui qu'on a rouvert les discussions. » Chacun avance une version, souvent surréaliste, mais le principal intéressé ne dit rien, pas plus que Rybolovlev ou Vasilyev. Le secret demeure, comme toujours, et c'est bien dommage ; si les fans parisiens étaient au courant, le CUP pourrait déployer un de ses plus beaux tifos, ou du moins l'un des plus réalistes concernant l'histoire récente du PSG : *No Pini, No Party*.

Insaisissable, ayant toujours un coup d'avance, le *Whip* poursuit sa route. 76 ans ou pas, il a récemment été enrôlé par Robert Lewandowski. Tout l'été, il a essayé de manœuvrer pour le faire sortir du Bayern Munich, sans succès. Même les meilleurs échouent, et le dernier mercato n'a pas été très florissant pour *Mister Fix-it*. « C'est rare chez lui, mais il a loupé quelques dossiers », confirme un de ses collaborateurs. Il a cependant gardé Neymar et son père au bercail, ce dernier chantant les louanges de Pini à qui veut l'entendre. Et puis, un peu plus au Nord, dans la province du Hainaut, il est parvenu fin mars à revendre Mouscron à… Pairoj Piempongsant, son « cher ami » thaïlandais avec qui il avait développé un plan pour l'exploitation des droits d'image de Neymar en Asie. Aujourd'hui, les Hurlus cherchent déjà un repreneur, Pairoj bouclant depuis des mois le rachat du Panathinaïkos avec Avram Grant comme conseiller. « Je n'ai rien à voir avec ça », rétorque Pini, qui n'a vraiment pas le trac au moment de répondre aux questions : c'est lui qui a orchestré toute la carrière de son ami Avram, passé bizarrement au Maccabi Haïfa, à Chelsea, à Portsmouth, à West Ham ou au Partizan, uniquement des clubs sous son influence.

Ainsi va Pini Zahavi : il passe d'un transfert à l'autre, de l'Amérique du Sud à l'Europe, ses téléphones à l'oreille, son cigare aux lèvres, sa coupe de champagne à la main, et ne s'arrête jamais. Lorsqu'une affaire se termine, une autre apparaît. Ce même mois de mars, l'ancien officier russe du renseignement militaire, Sergueï Skripal, est empoisonné avec sa fille, Ioulia. Agent double travaillant pour le MI6, il a été reconnu coupable de « haute trahison » en Russie et envoyé dans un camp de prisonniers. Finalement gracié et échangé contre des espions russes, il vivait depuis en Angleterre, à Salisbury, où il a été retrouvé inconscient sur un banc. La nouvelle a déclenché une crise diplomatique sans précédent entre la Russie et l'Angleterre, qui expulse vingt-trois diplomates russes ; le Kremlin fera de même et fermera le consulat britannique de Saint-Pétersbourg. Au total, vingt-neuf pays renvoient des diplomates russes, sur fond de nouvelle Guerre Froide ; les États-Unis en expulsent soixante, et ferment le consulat russe de Seattle.

Une semaine après l'affaire Skripal, un autre dissident russe exilé en Angleterre, l'ancien partenaire de Badri et Boris Nikolai Glushkov, est retrouvé mort à son domicile. Le verdict initial évoque une cause « inexpliquée », avant que les examens *post mortem* ne révèlent des marques d'étranglement au cou du défunt. Une enquête a été ouverte et diverses hypothèses circulent aujourd'hui ; l'une évoquant un empoisonnement datant d'il y a cinq ans.

Si les affaires ne sont pas liées directement et que les Skripal père et fille ont finalement survécu à cette tentative d'assassinat, les conséquences ne se sont pas fait attendre pour les proches de Vladimir Poutine. Fin mai, un certain Roman Abramovitch quitte Londres pour Tel-Aviv, son visa britannique ayant expiré et n'étant pas renouvelé. Depuis avril 2015, les autorités ont effectivement durci l'obtention et le renouvellement du visa d'investisseur au Royaume-Uni, mais c'est quand même curieux : la provenance des fonds de l'oligarque n'avait jusqu'alors jamais causé le moindre problème.

Ne pouvant rester plus longtemps à Londres, où il est installé depuis une quinzaine d'années, Abramovitch s'est rendu à l'ambassade israélienne de Moscou, remplissant les formulaires nécessaires pour son « retour » en Terre Promise. Plusieurs sources avancent que l'oligarque a bénéficié de la citoyenneté israélienne « en un temps record », comme s'il s'agissait de quelque chose d'exceptionnel. En réalité, Roman a simplement fait son alya et obtenu le passeport dès son installation à Tel-Aviv. Que la procédure soit allée plus vite que prévu, c'est sans doute vrai et ça n'a rien d'anormal : on n'accueille pas tous les jours le futur citoyen le plus riche d'Israël.

Entre-temps, Zahavi a passé quelques appels pour s'assurer que tout se déroule bien. Il n'était pas obligé, mais qu'importe : Pini prend toujours soin de ses amis, quel que soit leur statut. Humberto Paiva, Pairoj Piempongsant, Neymar Senior, Neymar Junior, Fali Ramadani et tant d'autres confirmeront. Quelques jours plus tard, au détour d'une conversation avec Abramovitch et ses proches, comme Eugene Tenebaum, l'un des dirigeants de Chelsea, il est question du futur : celui de Roman, mais aussi des *Blues*. L'Occident ne semble plus vouloir de lui, et même la Suisse, pourtant refuge de quantité d'oligarques et milliardaires, a refusé son installation. Selon *La Tribune de Genève*, les autorités helvètes considèrent qu'il représente « une menace pour la sécurité publique et un risque pour la réputation du pays ». Soupçonné de « blanchiment d'argent » et de « contacts présumés avec des organisations criminelles », *Mister A* n'a cependant jamais été condamné. Pourtant, ils sont nombreux à l'avoir attaqué, mais à la fin du procès, c'est toujours Roman qui gagne.

Alors, si l'Angleterre le traque, le patron de Chelsea n'a plus de raison de poursuivre ses investissements. Il suspend donc la construction du nouveau stade et enrôle The Raine Group LLC, un cabinet américain spécialisé dans les rachats ou fusions de société. Selon Bloomberg, Raine, déjà responsable de l'arrivée du CITIC Group dans le capital du City Football Group[87], sonde le marché international pour connaître de potentiels acquéreurs. En coulisses, divers chiffres sont annoncés, certains dépassant 2 milliards. Une somme jamais atteinte pour un club de football, à laquelle *Mister Fix-it* prête grande attention. Indépendamment du Raine Group, il est aussi sur le dossier, mais de son côté, tranquillement, à la demande de son ami. Après tout,

87. Entreprise publique de fonds d'investissement de la République populaire de Chine, le CITIC a acheté pour près de 400 millions de dollars 13,79 % des parts de la holding City Football Group qui regroupe Manchester City, Melbourne City, Club Atlético Torque, New York City (à 80 %), Girona (à 44,3 %), Yokohama F. Marinos (à 20 %) et d'autres filiales.

Roman Abramovitch le sait mieux que personne : dans le monde de Pini Zahavi et de la Mano Negra, tout est possible, même ce que les scénaristes de Hollywood n’ont jamais imaginé.

REMERCIEMENTS

Ce livre a été une aventure tellement prenante qu'il mérite des remerciements nombreux. Sans le soutien et la compréhension de mon « éditeur historique » comme j'aime l'appeler, Bertrand Pirel, il n'y aurait pas d'ouvrage. Avec moi, Bertrand n'est pas seulement un éditeur. C'est lui qui m'a lancé il y a trois ans et demi, et c'est surtout lui qui m'a permis d'enrichir mon bagage et mon niveau d'exigence. Sans compter que l'enquête a été tellement… complexe, dira-t-on, que j'ai repoussé sans cesse les délais de bouclage, le mettant dans une situation impossible. Quelque part, Bertrand est un mélange de Figer, Cyterszpiler et Zahavi dans le monde de l'édition : ramenez-lui une traduction impossible, un manuscrit en retard, un auteur ayant un grand besoin de dégonfler son cigare, et il y parviendra quand même ! C'est *Mr. Clean*, mais sans plusieurs passeports et dates de naissance.

J'ai reçu également l'aide de plusieurs collègues à travers la planète, qui m'ont permis de mieux comprendre certains dossiers. L'investigation est formidable, encore plus quand elle est partagée par des gens animés par le même désir. Alors, un grand merci à Tariq Panja, Gabriele Marcotti, Alban Traquet, Costin Stucan, Rodis Recalt et Philippe Auclair. Et surtout à Antoine Bourlon, avec qui j'ai enquêté sur les traces de Roy Azim et MSI. C'est lui qui a eu le plaisir de recevoir les messages des avocats et de relire certains chapitres à trois ou quatre heures du matin pour me donner son avis. Un jour, ce sera sûrement l'inverse car je n'ai jamais connu un journaliste qui, à son âge, se montre à la fois aussi droit, aussi talentueux et doté d'une telle force de travail.

Mes remerciements s'adressent aussi, évidemment, à toutes les personnes ayant pris du temps pour me répondre, même si ça n'a parfois pas été plaisant pour elles, comme Teni Yerima, Paulo Teixeira, Roberto Digon, Fernando Signorini, Miguel Angel Brindisi, Daniel Bolotnicoff, Ricardo Alfieri, Didier Roustan, Shaul Adar, Udi Shochatovitch, Antonio Salamanca, Simon Festinesi, Nicolas Onissé, Jennifer Mendelewitsch, Alberto Benito, Romeu Tuma Junior, Roy Azim, Natalia Viana, Stefano Maccoppi, Laurent Gutsmuth et Pini Zahavi. Et je pense également à tous ceux qui ont préféré conserver l'anonymat et qui m'ont fait confiance pour respecter cela. Sans eux, il n'y aurait jamais eu autant de détails et de petites histoires.

Je voulais aussi préciser que Kia Joorabchian a finalement répondu à mes messages. Pour être transparent, nous avons essayé de passer par certains de ses collègues de travail ou par Lee Clayton, responsable des sports du *Daily Mail* et qui connaît bien Kia. Sans succès, si ce n'est les messages de son avocat à Antoine. Ayant finalement réussi à obtenir son numéro à peu près au moment où il fallait boucler le livre, je l'ai contacté par deux reprises, et il m'a répondu favorablement, expliquant qu'il « reviendrait vers moi en rentrant ». Quelques jours avant la deadline, je lui ai écrit de nouveau et il m'a expliqué qu'on parlerait la semaine suivante, mais c'était malheureusement trop tard. Si cela n'incite pas à un second tome…

Évidemment, j'aurais pu évoquer l'influence colossale des super-agents les plus célèbres, de Jorge Mendes à Mino Raiola, mais mon idée était justement de montrer des réseaux moins connus et des affaires sans doute plus obscures, souvent dignes d'un thriller. Mendes et Raiola, avant toute chose, sont des « *deal makers* », des agents se cantonnant globalement au sportif et aux transferts de joueurs ; même si je ne sous-estime pas le côté tentaculaire de la galaxie Mendes, pas plus que la subtile complexité des ramifications brésilo-napolitaines de Raiola.

Et je n'oublie pas non plus Paco Casal, Guillermo Coppola, Fali Ramadani, Nelio Lucas, les fonds de pension américains qui se multiplient, la récente explosion des investissements chinois, la jungle du football belge et tant d'autres dossiers méritant des enquêtes si poussées qu'il faudrait une dizaine d'ouvrages pour couvrir exhaustivement le sujet.

Je remercie également les personnes de l'ombre, celles qui m'aident pour des traductions, des retranscriptions ou bien d'autres choses. Mon équipe de Magma évidemment, mais aussi ma mère, dont les commentaires toujours élogieux me faisaient chaud au cœur : « Tu sais qu'il faut écrire français ? Car ta phrase, c'est tout, sauf du français. Non mais je dis ça, je ne dis rien. » Et puis, pêle-mêle : Philippe Goguet et François Denat du très sérieux site Culture PSG, Nicolas Cougot de Lucarne Opposée, Pierre Vuillemot de Footballski, Sabrina Belalmi, Ambre Godillon, Ruben, Sendor et Michelle, qui se reconnaîtra et dont la patience a été essentielle même si elle appelle cet ouvrage « *el maldito libro* ».

Lorsque j'ai appris que Denis Robert avait accepté de préfacer *La Mano Negra*, j'ai d'abord cru à une blague. Je sais que mon éditeur est un magicien, mais quand même, il ne faut pas exagérer ! Or, il s'est avéré que ce n'était pas une plaisanterie. J'ai immédiatement appelé ma chère mère pour lui en parler car j'étais particulièrement excité et flatté. Qui fait de l'investigation s'intéresse forcément aux travaux de ses maîtres. Pour qui débute dans cette voie, Denis est un monument ; et cela va bien au-delà de l'affaire Clearstream. Pouvoir compter sur son approbation et ses mots est un privilège, et je l'en remercie vivement.

Pour finir, je voudrais dire un mot à toutes les personnes qui me soutiennent depuis quelques années désormais. Si je peux me consacrer pendant des mois à un tel projet, et donc ne plus vraiment dormir et rêver d'oligarques pendus dans leur baignoire, c'est grâce à votre confiance et vos encouragements. Le fait d'adhérer à mes idées, mes créations… C'est peut-être ça dont je suis le plus fier. C'est beau d'écrire, mais ça l'est encore plus de le partager. Je suis sûr que Hugues de Saint Vincent, de là où il est, sera d'accord avec moi. « L'histoire ne dit jamais vraiment adieu. L'histoire dit : "À plus tard" », écrivait Eduardo Galeano. Alors, à bientôt Hugues et merci de m'avoir permis d'aller au bout de moi-même.

Keep the faith !

RM

Composition et mise en pages
Nord Compo à Villeneuve-d'Ascq